浙江省
公共文化服务现代化
发展蓝皮书

（2023）

浙江省文化广电和旅游厅◎编

WUHAN UNIVERSITY PRESS
武汉大学出版社

图书在版编目(CIP)数据

浙江省公共文化服务现代化发展蓝皮书.2023 / 浙江省文化广电和旅游厅编.-- 武汉：武汉大学出版社，2024.12. -- ISBN 978-7-307-24850-2

Ⅰ.G127.55

中国国家版本馆 CIP 数据核字第 2024YT6008 号

责任编辑:黄河清　　　　责任校对:鄢春梅　　　　整体设计:韩闻锦

出版发行:**武汉大学出版社**　　(430072　武昌　珞珈山)

(电子邮箱:cbs22@whu.edu.cn　网址:www.wdp.com.cn)

印刷:武汉中远印务有限公司

开本:720×1000　1/16　印张:26.75　字数:370 千字　插页:2

版次:2024 年 12 月第 1 版　　　2024 年 12 月第 1 次印刷

ISBN 978-7-307-24850-2　　　定价:108.00 元

目　录

第五部分

第一部分

浙江省公共文化服务现代化
发展总报告

浙江省公共文化服务现代化发展
总报告（2023）

  2023 年，作为全面贯彻落实党的二十大精神的开局之年，同时迎来了改革开放 45 周年与"八八战略"实施 20 周年的重要历史节点。在这一时代背景下，浙江省文化和旅游系统坚决以习近平新时代中国特色社会主义思想为行动指南，深化对党的二十大精神的学习与实践，坚定拥护"两个确立"的决定性地位，并切实将"八八战略"转化为生动实践，努力塑造标志性"重要窗口"形象。围绕推进文化自信自强、铸就社会主义文化新辉煌的核心使命，浙江省紧扣高水平建设文化强省、打造新时代文化高地的宏伟目标，将加强公共文化服务体系建设视为改善民生福祉、加速文化强省建设的关键环节。立足于现代公共文化服务体系高质量发展的现实需求，浙江省不断扩大公共文化服务的有效覆盖，持续优化"省、市、县、镇、村"五级联动、一体化运行的公共文化服务网络，全面推动公共文化服务品质化、均等化、现代化发展，充分发挥文化在促进共同富裕中的基础性作用，为奋力实现"两个先行"、谱写中国式现代化浙江篇章注入强劲的文化力量。

一、2023 年浙江省公共文化服务现代化建设整体情况

  2023 年，浙江紧紧围绕党的二十大精神，习近平总书记考察浙江重要讲话精神和全国宣传思想文化工作会议等重要指示精神，坚持以人民为中心的发展思想，以实现人民群众精神富有为根本目标，聚焦公共文化服务

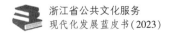
现代化建设,从设施提升、服务优化、品牌塑造、数字化改革、社会化参与等多个维度全面发力,全力推动各项工作任务取得新成效、再上新台阶,努力开辟公共文化服务现代化发展的新格局。

(一)高站位引领,铸就公共文化发展新篇章

1. 深入贯彻习近平文化思想,筑牢文化发展根基

深入学习贯彻习近平文化思想,全面融入党的二十大精神,将其作为推动公共文化服务高质量发展的重要指导思想。全省各级公共图书馆、文化馆(站)、城市书房、文化驿站等传统及新型公共文化机构(空间)积极发挥宣传阵地作用,通过举办专题讲座、辅导培训、主题展览等形式,将党的二十大精神和文化思想转化为指导公共文化服务工作的强大动力,开展了一系列学习宣讲活动,形成了浓厚的学习氛围。

2. 坚持以人民为中心理念,明确精神富有目标

始终坚持以人民为中心的发展理念,将加强公共文化服务体系建设作为改善民生的重要内容和加快文化强省建设的重要举措,将满足人民群众的精神文化需求作为工作的出发点和落脚点。坚持"以人民为中心"的发展理念,明确精神富有的战略目标,初步构建精神富有测量指标体系。初步实现"精神富有"和"精神生活共同富裕"可量化、可评价,形成"找准短板—掌握需求—精准供给—考核评价"工作闭环链条,面向农村居民、农民工、残疾人等推行分人群精准公共文化供给,努力让人民群众在享受文化服务的过程中实现精神生活的共同富裕。

3. 强化顶层设计引领,推动公共文化服务现代化发展

以公共文化服务现代化工作为抓手,持续推进示范创建工作。通过组织专家组开展实地督查、中期路演、验收等工作,评选出了一批公共文化

服务现代化先行县(领航项目)、文化强镇、文化示范村等,为全省公共文化服务现代化建设树立了标杆。在公共文化服务领域大兴调研之风,部署开展2023年度浙江省公共文化和旅游公共服务现代化发展调研工作,共确定14个调研方向和承接单位,推动公共文化服务高质量发展。组织召开省级公共文化场馆文化共同体座谈会,充分发挥两家公共文化服务理论研究中心(中国计量大学、杭州电子科技大学)在顶层设计、政策导向、理论引领等方面的积极作用,在理论与实践的双重驱动下,实现公共文化服务体系的全面升级。

(二)全维度提升,夯实公共文化设施基础

1. 精心启用运营,打造之江文化中心

之江文化中心是浙江省内体量最大,集自然、人文、艺术、生态于一体的现代复合文化综合体,也是长三角地区乃至国内一流的标志性重点文化设施。中心汇集浙江图书馆之江馆、浙江省博物馆之江馆、浙江省非物质文化遗产馆、浙江文学馆和之江文化中心公共服务中心五大文化配套设施,共同构成"四馆一中心"的格局。自2023年8月启用以来,累计接待观众240余万人,各类活动参与观众43万人,形成现象级的"文化地标"。中宣部部长李书磊、乌兹别克斯坦总统助理米尔济约耶娃、香港特别行政区行政长官林郑月娥等政要来此参观访问。

2. 聚焦民生实事,实现服务全面覆盖

通过印发《关于做好民生项目数据归集及审核工作的通知》《2023年民生实事工程"15分钟品质文化生活圈"、城市书房、文化驿站建设认定办法》等文件,明确"15分钟品质文化生活圈"、城市书房、文化驿站等民生实事项目的建设标准与要求,着力扩大公共文化服务的覆盖范围。通过常态化检查调研、政策解读与实操培训,确保项目高质量推进。2023年,全

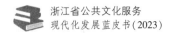
省新建设完成"15分钟品质文化生活圈"3448个、城市书房250个、文化驿站137个，总进度为100%，完成率超过110%，提前超额完成年度任务。文化和旅游部发文推广"15分钟品质文化生活圈"等六大经验做法，得到省政府主要领导的批示肯定。

3. 打造新型空间，丰富精神文化生活

持续推动新型公共文化空间建设，促进城乡一体均衡发展。通过举办全省最美公共文化空间大赛，树立典范，集聚资源，推选出一批小而美、嵌入式、邻里型的优秀公共文化空间，引领城市乡村空间建设与公共文化服务品质提升。通过金融网点"文化微单元"建设、乡村博物馆、城市书房、文化驿站等新兴文化阵地，构建起多元融合、均衡覆盖的公共文化服务网络，极大地丰富了人民群众的文化生活体验。

4. 补齐设施短板，提升服务硬件水平

深化实施重点公共文化设施专项提升计划，积极推动文化馆、图书馆及乡镇文化站提档升级。在基层公共文化设施全覆盖的基础上，按照设施提档、服务提优、管理提效的要求，实施为期四年的提档升级专项行动。通过加强硬件设施建设、改善软件服务水平、优化服务环境等措施，全省图书馆一级馆率达到了99%，文化馆一级馆率达到了93%，在全国各省(区)中名列前茅。

(三)多元化供给，提升公共文化服务效能

1. 强化智慧赋能，高水平迭代"浙里文化圈"

充分发挥数字化改革在公共文化服务中的引领作用，迭代开发"浙里文化圈"应用，实现了公共文化资源的一键触达，打造24小时不打烊的线上文化空间。新上线入馆一键预约、E梦剧场、请您看演出、视听集市等模

块，并推出外文版，逐步实现了公共文化服务覆盖面的扩大和服务效率的提升。2023 年，"浙里文化圈"注册用户突破 614 万，年访问量达 4412.8 万人次，荣获文化和旅游部数字化改革创新十佳案例，相关工作经验获国务院领导批示，成为全国公共文化服务数字化创新的典范。

2. 激发社会活力，优化公共文化供给体系

积极探索公共文化服务社会化的浙江模式，形成服务效能提升带动文化消费、文化消费反哺提质公共文化服务的良性循环。研究出台支持社会力量参与公共文化服务的实施意见，制定政府购买图书馆服务等管理规范，选择试点县开展文化类社会组织（企业）认定和培育工作。推进浙江音乐厅改造，推动室内乐、交响乐高频演出，让更多市民增进高雅艺术熏陶。提升文化场馆运维能力，培育高品质城市文化"运营商"。在坚持场馆公益属性的前提下，以绩效为导向，支持专业化机构或团队参与运营公共文化设施。总结推广萧山"文化管家"、武义"共富百花云"等创新做法。

3. 推动协同发展，构建公共文化共同体

为破题公共文化机构之间的融合发展，推动建立机构间联动机制、强化功能融合，浙江省召开"公共文化共同体建设"研讨会，探索公共文化服务的协同融合发展新机制。"公共文化共同体建设"这一新理念，是以提升文化治理能力为核心、以公共文化服务机构功能融合为手段、以公共文化融合项目为抓手、以构建公共文化服务新生态为目标而建立的一体化交流合作机制，是推动公共文化服务高质量、现代化发展的重要抓手。浙江将以建设之江文化中心公共文化共同体建设为试点，探索公共文化共同体建设的路径与方案。聚焦要素融合，创新公共文化空间载体，聚焦实现群众满意，扩大优质文化服务供给，实现多元文化资源共享，为全省各级各类公共文化机构、联盟、体系和联合体深度合作、协同发展提供经验、探索路径。

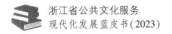
(四)聚焦点发力,打造公共文化服务新亮点

1. 打造标杆文化品牌,扩大文化影响力和覆盖面

深化实施"百城万村"文化惠民工程,常态化开展"三送一走"活动,全年完成送戏下乡4.16万场,送书下乡801万册,送讲座展览下乡5.37万场,开展文化走亲3050次。成功举办全国"四季村晚"之冬季村晚主会场活动,围绕"村晚回家"主题,营造出浓厚的乡村文化氛围,网络直播观看量突破500万人次。"丽水村晚"等5个群众文化品牌荣获首批中国群众文化优秀品牌称号,彰显了浙江文化品牌的独特魅力和广泛影响力。

2. 深化"文艺赋美"工程,提升文化惠民服务品质

深入实施"文艺赋美"工程,建立健全组织协调、点位规划、节目遴选、宣传发动等运作机制,促使优质文艺资源下沉和全社会资源激活。结合文化惠民工程,整合"文艺下乡""美育村""乡村村晚"等活动载体,推动"文艺赋美"演出向乡村延伸。开展全民艺术普及月、全民艺术节、戏曲大联展、"音乐节+音乐角"等系列活动,建成100个"百姓百艺"工作坊。全年开展"文艺赋美"演出35.2万场,在册文艺志愿者11.9万名,持续拓展高品质街头艺演规模和频次,带动全民美育和艺术普及,打造具有浙江辨识度的文化惠民品牌。

3. 开展"亚运服务"行动,文艺盛宴点亮群众生活

充分展现"浙江味""文旅味",提升亚运"获得感"。组织开展全省文化馆"百馆联动迎亚运"活动,推出5300余场亚运主题群文活动。建设百家亚运文化空间、百个亚运城市人文体验点、百个亚运非遗体验项目,围绕"浙江文艺、唱响亚运"主题开展1.28万场"文艺赋美"演出,推动亚运文化走进百姓生活。指导省文化馆举办"百馆联动迎亚运"活动,推出5300余场亚

运主题群文活动，活动信息被中宣部《每日要情》录用。

4. 依托"文化基因解码"，传承发展浙江传统文化

全面推进"文化基因解码"项目，构建涵盖工作清单制定、成果科学性复核、基因库升级改造及子库建设等关键环节的高效运作体系，有效促进文化基因的深度挖掘与全社会文化资源的优化配置。完成对首批1800余项文化基因解码成果科学性复核工作，并在此基础上，基本完成浙江文化基因库的升级改造工作，并逐步开展宋韵文化数据子库的建设工作。开展中国历代绘画大系、浙江传统（宋韵）建筑、宋韵文化有声系列读物等宋韵文化专项工作，打造面向公众的宋韵文化数字素材库。积极指导浙江省博物馆、浙江省非物质文化遗产馆开展宋韵文化演出季活动，并积极探索主题性雅集活动的基本模式。

二、重点任务建设成效

（一）民生实事深耕，精准满足群众文化需求

2021年，浙江省于全国率先提出打造"15分钟品质文化生活圈"，为人民群众提供更多高品质的文化设施、文化产品和文化活动。2022年，"15分钟品质文化生活圈"、城市书房、文化驿站等内容，作为"浙文惠享"工程重要组成部分，被列入2022年省政府民生实事项目。2023年，浙江省持续深入推进"15分钟品质文化生活圈"建设，印发了《2023年民生实事工程"15分钟品质文化生活圈"、城市书房、文化驿站建设认定办法》等4份文件，做好浙江省政府民生实事建设任务分解、数据审核、业务培训、督查调研。全年新建"15分钟品质文化生活圈"3448个、城市书房250个、文化驿站137个，建设任务完成率均超110%。经过两年"15分钟品质文化生活圈"的建设，浙江省公共文化场馆和公共文化空间地域分布更加均衡，城乡

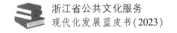
公共文化服务资源同质同标、优质共享机制更加健全。

1. 持续完善顶层设计

为更好地推进"浙文惠享"民生实事工程，浙江省先后制定"15分钟品质文化生活圈"、城市书房、文化驿站建设标准，出台《浙江省文化驿站建设指南》《15分钟品质文化生活圈建设指南》，细化18项建设要求。2023年，印发《关于做好民生项目数据归集及审核工作的通知》《2023年民生实事工程"15分钟品质文化生活圈"、城市书房、文化驿站建设认定办法》等要求与建设标准。举办浙江省政府民生实事项目建设与管理工作培训班，对线下100余人、线上3万余人进行政策解读与实操讲解。常态化开展检查调研，印发关于认定等若干问题的解释，该做法得到省审计厅的肯定。

2. 实现四大闭环管理

在全国率先发布"15分钟品质文化生活圈"指数评价体系，形成"资源梳理—要素添加—智能研判—优化配置"的公共文化资源配置闭环、"需求分析—资源组合—供需对接—用户反馈"的精准服务闭环、"问题发现—系统预警—督促整改—结果晾晒"的管理调度闭环、"标准设定—数据采集—全程监测—综合评价"的评价监测闭环，每月对"15分钟品质文化生活圈"进行指数得分排名、榜单晾晒、督促整改，从治理端保证公共文化服务品质。

3. 强化双翼资源支撑

整合设施资源，文化空间汇聚成圈。全省文化圈建设从辖区群众的文化需求出发，着眼串珠成链，设计成廊成片成圈的公共文化设施网络，全力打造"15分钟品质文化生活圈"。盘活文化资源，文化服务优质共享。重视盘活当地文化资源，使文化圈能够真正成为承载群众乡愁，弘扬优秀传统文化的重要载体，让百姓在家门口尽享优质公共文化服务，使得文化"软实力"成为共同富裕的"硬支撑"。

4. 变革文化供给模式

创新社会化管理新模式。两年来文化圈实践表明，不同区域群众的公共文化需求存在巨大差异，培育和支持社会力量参与文化圈服务势在必行。以杭州市为例，萧山区推行"文化管家"社会化管理新模式，引入专业文化企业，建立专业化文化管家队伍，向镇、村派驻专业的"文化管家"。西湖区则实行团队自治与积分制相结合的"文化管家"模式，本着"一方组织、多方参与、全体受益"的原则，对每个社区优秀的文化团队进行互换轮岗，增强文化组织活力和凝聚力，促进各个社区或街道之间的文化交流。搭建强强联动新载体。浙江省文化圈的机制搭建，实现了优质资源的下沉，通过总分馆体系，将图书馆、文化馆的优质资源渗透到文化圈，使公共文化服务布局更加均衡，公共文化服务供给方式更加多元化。

5. 推进数智文化服务

搭建平台，实现智慧共享。浙江以"平台+大脑"为支撑，打造"品质文化惠享·浙里文化圈"数字化应用，实现数字赋能文化供给。通过精准画像为百姓提供"看书、观展、演出、艺培、文脉、雅集、知礼"七大场景的一体化、模块化服务，为公众打造丰富多彩的"一站式文化链接"。2023 年以来，"浙里文化圈"应用共上线省市（县、区）文化场馆提供的 4615 个文化菜单项目，举办近 30 万场次免费活动，5 万场次低成本或优惠活动。

（二）文化地标引领，之江文化中心璀璨启航

浙江省之江文化中心，是浙江省内体量最大的现代复合文化综合体，位于杭州市西湖区之江板块，汇集浙江图书馆之江馆、浙江省博物馆之江馆、浙江省非物质文化遗产馆、浙江文学馆和之江文化中心公共服务中心五大文化配套设施，集自然、人文、艺术、生态于一体，是浙江省践行"八

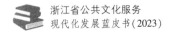
八战略"打造高水平文化强省标志性成果。2023 年 8 月 29 日，之江文化中心正式开放，圆满实现"亚运前启用"的要求。联动各大媒体精心策划、宣传造势，引发全民观展热潮，成为现象级的"文化地标"。

1. 协同联动，加速启用进程

在浙江省文化和旅游厅的精心规划与高效执行下，之江文化中心从筹备到正式启用仅用时 5 个月，体现出多部门紧密无间的协同合作。各部门通过定期会议、信息共享与即时沟通，确保每个环节无缝对接，有效解决了施工过程中的各项难题。特别是在易炼红书记的专题调研和王浩省长的亲自指导下，之江文化中心的建设更是得到了前所未有的重视与支持，为项目的顺利推进奠定了坚实基础。

2. 注重细节，优化服务体验

为确保之江文化中心在正式启用后能够迅速成为公众关注的焦点与热点，之江文化中心在筹备阶段就深入考虑了观众的多元化需求。通过建立健全贵宾接待、投诉处理、讲解服务等机制，实现了从入场引导到观展体验的全流程精细化服务。特别是讲解服务，不仅配备了专业的讲解员团队，还引入了智能导览系统，为不同年龄层、不同需求的观众提供个性化、便捷化的导览服务。此外，持续推进之浦路地铁站更名工作，进一步提升了文化中心的可达性与辨识度，为吸引更多市民游客前来参观创造了有利条件。

3. 媒体造势，引发全民观展热潮

在之江文化中心正式启用前，联动各大主流媒体及新媒体平台，精心策划了一系列宣传报道与预热活动。通过发布建设进展、揭秘布展亮点、邀请知名人士参与体验等方式，不断激发公众的期待与好奇心。正式启用后，更是通过线上线下相结合的方式，举办了丰富多彩的展览、讲座、互

动体验等活动，吸引了大量观众前来参观。截至目前，之江文化中心已累计接待观众 240 余万人，各类活动参与观众 43 万人，图书外借量高达 36 万余本，真正实现了从"文化地标"到"全民共享"的华丽转身。

4. 数字赋能，打造智慧文化平台

之江文化中心积极响应国家关于数字文化建设的号召，充分利用大数据、云计算、人工智能等现代信息技术手段，量身打造了智慧文化平台。该平台不仅实现了展览内容的数字化展示与互动体验，还提供了在线预约、虚拟导览、观众反馈等一站式服务，极大地方便了观众的参观与学习。同时，平台还具备数据分析与智能推荐功能，能够根据观众的浏览记录与兴趣偏好，为其推送个性化的文化资讯与活动信息，进一步提升了公共文化服务的精准性与有效性。

5. 跨界融合，拓展文化服务功能

在运营过程中积极探索跨界融合之路，通过与文化创意、旅游休闲、教育科技等行业的深度合作，不断拓展自身的文化服务功能。例如，与文化创意企业合作开发特色文创产品，将展览元素融入设计之中，满足观众的文化消费需求；与旅游机构合作推出文化旅游线路，将之江文化中心纳入当地旅游必游景点之一，吸引更多游客前来体验；与教育机构合作开展文化教育项目，利用文化中心的丰富资源开展研学旅行、课外拓展等活动，为学生们提供生动有趣的第二课堂。

6. 公众参与，激发文化创新活力

之江文化中心始终坚持"以人民为中心"的工作导向，积极搭建公众参与平台，鼓励广大市民游客参与文化活动的策划、组织与实施。通过举办"市民策展人""文化志愿者招募"等活动，吸引了大量热心文化事业的市民积极参与其中。不仅为文化中心带来了新鲜的创意与灵感，也通过自身的

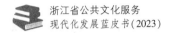
实际行动传递了文化的力量与温度，激发了文化创新的活力与潜力，增强了市民的文化自信与归属感。

（三）示范创新领航，开启现代化建设新篇章

2021年年底，浙江省在全国率先开展公共文化服务现代化先行县（领航项目）创建工作，以期全面带动浙江公共文化服务高质量发展，率先建成覆盖城乡、便捷高效的现代化公共文化服务体系，成了高效推动浙江公共文化服务迈上新台阶的有力抓手。

1. 高标引领，创新驱动

该项目以高标准、接地气的要求精心布局，全面涵盖了公共文化服务现代化的各项核心指标与重点工作，深度融合了理论研究、制度创新、社会参与、品牌塑造及服务效能提升等多元要素，为公共文化服务的现代化转型绘制了清晰蓝图。经过层层筛选与严格评审，8个先行县（市、区）与5个培育对象脱颖而出，携手10项领航项目，共同开启了公共文化服务现代化的新篇章。8个公共文化服务现代化先行县（市、区）创建对象包括长兴县人民政府、平湖市人民政府、温岭市人民政府、杭州市临平区人民政府、宁波市鄞州区人民政府、绍兴市柯桥区人民政府、平阳县人民政府、龙泉市人民政府。5个公共文化服务现代化先行县（市、区）培育对象包括杭州市余杭区人民政府、海宁市人民政府、龙游县人民政府、舟山市普陀区人民政府、东阳市人民政府。领航项目包括杭州市桐庐县文化艺术赋能乡村建设项目、宁波市"一人一艺"全民艺术普及工程、温州"艺享夜游"公共文化服务模式、嘉兴市秀洲"三馆"社会化运营、湖州市打造城乡一体功能融合的新型空间"文旅驿站"、绍兴市"打造越剧文化圈高质量推进公共文化服务一体化建设"、金华市永康市非公企业阅读服务体系建设项目、舟山市定海区"艺工在线"、台州市"构建涵盖终身的阅读推广体系"和丽水市"村晚联盟"，共计10个项目。

2. 实践深耕，成效初显

为更好地推进该项工作，2022 年 9 月，浙江省公共文化服务现代化先行县中期创建工作培训班于杭州召开，第一批 13 个浙江省公共文化服务现代化先行县创建单位和培育单位的分管县领导及文化和旅游局主要负责人参会。培训会上 13 家单位汇报了前期创建工作情况，各创建(培育)单位共出台完善 6 大类 121 项配套政策文件。与会领导与专家指出，在先行县(领航项目)的创建中，各地一是要切实加强领导，认真组织实施，确保创建任务全面落实。二是要对标创建，固强补弱。既有整体的创建，也有重点工作的推进，像新型公共文化空间建设、"15 分钟品质文化生活圈"建设、文化保障卡探索、公共文化数字化建设等，实现"点、线、面"三线合一。三是要聚焦改革、推动转型。从数字化、社会化、制度化等方面先行先试，跑出加速度，进一步提高公共文化服务供给效能。各地通过路演展示与专家评审，进一步明确了创建方向，强化了创建动力。

3. 问题导向，精准施策

面对创建过程中存在的不均衡、进度不一等问题，浙江省文化和旅游厅及时指导，要求各创建单位提高思想认识，正视短板，精准施策。2023年 7 月 4—6 日，第一批浙江省公共文化服务现代化先行县(领航项目)中期创建路演活动在平阳举行，第一批浙江省公共文化服务现代化先行县(领航项目)创建单位和培育单位政府分管领导及文化和旅游局主要负责人参加了此次活动。活动期间，23 家创建单位对照创建方案，通过路演展示和专家提问的形式，汇报了创建期间的工作进展情况。浙江省文化和旅游厅党组成员、副厅长李新芳指出，公共文化服务现代化先行县和领航项目创建以来，相关市、县(市、区)党委、政府高度重视，着力强基础、补短板、出实招，为现代化建设和共同富裕先行提供了有力文化支撑，在全省发挥了提供经验和示范引领的作用，但同时还存在创建工作不均衡、进度不一、

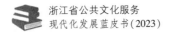

成效不一等问题。各有关单位要切实提高思想认识，将创建和验收工作摆上重要议事日程；要正视问题，找准创建工作的短板弱项；要锚定目标，高质量迎接创建验收。

4. 验收评审，成果丰硕

经过两年的不懈努力，浙江省公共文化服务现代化先行县(领航项目)的创建工作取得了显著成效。2023年年底，通过实地督查与最终评审，共评选出11个公共文化服务现代化先行县和8个领航项目。其中，评选杭州市余杭区、杭州市临平区、宁波市鄞州区、平阳县、长兴县、平湖市、海宁市、绍兴市柯桥区、东阳市、龙游县、温岭市11个县(市、区)为浙江省公共文化服务现代化先行县(市、区)；桐庐县文化艺术赋美乡村建设，宁波市"一人一艺"全民艺术普及工程，温州市鹿城区"艺享夜游"公共文化服务促文旅消费，嘉兴市秀洲区图书馆、文化馆、非遗馆"三馆"公共文化共同体建设，嵊州市越剧文化圈，永康市非公企业阅读服务体系建设，舟山市定海区文艺社工，台州市构建全生命周期阅读服务体系8个项目为浙江省公共文化服务现代化领航项目。这些县(市、区)和项目在公共文化服务领域展现出了卓越的创新能力和实践成果，为全省乃至全国提供了可借鉴、可复制的经验和模式，为浙江公共文化服务的现代化进程树立了新的标杆。

(四)艺术点亮生活，"文艺赋美"惠民乐民

持续深入实施"文艺赋美"工程，建立健全组织协调、点位规划、节目遴选、宣传发动等运作机制，促使优质文艺资源下沉和全社会资源激活。重点推出200个展示统一LOGO标识的演出场所，开展街头展演3000场次以上。结合文化惠民工程，整合"文艺下乡""美育村""乡村村晚"等活动载体，推动"文艺赋美"演出向乡村延伸。开展全民艺术普及月、全民艺术节、戏曲大联展、"音乐节+音乐角"等系列活动，建成100个"百姓百艺"工作

坊，持续拓展高品质街头艺演规模和频次，带动全民美育和艺术普及，打造具有浙江辨识度的文化惠民品牌。

1. 创新机制，构建文艺组织新生态

浙江省"文艺赋美"工程自实施以来，以创新为驱动，积极构建文艺组织新生态，为公共文化服务现代化发展注入强劲动力。工程以"人人皆可参与"为核心理念，成功建立了省、市、县三级联动的文艺志愿者梯队，实现了文艺资源的高效整合与优化配置。

广泛吸收省内外艺术大家、文艺精英参与，形成头部引领效应，带动更多艺术院校、文化馆(站)、演艺业协会及社会艺人等文艺工作者加入。不仅壮大了文艺志愿者队伍，还显著提升了文艺活动的专业性和艺术水平。通过定期举办文艺培训、交流活动，提升志愿者的专业技能和服务意识，形成了一支高素质、专业化的文艺志愿服务队伍。

积极探索文艺演出新形式，从传统的专人专演模式转变为多点、高频、流动的公益性文艺展演。通过综合考量自然环境、基础条件、区域辐射力、人流数量等因素，精心遴选近1.5万个演出场所，覆盖全省重点商圈、文化特色街区、社区文化空间、旅游景区等区域。打破了文艺演出"限于剧场、囿于围墙"的传统观念，使文艺活动更加贴近群众生活，实现了文艺资源的有效下沉和全社会资源的激活。

2. 数字赋能，畅通供需对接新渠道

充分利用数字技术，畅通供需对接渠道，构建线上文艺新场景。依托"浙里文化圈"平台，上线"文艺赋美"板块，实现用户端和管理端的双重功能升级。

用户端方面，平台提供申请注册、场地预约、内容上传、评价积分、奖励兑换等五大功能，极大地提升了用户的参与度和便利性。通过数字化手段，群众可以轻松获取文艺活动信息，预约心仪的演出场地，上传自己

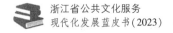

的文艺作品，并参与评价互动。同时，平台还设置奖励机制，鼓励用户积极参与文艺活动，形成良性循环。

管理端方面，平台实现了全流程审批和大数据分析功能。通过智能化审批系统，管理部门可以高效处理文艺活动的申请和报备工作，减轻人工负担，提高审批效率。同时，大数据分析功能为管理部门提供了丰富的数据支持，帮助它们更好地了解群众需求，优化资源配置，提升文化服务供给质量。

3. 立体营销，塑造文化艺术新 IP

积极开拓思路，创新手段，借助新媒体力量开展立体式宣传，扩大"文艺赋美"工程的社会影响力和美誉度，塑造文艺新 IP。

统筹主流媒体资源，协调重点新媒体平台，建立媒体矩阵，形成线上线下相结合的传播推广新模式。通过精准定位受众，合理设置话题，将网络平台打造成全新的在线舞台。各类文艺活动通过短视频、直播、图文等多种形式在各大平台上广泛传播，吸引了大量网友的关注和参与。

注重打造具有地方特色的文艺品牌。各地在全省统一标识下推出各具特色的区域子品牌，如杭州的"西湖之韵"、丽水的"村晚梦剧场"等。不仅丰富了群众的文化生活，还成为当地文化旅游的重要名片，吸引了大量游客前来观赏体验。

4. 文旅融合，赋能城乡发展新动力

通过打造多个具有亮点、爆点、焦点的重量级城市街景艺演，培育推出一批自带流量的"经典点位"，加速了聚拢流量和文旅产业的深度融合。

在杭州武林路等热门商圈，"文艺赋美"演出期间日均人流量显著增加，成为城市商业的新动力。同时，结合"浙文惠享""宋韵浙江""视频直播家乡年"等重点工作，"文艺赋美"还助力培育融合演艺、非遗、展览、旅游等新模式，为文旅产业注入了新的活力。

积极探索"文艺赋美"与乡村振兴的有机结合。通过"文艺下乡""美育

村""乡村村晚"等活动载体，将文艺资源引入乡村，不仅提升了乡村的文化氛围和艺术品位，还带动了乡村旅游和特色产业的发展。丽水等地通过构建"村晚梦剧场+"产业模式，植入民宿餐饮、生态农业、乡村工坊等新型业态，形成了"文艺赋美"带动产业、产业反哺"村晚梦剧场"的良性循环。

三、2023 年公共文化服务现代化主要目标指标完成情况

2021 年 8 月，浙江省委、省政府印发《关于高质量建设公共文化服务现代化先行省的实施意见》，提出到 2025 年，公共文化服务不断完善，内容更加优质、供需更加平衡、主体更加多元、保障更加有力，基本建成以人为核心的高质量公共文化服务现代化体系。同时，从"优先发展""均衡发展""品质发展""以人为本""创新发展"5 大方面，提出"浙江省公共文化服务现代化主要目标指标"共计 19 项，为浙江高质量发展建设共同富裕示范区提供有力支撑。截至 2023 年年底，浙江省公共文化服务现代化的主要目标指标完成情况总体进展顺利，多数指标呈现出稳步上升或已达到预期目标的趋势，彰显了浙江省在推动公共文化服务现代化进程中的显著成效。

在推动浙江省公共文化服务现代化的进程中，多项重要指标已展现出显著的进步，部分甚至已提前达成或远超 2025 年的既定目标。在 19 项主要目标指标中，有 9 项指标(占比 47.4%)已提前完成 2025 年的目标值，显示出浙江省在公共文化服务领域的快速进步和显著成效。分别是"每万人配备文化从业人员数量""年人均接受文化场馆服务次数""每万人拥有文化志愿者数量""公共图书馆一级馆建成率""一级以上文化站建成率""三星级以上文化礼堂建成率""县级公共文化机构高级职称人员比例""县级公共文化机构线上服务年惠及群众人次""县域文化惠民品牌创建率"。此外，虽然"县级图书馆文化馆分馆覆盖率""文化馆一级馆建成率""城乡居民综合阅读率"等指标尚未提前完成，但根据当前的增长趋势，也有望在不久的将来

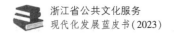
达到 2025 年的目标值。

值得注意的是,尽管整体趋势向好,但部分指标在 2023 年相较于 2022 年却出现了下滑趋势。例如,受多重因素影响,"公共文化机构经费效益(元/人)"从 2021 年的 24.59 元/人,下降至 2022 年的 21.63 元/人,再下降至 2023 年的 10.88 元/人,连续三年出现明显下降,与实现 2025 年(25 元/人)目标值尚有较大差距。同时,"文化下派员配备率"和"公共图书馆藏书人均流通册数"两项指标,在 2022 年增长后也有所回落。针对这些指标,需深入分析原因,采取有效措施加以改进,确保公共文化服务的持续稳定发展。具体指标数据见表 1。

表 1　浙江省公共文化服务现代化主要目标指标情况

类别	序号	指　　标	2021 年	2022 年	2023 年	2025 年(目标值)
优先发展	1	公共文化机构经费效益(元/人)	24.59	21.63	10.88	25
	2	每万人配备文化从业人员数量(人)	2.79	3.24	3.52	3.5
	3	文化下派员配备率(%)	95.31	100	97.19	100
	4	每万人拥有体育设施面积(m²)	—	—	—	2.8
均衡发展	5	县级图书馆文化馆分馆覆盖率(%)	83.77	98.57	99.41	100
	6	年人均接受文化场馆服务次数(次)	4.25	5.16	11.94	8
	7	每万人拥有文化志愿者数量(人)	228	304	345.8	30
	8	公共图书馆藏书人均流通册数(册次)	1.34	1.6	1.33	1.6

续表

类别	序号	指　　标	2021 年	2022 年	2023 年	2025 年 (目标值)
品质发展	9	公共图书馆、文化馆一级馆建成率(%)	86.3(图书馆)，91.2(文化馆)	97.06(图书馆)；91.2(文化馆)	97.06(图书馆)；93.13(文化馆)	96；96
	10	一级以上文化站建成率(%)	54.90	56.59	62.15	60
	11	三星级以上文化礼堂建成率(%)	39.09	59.69	66.4	40
	12	县级以上公共文化场所多语种导览导读服务覆盖率(%)	—	—	—	90
	13	县级公共文化机构高级职称人员比例(%)	10.98	16.93	20.36	15
以人为本	14	城乡居民综合阅读率(%)	91	91.9	91.9	92.5
	15	全民艺术综合普及率(%)	74.4	76.7	78.6	80
	16	社会公众对公共文化服务的满意率(%)	80.16	82.24	84.78	85
创新发展	17	数字化公共文化场馆建成率(%)	—	—	—	50
	18	县级公共文化机构线上服务年惠及群众人次(万人次)	75.56	115.12	144.4	80
	19	县域文化惠民品牌创建率(%)	100	100	100	100

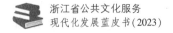
四、2024 年浙江公共文化服务现代化发展展望

2024 年，浙江省公共文化服务现代化发展将继续以习近平新时代中国特色社会主义思想为引领，深入贯彻党的二十大精神，锚定"着力推进全域文化繁荣全民精神富有"的目标，坚定不移地走高质量、现代化发展之路。2024 年，浙江省将全面学习宣传贯彻习近平文化思想，把"以人民为中心"的发展理念贯穿始终，立足新发展阶段，积极融入新发展格局，以创新驱动为引擎，以数字赋能为抓手，聚焦数智便民、协同利民、创建为民、文化惠民、服务亲民五大核心领域，聚焦重点领域重大创新，着力开展八项工程，积极构建公共文化服务高质量发展的新格局。继续探索公共文化服务现代化先行省建设的新路径、新模式，不断激发公共文化服务创新活力。持续深化文化惠民活动，丰富人民群众精神文化生活，提升全民文化素养，全面推动公共文化服务向更高水平、更深层次迈进，为打造共同富裕示范区贡献力量。

（一）全面学习宣传贯彻习近平文化思想

指导各级公共图书馆、文化馆（站）、城市书房、文化驿站和旅游驿站等传统和新型公共文化旅游机构（空间）发挥宣传阵地作用，积极举办宣传贯彻习近平文化思想的学习宣讲、专题讲座、辅导培训等主题活动。以"在建设中华民族现代文明上积极探索"为主线，实施文化基因激活工程，提炼和打造新时代浙江文化标识，充分利用文化基因激活文化和推动旅游发展。

（二）坚持以人民为中心，在五个领域持续发力

1. 数智便民，优化整合智能调度

提升公共文化服务的数智化水平，以数字化手段强化风险监测预警、

分析研判和闭环处置管控,推动全省公共文化数字资源的全域整合、智能调度和一键触达。整合省市品质资源,探索推出"浙里文化圈"文化点单2.0版,推动举办"请您看演出"、"童书漂流"图书重生计划、"浙里博物馆"联名护照等服务模式向市、县两级延伸。扩大"浙里文化圈"的快递借阅、特惠云购、场馆预约、浙里票务、浙里艺培等功能场景的影响力和传播度。逐步开放"浙里文化圈"数据资产,联动社会资源,让文化大数据"活起来",让数据资产实现"自我价值""为民所用"。

2. 协同利民,以共同体强供给侧

构建多级联动、跨界融合的公共文化共同体"浙江模式",出台关于建设公共文化共同体的指导意见,发布一批"文共体"培育项目。在不改变权属的原则下,探索构建省、市、县公共文化资源、人才、藏品流动共享新机制。发挥浙江图书馆、浙江省文化馆的统领示范功能,彰显对全社会公共文化服务的整合引领作用、对各市县公共文化设施与服务提质增效的指导监督作用。在舟山、丽水等山区海岛地区,探索公共文化服务一体化集成落地改革。持续实施"春雨工程"文化和旅游志愿者边疆行活动,积极参加第七届中国青年志愿服务项目大赛等活动。迭代更新文化和旅游公共服务专家库。办好2024年全国文化馆馆长会议。

3. 创建为民,创新驱动先行省建设

坚持"创建工作永远在路上",完善评定工作闭环。积极参与全国第二批基层公共文化服务高质量发展案例申报。做好"中国民间文化艺术之乡"调研课题,组织开展中国、浙江省民间文化艺术之乡的评选推荐工作,出台浙江省民间文化艺术之乡管理办法,建立民间文化艺术之乡专家库。继续开展重点公共文化设施专项提升行动,重点提升山区26县一级文化站比例。培育、发现和挖掘100个左右在创新服务方式、丰富文化产品、提升服务效能等方面富有成效的乡镇综合文化站典型案例。积极参加全国最美

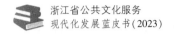
公共文化空间大赛,评选新一批浙江省最美公共文化空间。支持专业化机构或团队参与运营公共文化设施,培育高素质城市文旅公共空间运营商,征集社会力量参与文旅公共服务典型案例。

4. 文化惠民,提高社会文化素养

继续开展"三送一走"文化惠民活动,开展文化走亲 1000 次,送演出下乡 1 万次,送讲座展览下乡 1000 次,送书下乡 150 万册。以百馆联动的"浙江省全民艺术节"新形态整合全省示范性群文活动和各门类赛事。推进全省公共图书馆系统以举办"全民阅读月"系列活动为抓手开展全民阅读推广工作。不断打造文化保障卡服务新体系,构建多方协同参与的系统联动机制。发挥艺培机构力量,积极参与"文艺赋美"工程,全力创建全国青少年美育示范省。

5. 服务亲民,提升旅游公共服务

贯彻落实《关于推进旅游公共服务高质量发展的指导意见》。积极创建国家旅游服务示范城市、示范项目,申报一批国家级旅游风景道。启动全省第三批旅游驿站建设工作,完善对已建成旅游驿站的提升和管理,推动在文化场馆设置旅游公共服务专区。发布一批旅游厕所优秀案例。建立旅游公共服务高质量发展评估指标体系,组织开展《旅游驿站服务规范》《旅游厕所质量要求与评定》标准宣贯,完成旅游国际标准《旅游及其相关服务——线上线下旅游咨询服务与要求》研制起草工作。

(三)聚焦重点领域重大创新,着力开展八项工程

1. 文化基因激活工程

将文化基因激活工程作为中华民族现代文明建设浙江文旅探索的重要

抓手，树立问题导向、需求导向、实用导向，发挥文化基因激活在文旅融合发展的基础性、支撑性作用。选取名人故里、传统书院、戏曲词牌、古籍古画、旅游演艺、研学游线、遗产文创、文化景区等八大赛道先行突破，选取高价值文化基因开展重点领域激活，建设高水平活化利用培育项目，打造一批极具浙江文化底蕴的示范性激活项目。

2. 古籍资源重光工程

以古籍古画为入口开启大众了解传统文化的"时光隧道"。开展全省古籍保存情况评估，推进古籍数字活化利用，形成古籍保护、修复、研究的区域性中心，精心策划、重点推出一批古籍资源数字资源藏品。深入挖掘全省古籍善本、名人信札、珍贵书画等资源，运用数字化和人工智能技术，构建内容完备、标引准确、服务优质的历史文献数据库，为古籍古画类文创开发、整理出版、专题展览等提供普及传播的内容支撑。依托数字化手段，探索四库全书与文澜阁"书阁一体"的展陈模式，指导做好"南孔文化"国图特展，创新打造集古籍书画、文物展陈、非遗技艺等展示于一体，互为补充、相映成趣，具有行业影响力的文物古籍书画活化利用展览展示品牌。新增古籍古画数字活化1万册(幅)以上。

3. 品质文化生活圈拓展工程

坚持全域打造"品质文化生活圈"，把品质服务作为民生实事后续管理的重中之重。新认定2000个15分钟品质文化生活圈，100个城市书房、100个文化驿站。科学制定"品质文化生活圈"星级评定标准，重点做好已建成"文化圈"品质化运营与常态化提升，持续打造一批轻资本、嵌入式、小而美、多主体的邻里文化空间。

4. 浙里文化圈自运营工程

加快构建循环畅通的浙里文化圈新生态。发挥省文化馆的统领作用，

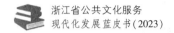
整合全省文化馆(站)供给资源，建设文化点单平台 2.0 版。以之江文化中心为载体，优化各级文化场馆使用效率，探索建立公共文化空间银行服务机制试点。探索与支付宝等头部企业合作，建立跨界融合新生态。

5. 之江文化中心高质量运行工程

做好 2024 年公区物业、能耗经费预算编制，以及物业协议到期前的预算执行工作。统筹三馆建立一体化讲解服务、预约服务。开展之江文化中心运行一周年系列活动，指导启动"4A"级旅游景区创建工作。探索推出系列运营组合拳，打造整体文化地标形象，推进各馆融合发展与公共文化共同体建设。

6. 全民阅读推广试点工程

坚持"爆款、出圈"思维，与省建设银行等开展合作，探索将金融网点打造成为新型公共文化"微单元"，植入全民阅读、展览、文艺赋美等功能，建设书香银行。结合"浙里文化圈"借阅功能，选取部分地区开展机场(空中)书房试点。争取作为文化和旅游部"童书漂流"项目试点，在博物馆、城市社区等地开展首批借阅柜机落地工作。

7. 青少年美育示范省创建工程

出台校外艺培机构从业人员准入细化分类政策，会同相关部门制定培训场所消防验收通则，实现浙里艺培平台与国家平台的功能性全面互通。引导文化艺术类校外培训机构积极参与文艺赋美、青少年美育建设。探索出台浙江省文化艺术类机构"白名单"建设导则。出台文化艺术类校外培训机构既有建筑消防建设导则。建设青少年美育示范省评价体系。

8. 山区 26 县公共文化服务均等化工程

结合"十四五"主要目标指标，推进山区 26 县公共文化服务标准化均等化。2024 年、2025 年拟面向山区 26 县计划提升 139 个乡镇(街道)综合文化站至高等级站,力争到"十四五"末一级站率达全省平均水平。省、市两级组织力量加强日常指导,确保对标对表推进建设。根据各地申请,每年组织一次专项评定,对完成提升任务的文化站进行验收定级。

第二部分
专题报告

2023年度浙江省公共文化服务现代化发展指数（CMDI）报告

一、公共文化服务现代化发展指数简介

公共文化服务现代化发展指数是推动公共文化服务现代化发展的重要手段。浙江省在全国率先实施省域公共文化服务现代化发展指数评估，定期监测并发布各市、县(市、区)发展指数，促进公共文化服务品质大幅提升。浙江省公共文化服务现代化发展指数(CMDI)作为一个综合评估体系，全面反映浙江省基层公共文化服务的发展水平，推动基层公共文化服务能力提升，衡量群众文化获得感和幸福感，促进共同富裕示范区建设。2023年，浙江省积极总结往年评估的经验和做法，并根据实际情况对部分指标的取值及赋分方式做了相应修改，使评估过程更有标准和依据、评估结果更有导向性。

（一）评估对象

（1）全省 90 个县(市、区)；

（2）全省 11 个设区市，在县(市、区)基础上开展评估工作，同时结合开发区(由设区市文化广电和旅游局提供国家级 开发区清单)、市级公共文化场馆两类评估对象数据。

（二）评估指标和权重

2023 年度浙江省公共文化服务现代化发展指数（CMDI）评估指标体系总分 100 分，共设置了 5 大类别 28 项指标。同时，采用主成分分析法，将有关联的若干指标转化为 5 个综合指标：

（1）优先发展（指标 1 公共文化机构经费效益、指标 2 公共文化文物事业费占财政支出比重、指标 3 文化考核分占比、指标 4 每万人配备文化从业人员数量、指标 5 文化下派员配备率、指标 6 每万人拥有公共文化设施面积等六项指标得分相加）。

（2）均衡发展［指标 7 县级图书馆/文化馆分馆覆盖率、指标 8 年人均接受文化场馆线下服务次数、指标 9 文旅志愿者活跃度、指标 10 公共图书馆藏书人均流通册数、指标 11 业余文艺社团、指标 12 送书下乡、指标 13 送戏下乡、指标 14 送讲座（展览）下乡、指标 15 县级文化走亲活动次数等九项指标得分相加］。

（3）品质发展［指标 16 公共图书馆/文化馆一级馆率、指标 17 一级（含）以上综合文化站建成率、指标 18"15 分钟品质文化生活圈"服务指数、指标 19 新型公共文化空间、指标 20 三星级（含）以上农村文化礼堂建成率、指标 21 县级公共文化机构高级职称人员比例等六项指标得分相加］。

（4）以人为本（指标 22 城乡居民综合阅读率、指标 23 全民艺术综合普及率、指标 24 社会公众对公共文化服务满意率等三项指标得分相加）。

（5）创新发展（指标 25 重要创新项目数量、指标 26 浙里文化圈普及率、指标 27 县域文化惠民品牌创建、指标 28 文化场馆年报等四项指标得分相加）。

（三）设区市得分

11 个设区市的评价是根据所辖县（市、区）数据，并结合开发区数据和市级场馆数据合并计算所得。

（四）基础数据取得

评估体系数据主要从智慧文化云采集，同时，结合科教、民政、财政、宣传等部门提供的数据，以及第三方测评数据等来源。其中，常住人口以省统计局最新公布的设区市和县(市、区)常住人口数据为准；乡镇(街道)数、行政村(社区)数、省级中心镇(街道)数、常住人口大于5万的乡镇(街道)数据来源于浙江省民政厅；涉及财政投入的数据以浙江省文化文物统计年鉴数据为准；农村文化礼堂(社区文化家园)数据由各县(市、区)根据相关文件进行填报，并提供宣传部门的文件证明材料；城乡居民综合阅读率、全民艺术综合普及率及社会公众对公共文化服务满意率数据通过第三方测评方式获取。数据与全国、全省文化文物统计报表、各地政府官方网站数据相吻合。

（五）评估数据运用

2023年度浙江省公共文化服务现代化发展指数评估指标印发对象为：文化和旅游部，省级有关单位，各市、县(市、区)党政领导，各市、县(市、区)文化广电旅游局。通过比对指标数据和指标排名，认识自身在公共文化服务现代化发展进程中有何不足，明确下一步的工作目标和发力点，促进公共文化服务的均衡、优质和高效发展。

二、2023年度浙江省公共文化服务现代化发展总体情况分析

作为公共文化服务现代化先行省创建主体，浙江省委、省政府始终把加强公共文化服务体系建设作为改善民生的重要内容和加快文化强省建设的重要举措。从现代公共文化服务体系高质量发展要求出发，着力扩大公共文化服务的覆盖范围，"省、市、县、镇、村"五级一体化运行的公共文

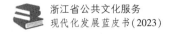
化服务体系不断完善。

浙江省从顶层设计注重对公共文化服务的引领与创新,通过构建"15分钟品质文化生活圈",提升公共文化服务的便捷性和可及性,促进城乡公共文化服务的均衡发展;推动数字化改革,打造"浙里文化圈"等数字化应用场景,实现公共文化服务的多跨协同和一键触达;培育精品公共文化项目,催生有全国影响力的乡村公共文化现象;打造文化地标和新型公共文化空间,加快建设大运河国家文化公园、之江文化中心等文化地标,同时创建乡村博物馆、城市书房、文化驿站等新型公共文化空间,促进了城乡公共文化服务的品质发展;在全省范围内开展公共文化服务现代化先行县(领航项目)、文化强镇,文化示范村,做好顶层设计,注重对公共文化服务引领,助推公共文化向上向美发展。浙江省政府持续推出一系列政策与措施,不断提升公共文化服务的覆盖范围和质量,以满足不同区域民众的需求,推动文化强省建设。

持续推进"15分钟品质文化生活圈"建设。2023年,全省累计建成11736个"15分钟品质文化生活圈",共集合5.6万个文艺社团、4.5万名文化骨干(其中省级以上非遗传承人1637人、省级文化示范户342个、省级文化能人811人)和200余万名注册文化志愿者参与"15分钟品质文化生活圈"建设。2023年以来,"浙里文化圈"应用共上线省市县文化场馆提供的4615个文化菜单项目,近30万场次免费活动,5万场次低成本或优惠活动。另外,浙江省还以"15分钟品质文化生活圈"建设为抓手,优化公共文化设施布局,提升公共文化空间覆盖率。据统计,2023年,全省公共场馆共2134处,包括图书馆102家,博物馆428家,文化馆102家,美术馆21家,非遗馆48家,文化站1367家,音乐厅4家,剧院61家;村(社区)文化设施22911处,包括农村文化礼堂19946家,社区文化家园2965家;新型文化空间载体2821处,包括文化驿站727家,城市书房1402家,乡村博物馆692家;其他文化空间101558处,包括健身设施29323处,文化广场11864处,阅读空间11557处,活动空间34782处,表演空间3810处,展览空间 9412 处，文保单位 502 处，旅游驿站 308 家。

深入实施"文艺赋美"工程。自 2022 年 9 月起，浙江深入实施"文艺赋美"工程，该工程以广大的文艺志愿者为核心力量，以全省 11736 个"15 分钟品质文化生活圈"为依托，在城市社区、商业街区、公园景区以及农村文化礼堂等公共场所，持续开展艺术表演活动，2023 年，全省"文艺赋美"共演出 478843 场次。"文艺赋美"工程旨在通过公共文化模式的革新，让文艺气息渗透城市角落，融入乡村肌理，为全社会增添美的元素，从而确保人民群众能够享受更高品质的精神文化生活。

持续擦亮公共文化惠民服务品牌。公共文化服务是一项润物无声的文化事业，也是一个地方的文化名片。通过打造具有独特性和高品质的文化服务品牌，可以促使公共文化服务机构不断提升服务质量，满足人民群众日益增长的精神文化需求。如今，浙江省 90 个县(市、区)基本上打造了独具地方特色的文化惠民品牌，如丽水市的"村晚"、柯城区的余东农民画、乐清市的清和书苑、柯桥区的"柯桥好戏"、余杭区的"余悦时光"等，文化惠民品牌的打造需要不断创新服务模式、内容和形式，以满足人民群众多样化的文化需求。这种创新过程不仅能够激发公共文化服务机构的活力，还能够推动整个公共文化服务体系的创新和发展。

从 CMDI28 个具体指标来看，浙江省公共文化现代化发展的现状如下。

（一）优先发展方面

在浙江省公共文化服务现代化发展评估体系中，第一个模块被设定为"优先发展"，这一模块涵盖了公共文化机构经费效益、公共文化文物事业费占财政支出比重、每万人配备文化从业人员数量、文化下派员配备率、每万人拥有公共文化设施面积等关键指标。这些指标不仅关注资金投入和硬件设施建设，还涵盖了人力资源配置和经费使用效率等方面，形成了一个全面、系统的评估体系。这种综合考量有助于推动公共文化服务的高质量发展，实现经济效益和社会效益的双赢。将"优先发展"作为评估体系的首个模块，明确了公共文化服务在浙江经济社会发展中的重要地位，这种导向作用有助于引导各级政府和社会各界加大对公共文化服务的投入和支持力度，共同推动浙江公共文化事业的繁荣发展。公共文化机构经费效益这一指标直接反映了政府在公共文化服务领域的资金投入及其使用效率，高效的经费使用能够确保公共文化活动的顺利开展，提升服务质量和覆盖面。2023 年，浙江省公共文化机构经费效益大幅提升，全省平均值 11.16元每人，2022 年为 20.91 元每人，同比提升 47%，一类地区平均值 10.45元每人，2022 年为 20.41 元每人，同比提升 49%，二类地区平均值为11.56 元每人，2022 年平均值 21.18 元每人，同比提升 45%。《关于高质量建设公共文化服务现代化先行省的实施意见》中，2025 年公共文化机构经费效益达到 25 元每人·次，2023 年公共文化机构经费效益已经远远超过2025 年目标值。根据浙江省文化文物统计年鉴和智慧文化云数据统计，2023 年浙江省公共文化机构服务总人次达到 543400 万人次，2022 年浙江省公共文化机构服务总人次达到 33189.9 万人次，同比提升 15%。公共文化事业费占财政支出比重是衡量政府财政对公共文化事业支持程度的重要标尺，2023 年，该指标的全省平均值为 1.32%，2022 年全省平均值为1.18%，同比，有小幅上升。《关于高质量建设公共文化服务现代化先行省的实施意见》中提出文化事业费占财政支出比重 2025 年要达到 0.9%，目前该指标值已经超前实现，体现出浙江省地方政府对公共文化服务现代化在资金保障方面的持续跟进与提升。文化考核分占比直接体现地方政府对公共文化的重视程度，2023 年，二类地区的文化考核分占比提升明显，全省平均值为 2.18%，2022 年全省平均值为 1.77%。在人员配备方面，评估指标主要体现在每万人配备文化从业人员数量和文化下派员配备率两个方面，文化下派员配备率 2023 年达到 100%，同比提升近 4 个百分点，省级中心镇和常住人口 5 万以上的乡镇均配备了文化下派员。文化从业人员数量直接关系到公共文化服务的下沉和普及，高配备数量有助于实现文化资源的均衡分配，提升基层公共文化服务水平。公共文化设施是开展文化活动、提供文化服务的物质基础，2023 年，每万人拥有的公共文化设施面积达到 1439.92 平方米每万人，2022 年该指标值为 1389.71 平方米每万人，同比增长 3.6%。

(二)均衡发展方面

在浙江省公共文化服务现代化评估中，均衡发展是一个核心维度，它旨在确保公共文化服务在城乡、区域间实现均衡覆盖和高质量供给。均衡发展包括 9 个指标内容，涉及图书馆/文化馆分馆覆盖率、年人均接受文化场馆线下服务次数、文旅志愿者活跃度、公共图书馆藏书人均流通册数、业余文艺社团以及"三送一走"等 9 个指标，它们共同构成了衡量公共文化服务均衡发展水平的重要标尺，通过优化这些指标的表现，可以推动公共文化服务在城乡、区域间的均衡覆盖和高质量供给，进而提升全社会的文化素质和文明程度，保障公民基本文化权利，满足文化需求，促进文化资源优化配置与共享，促进文化产品与服务创新。均衡发展的 9 个指标与 2022 年相比，指标值均有不同程度的提升或增长，其中 3 个指标与 2022 年相比提升幅度较大，分别是年人均接受文化场馆下辖服务次数、文旅志愿者活跃度、县级文化走亲。2023 年，年人均接受文化场馆线下服务人次为 11.87 次每年，2022 年的全省平均值为 5.6 次每年，同比增长 111%，其中，一类地区同比增长 96%，二类地区同比增长 124%，2023 年，78 个县(市、区)年人均文化场馆线下服务次数达到 6.4 次及以上，在该指标评估中得满分，文化活动场次的大幅增长，直观体现了浙江省公共文化繁荣发展。文旅志愿者活跃度方面，2023 年全省平均值为 0.28%，2022 年全省平均值为 0.091%，活跃度提升幅度较大。文旅志愿者的积极参与表明了居民对公共文化的热情参与与支持，这种认同感和参与感的增强有助于促进文化的繁荣与发展，加强地域文化的凝聚力和归属感。在文化走亲方面，2023 的全省平均值为 33.056 场次，2022 年的全省平均值为 19.42 场次，同比提升 70%，"文化走亲"活动对公共文化的发展起到了积极的推动作用，

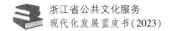
不仅创新了公共文化服务模式,调动了群众积极性,整合了基层文化资源,还构建了多层次、多样化的群众文化活动格局,推动了公共文化服务体系的完善和发展。

(三)品质发展方面

2023年,浙江省公共文化发展越来越注重品质化,这一趋势体现了该省在推动文化繁荣、满足人民群众日益增长的精神文化需求方面的决心和行动。品质化发展的重点不仅在于提升公共文化设施的硬件条件,更在于优化服务内容、创新服务模式、提高服务质量,以满足人民群众对高品质文化生活的向往。"品质发展"是一个关键的综合指标,它涵盖了多个具体指标,包括公共图书馆、文化馆一级馆率,一级(含)以上综合文化站建成率、"15分钟品质文化生活圈"服务指数、新型公共文化空间、三星级以上农村文化礼堂(或社区文化家园)建成率,以及县级公共文化机构高级职称人员比例。通过对这些指标的评估,有助于提升公共文化设施质量、优化公共文化服务网络、推动文化礼堂和文化家园建设、提升公共文化领域人才队伍素质。从具体指标来看,2023年公共图书馆和文化馆一级馆率与2022年持平,全省平均值为93.33%。"15分钟品质文化生活圈"服务指数因为2023年计分方式与2022年发生变化,所以不具备可比较性。其余4个指标均有较大程度的提升,一级(含)以上综合文化站建成率2023年的全省平均值为64.238%,2022年的全省平均值为59.5%,同比提升4.7个百分点,一类地区较二类地区提升幅度大,2023年一类地区的平均值为39.837%,2022年一类地区的平均值为31.39%,同比提升8个百分点,二类地区2023年的平均值为78.252%,同比提升3个百分点。新型公共文化空间是指省级认定的城市书房和文化驿站,2023年,新型公共文化空间的全省平均值为65.67%,2022年全省平均值为54.49%,同比提升11个百分点,一类地区同比提升10个百分点,二类地区同比提升12个百分点,2023年已有23个县(市、区)实现乡镇(街道)城市书房、文化驿站全覆盖。

更多新型公共文化空间的建设，为公众提供了更多元化、更具吸引力的文化场所，增强了公共文化服务的实效性。三星级（含）以上农村文化礼堂（社区文化家园）建成率也是体现公共文化品质发展的一个重要指标，2023年全省平均值为69.43%，2022年全省平均值为58.7%，同比提升近11个百分点，其中，一类地区的提升幅度较大，2023年一类地区的平均值为62.86%，比2022年提升了20个百分点，可见，2023年一类地区在公共文化阵地建设及提升方面做出了较大努力。2023年，县级公共文化机构高级职称人员比例全省平均值为18.38%，2022年全省平均值为16.17%，提升2个百分点。高素养人才是公共文化服务发展的核心，提高高级职称人员比例意味着公共文化机构拥有更多具备专业素养和创新能力的人才，能够更好地推动公共文化服务的创新和发展。

（四）以人为本方面

公共文化服务现代化发展评估中，以人为本理念是核心，它强调服务应以满足人民群众的文化需求、提升人民群众的文化素养和幸福感为目标。在评估体系中，以人为本包含城乡居民综合阅读率、全民艺术综合普及率和社会公众对公共文化服务满意率这三个指标。城乡居民综合阅读率作为衡量人民群众文化素养的重要指标之一，不仅反映了居民的阅读习惯和阅读水平，也体现了公共文化服务在提供阅读资源和阅读环境方面的成效；全民艺术综合普及率则关注艺术在人民群众中的普及程度，旨在通过艺术活动提升居民的文化素养和审美能力；社会公众对公共文化服务满意率则是衡量公共文化服务质量的重要标准。以人为本模块中的这三个指标旨在提升群众文化素养、丰富群众文化生活、推动文化服务改进。2023年全民综合阅读率由于省委宣传部统一不做测评及公布，故全省各设区市及县（市、区）默认满分；2023年社会公众对公共文化服务的总体满意率为84.78%，2022年为82.24%，同比提升2个百分点；2023年全民艺术普及率78.6%，2022年为76.7%，同比提升近2个百分点，以人为本的公共文

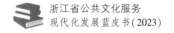
化建设越来越符合群众所需。

(五)创新发展方面

创新是引领发展的第一动力。在公共文化服务领域,通过创新驱动,可以推动文化治理体系和治理能力的现代化,提高公共文化服务的供给效率和质量,增强公共文化服务的吸引力和感染力,因此,创新发展也一直是浙江省公共文化服务现代化发展评估体系的重要模块。在2023年的创新发展中,重要创新项目数量和浙里文化圈普及率两个指标与2022年相比都有大幅提升。在重要创新项目数量这一指标上,55个县(市、区)有创新项目,16个县(市、区)得满分;2022年仅有20个县(市、区)有创新项目,没有县(市、区)得满分。浙里文化圈普及率这一指标2023年全省平均值为8.567%,2022年全省平均值为1.089%,同比提升7.5个百分点,一类地区2023年的平均值为9.622%,2022年的平均值为1.457%,同比提升8个百分点,二类地区2023年的平均值为7.985%,2022年的平均值为0.886%,同比提升7个百分点。浙里文化圈普及率的提升直接反映公共文化服务数字化、智能化的服务水平的提升。县域文化惠民品牌是地方政府在公共文化服务领域打造的品牌项目,旨在通过品牌效应提升公共文化服务的吸引力和影响力。2023年,县域文化惠民品牌创建这一指标的全省平均值为91.57%,2022年的全省平均值为77.77%,同比提升近14个百分点,73个县(市、区)在该指标上得满分,该指标值的大幅提升也反映出地域特色公共文化的蓬勃发展。

三、公共文化服务现代化发展存在的主要问题

(一)公共文化服务重视程度仍有待提升

CMDI评估体系中,公共文化考核分占比这一指标考核的是各县(市、

区)对公共文化服务的重视度，公共文化评估能够明确公共文化服务的发展
目标和方向，确保各项服务工作紧密围绕人民群众的精神文化需求展开。
通过设定具体的评估指标，可以引导各级文化部门和文化机构有针对性地
开展工作，避免资源浪费和服务偏差，因此，公共文化考核占比一直是浙
江省公共文化服务现代化发展评估体系的重要指标，各县(市、区)对公共
文化的评估也在逐步调整，日趋重视，具体数据如下：2023 年公共文化考
核分占比全省平均值为 1.99%，一类地区平均值为 1.64%，二类地区平均
值为 2.18%，同期相比，2022 的全省平均值为 1.65%，一类地区平均值为
1.45%，二类地区平均值为 1.77%；2023 公共文化考核分占比超过 3%的有
14 个县(市、区)，占比超过 2%的有 40 个县(市、区)，2022 年占比超过
3%的有 10 个，超过 2%的有 28 个。从以上数据看出，公共文化考核分占
比在全省范围内都有所提升。同时，也应该看到，部分县(市、区)的文化
考核分占比非常低，有 12 个县(市、区)的占比低于 1%，51 个县(市、区)
低于全省平均值。文化考核占比较低，无法发挥考核指挥棒的作用，不利
于公共文化服务效能的提升，也不利于公共文化服务的创新与发展，因此，
公共文化考核还需继续重视，持续提升。

(二)志愿者及社团活跃程度仍有待提升

文旅志愿者及业余文艺社团的活跃度是近两年评估的一个重要指标，
"15 分钟品质文化生活圈"建设、基层公共文化氛围浓厚，都离不开当地文
旅志愿者的活跃和业余文艺社团的带动，他们在丰富文化供给、提升公共
文化服务质量、促进文化交流与融合方面都起着非常积极的作用。从近两
年指标评估数据来看，文旅志愿者活跃度由 2022 年的 0.091%提高到 2023
年的 0.28%，文艺社团活跃度由 2022 年的 46.51%提升到 2023 年的
65.21%，指标值的提升从侧面反映出评估工作对公共文化发展的促进作
用，但从整体来看，文旅志愿者和业余文艺社团的活跃度还有待进一步提
升，特别是文旅志愿者活跃度，文旅志愿者活跃度超过 1%的仅有 3 个县

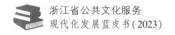
(市、区),活跃度不超过 0.1% 的有 32 个县(市、区),文旅志愿者活跃度严重偏低,庞大的志愿者团队没有充分发挥带动作用。从业余文艺社团活跃度来看,仅有泰顺县达到 100% 社团活跃,活跃度低于 50% 的有 28 个县(市、区),社团活跃度低不利于文化氛围浓厚,不利于"15 分钟品质文化生活圈"高品质发展。

(三)图书馆阅读推广服务能力有待加强

公共图书馆藏书人均流通册数直接反映了图书馆藏书的实际利用情况,能体现出公共文化资源的利用程度,同时,流通册数的多少是衡量图书馆服务效能的重要指标之一,是公共图书馆服务效能高低的体现,直接反映出图书馆在促进知识传播、文化普及和社会教育方面的作用。《关于高质量建设公共文化服务现代化先行省的实施意见》中提出公共图书馆藏书人均流通册数到 2025 年的目标值为 1.6 册,而 2023 年全省平均值为 1.144 册,一类地区平均值为 1.321 册,二类地区平均值为 1.046 册,与 2025 年的目标值还有一定差距,图书馆阅读服务能力有待进一步提升,在阅读推广模式、图书更新频次以及群众阅读喜好等方面,还需做好进一步的调研工作,进而提高公共图书馆流通册数,提升公共图书馆服务效能。

(四)新型公共文化空间建设力度有待加强

在 CMDI 评估指标体系里,新型公共文化空间是指省级认定的城市书房和文化驿站。城市书房和文化驿站在促进阅读和文化传承、提供多元化文化服务、增强社区凝聚力、推动文化创新与发展、提升城市形象和文化软实力等方面提供了良好的空间和平台,对公共文化服务现代化发展起到了重要的推动作用。为构建公共文化事业全民共建共享格局,浙江省制定了《浙江省文化驿站建设指南》《城市书房服务规范(DB33/T 2181—2019)》,从规划布局、规模标准、空间形式、建设要求、管理运行、数字服务等方面实施政策引领,各县(市、区)对新型公共文化空间的建设也高度重视,城市书房和文化驿站的数量逐年增多。2023 年，在新型公共文化空间这一评估指标上，有 23 个县（市、区）得了满分，每个乡镇（街道）都能实现城市书房和文化驿站的全覆盖，全省的平均值为 65.67%，一类地区的平均值为 51.35%，二类地区的平均值为 73.57%，比 2022 年均有较大幅度提升。但也要看到，还有 29 个县（市、区）的新型公共文化空间覆盖率低于 50%，其中 12 个为二类地区，17 个为一类地区，从数据上也可以看出新型公共文化空间在区域间的建设布局还存在较大的不均衡性，这也是下一步公共文化工作需要重视的工作之一。

（五）浙里文化圈普及程度仍有待提升

2023 年，"15 分钟品质文化生活圈"建设被列为省民生实事，到 2023 年年底，全省建成"15 分钟品质文化生活圈"11736 个，"15 分钟品质文化生活圈"旨在统筹圈内的公共资源，推动文化服务无处不在，提升民众的精神文化生活品质，为公共文化生活注入"铸魂、便利、品质"的关键要义。"浙里文化圈"是浙江省文化广电和旅游厅推出的线上应用，它着眼于构建"24 小时不打烊"的在线文化空间，该应用以"15 分钟品质文化生活圈"为依托，按照"看书、观展、演出、艺培、文脉、雅集、知礼"七大场景，提供省市县乡村五级联动的一体化、模块化服务。通过用户精准画像，实时推送文化展览、图书借阅、文艺演出、艺术培训、志愿服务等清单，为公众打造丰富多彩的"一站式文化链接"。"15 分钟品质文化生活圈"和"浙里文化圈"是依托、互补和促进的关系，"浙里文化圈"的推广和使用，有助于提升"15 分钟品质文化生活圈"的知名度和影响力，吸引更多民众参与和享受文化服务。同时，"15 分钟品质文化生活圈"的建设和完善，也为"浙里文化圈"提供了更加丰富的服务内容和资源。"15 分钟品质文化生活圈"民生实事工作推进的力度和品质，很大程度上依赖于"浙里文化圈"的普及程度，2023 年，"浙里文化圈普及率"全省平均值为 8.567%，较 2022 年全省平均值 1.089% 有大幅度的提升，但同时也应该看到，总体的普及率还不

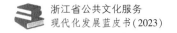
是很高,按照 2023 年 CMDI 评估指标要求,普及率达到 10% 及以上得满分,全省仅有 22 个县(市、区)能达到该指标值,在 5%~10% 的有 44 个,在 5% 以下的有 24 个,浙里文化圈普及程度还有待进一步提升。

(六)公共文化创新发展能力仍有待提升

与 2022 年相比,2023 年重要创新项目数量这一指标有了较大提升,2023 年全省平均值为 1.25 个,55 个县(市、区)有创新项目,2022 年全省平均值为 0.26 个,仅有 20 个县(市、区)有创新项目。在看到进步的同时,也应该看到发展中的不足,从总体来看,2023 年还有 35 个县(市、区)没有创新项目;从指标值得分情况来看,得满分的仅有 16 个县(市、区),19 个县(市、区)得分 2~3.5 分,20 个县(市、区)得分 0.25~1.5 分。从各县(市、区)提交的 400 项创新项目支撑材料来看,4 分级别的创新项目数量为 0,10 个创新项目达到 2 分级别;75 个创新项目达到 1 分级别;18 个创新项目达到 0.5 分级别;另有 9 个项目为 0.25 分级别。另有 22 个项目为 3 分级别,其中有 19 个为公共文化服务现代化先行县(创新项目)项目,该项目属于非常规创新项目,并不是每年都有,另有 4 个为省政府表彰项目。其余 266 项均不属于创新项目,多数为常规工作内容。

四、公共文化服务现代化发展对策提升

(一)优化顶层设计,强化公共文化质效保障力

优化顶层设计,重视公共文化质效保障力,提高公共文化考核分占比,对公共文化服务现代化考评具有多方面的积极作用,这不仅有助于确保公共文化服务的有效性和可持续性,还能推动公共文化服务体系的不断完善。如何优化顶层设计,做好公共文化评估,可从以下几个方面加以重视:一是明确发展方向与目标,通过优化顶层设计,可以明确公共文化服务的发

展方向和目标，为公共文化服务现代化考评提供清晰的指导框架，确保考评工作不偏离公共文化服务的核心任务和长远目标。二是加强政策引导与支持，顶层设计的优化往往伴随着一系列政策措施的出台，这些政策可以为公共文化服务的现代化发展提供强有力的支持。同时，这些政策也是考评工作的重要依据，有助于确保考评结果的客观性和公正性。三是建立科学的评估体系，做好量化指标与定性评价相结合，设置可量化的评估指标，如设施利用率、活动参与人数等，同时结合定性评价，如群众满意度调查。做到定期评估和动态监测相结合，建立定期评估机制，如年度评估、季度自评等，并结合日常动态监测，确保评估的全面性和时效性。四是加强评估结果的运用，各级政府和相关部门要充分认识到公共文化评估的重要性，将其纳入重要议事日程，成立由相关部门组成的公共文化评估领导小组，负责评估工作的组织、协调和监督。建立健全监督问责机制，对评估中发现的问题进行严肃处理，确保评估工作的严肃性和权威性。五是加强宣传引导，通过媒体宣传、文化活动等形式，提高公众对公共文化服务重要性的认识，增强公众的文化自觉和文化自信；培育文化氛围，营造浓厚的文化氛围，鼓励公众参与文化活动，享受文化成果，形成全社会共同关注和支持公共文化服务的良好局面。

（二）强化宣贯培育，提升群众文化服务参与度

文旅志愿者和文艺社团对基层公共文化的繁荣发展具有显著的促进作用，是推动当地公共文化的发展的重要途径和重要力量，针对目前文旅志愿者和业余文艺社团活跃度偏低这一现状，可以从以下几个方面加以调整：一是鼓励更多热心公共文化、具有某种文艺特长的人加入文旅志愿者队伍，如文化能人、非遗传承人等。这类志愿者可以通过他们的文艺才能，为公共文化活动增添更多元化的内容和表现形式；二是做好统筹规划，明确志愿者和文艺社团在社区文化建设中的重要地位，让其感受到自己的重要性和价值；提供支持与保障，包括必要的场地、设备、资金等资源支持，确

保他们有足够的条件开展活动，制定相关政策，如资金补贴等，鼓励他们更加积极地投身于文化建设中；三是加强培育，邀请专业艺术家、文化工作者等为志愿者、文化骨干和文艺社团提供指导和培训，提升他们的专业素养和创作能力；四是建立激励机制，对在文化活动中表现突出的志愿者和文艺社团给予表彰和奖励，如颁发荣誉证书等，以激发他们的荣誉感和归属感；五是加强宣贯，通过线上线下媒体宣传、社会评价等方式，提高文旅志愿者和文艺社团的社会认可度和知名度，从而引导更多人参与到公共文化服务中来。

（三）深化阅读推广，提高图书流通服务有效性

公共图书馆人均流通册数指标的提高能够促进公共资源有效利用、提升公共阅读兴趣和素养、推动公共文化服务均等化等，如何提高公共图书馆人均流通册数又是一项综合性的工作，需要从多个方面入手。一是深化阅读推广，开展多元化阅读活动，组织定期的阅读分享会、读书俱乐部、专题讲座等，针对不同年龄层和兴趣群体，策划专题阅读活动，如青少年阅读节、科技阅读周等，通过阅读推广，让更多的人与图书、与公共图书馆建立高频连接，提高图书流通量。二是优化图书资源配置，根据读者需求和市场趋势，科学采购图书资源，确保图书的时效性和多样性。引入先进的图书管理系统，实现图书资源的数字化、网络化管理，提高图书检索和借阅效率。三是完善借阅服务流程，简化借阅手续，实现自助借阅、续借、还书等一站式服务，推广移动图书馆等新型服务方式，方便读者随时随地借阅图书。四是加强技术应用与创新利用大数据、云计算等现代信息技术，分析读者借阅行为和偏好，加强个性化推荐系统，建立读者画像，根据读者画像和兴趣偏好，实现精准推荐，提高读者的借阅兴趣和满意度。五是关注特殊群体需求为视障、听障等特殊群体提供无障碍阅读服务，如盲文图书、有声读物等。设立专门的儿童阅读区和老年阅读区，提供适合他们的图书资源和阅读环境。六是建立反馈与评估机制，通过问卷调查、

读者访谈等方式收集读者意见和建议，了解服务中的不足之处。定期对图书流通服务进行绩效评估，分析服务效率和质量的变化趋势，为持续改进提供依据。综上所述，深化阅读推广并提高图书流通服务有效性需要图书馆在多个方面做出努力和创新。

（四）注重品质服务，扩大新型文化空间覆盖面

文化和旅游部发布的《"十四五"文化和旅游发展规划》中，将新型公共文化空间建设作为重要任务，提出创新打造一批"小而美"的城市书房、文化驿站等新型文化空间。新型公共文化空间的建设对于提升城市文化软实力具有重要意义，一个城市的文化软实力是其综合竞争力的重要组成部分，而新型公共文化空间作为公共文化的重要载体，能够展示城市的文化特色、提升城市的文化品位，进而增强城市的吸引力和影响力。目前，一些县（市、区）在新型空间建设指标上还存在差距，城市书房、文化驿站达不到镇（街道）全覆盖，注重品质服务、优化新型文化空间覆盖面是公共文化服务现代化下一步发展的重点工作之一。对于如何提升品质服务、优化新型公共文化空间覆盖面，提出以下建议：一是完善公共文化空间布局。根据常住人口、服务半径、群众需求以及人员流量、交通等因素，对新型公共文化空间进行科学布局，创造更多便于群众参与的"嵌入式"公共文化空间，确保公共文化服务能够更广泛地覆盖到城乡各个角落，提高公共文化服务的可及性和便利性。二是提升品质与文化内涵。对新型公共文化空间的空间形态和功能布局进行创意性改造，融入艺术与美学元素，体现文化创意和人文内涵。通过创意设计，打造各具特色、充满艺术之美、创意之美、生活之美的文化空间。三是丰富服务内容与形式。新型公共文化空间应突破文化事业与文化产业的界限，为群众提供更多元、更丰富、更便捷的服务内容。这包括但不限于图书借阅、数字阅读、知识共享、艺术体验、文艺展览、文化沙龙、小型演艺表演、非遗传播推广等。四是深化体制机制改革，拓宽参与渠道，打破政府和社会的界限，鼓励企业、个人、社会组

织等采取直接投资、公益创投、捐赠众筹等方式参与新型公共文化空间建设。通过拓宽参与渠道，形成开放多元、合作共赢的新型公共文化服务供给体系。五是强化统筹引导，政府应发挥统筹引导作用，制定相关政策措施，为新型公共文化空间建设提供有力保障。同时，加强对各类公共文化空间的指导和监管，确保其健康有序发展。

(五)强化技术支撑，提高数智文化服务普及率

公共文化服务现代化发展离不开数智文化服务的提升普及，"15分钟品质文化生活圈"的线上App"浙里文化圈"是数智文化服务的一个典型案例。在过去两年多的时间里，"15分钟品质文化生活圈"在不少县(市、区)都实现了高覆盖率，"浙里文化圈"又大大提升了"15分钟品质文化生活圈"的服务效能，让越来越多的人走出家门即可享受高品质的文化生活。当然，也要看到，以"浙里文化圈"为代表的数智文化服务在推广普及方面还有待进一步提升，2023年，"浙里文化圈"普及率全省平均值为8.567%，如何让"浙里文化圈"成为更多用户的掌上云端，下一步还需在政策引导、技术创新、媒体宣传等方面继续深耕。首先，各县(市、区)应给予充分的政策引导与规划，制定合理的"浙里文化圈"普及发展规划，明确目标、任务和时间表。出台相关政策，对项目给予资金、技术、人才等方面的支持，鼓励各地积极推进以"浙里文化圈"为代表的数智化建设。其次，在技术创新与应用方面，积极引入大数据、云计算、人工智能、区块链等新技术，推动公共文化服务的智能化、精准化。利用新技术创新公共文化服务模式，如开发移动应用、提供在线预约、虚拟展览、在线课堂等服务，满足群众多样化的文化需求。通过数据分析，了解群众的文化需求和服务效果，为公共文化服务的优化提供数据支持。再次，引导社会参与，鼓励社会力量以多种形式参与"浙里文化圈"的建设和运营，形成共建共享的良好氛围；培育文化社团，支持文化社团的发展壮大，通过社团活动等形式吸引更多公众参与"浙里文化圈"；开展志愿服务，组织志愿者参与"浙里文化圈"的

推广和服务工作，提升公众对文化活动的参与度和认同感。

（六）持续创新引领，推动公共文化高品质发展

公共文化创新发展是体现公共文化发展高度和品质的重要指标，提升公共文化创新在推动公共文化服务现代化发展中扮演着至关重要的角色，能引领公共文化发展方向，激发公共文化服务活力，提升公共文化服务效能。在贯彻落实党的二十届三中全会部署、聚焦社会主义文化强国建设、健全现代公共文化服务体系背景下，应重点从三个方面持续推进公共文化创新和高品质发展：一是把建立健全"两个机制"、推进"两项改革"作为公共文化领域深化体制机制改革的突破重点。"两个机制"即建立优质文化资源直达基层的机制、健全社会力量参与公共文化服务机制；"两项改革"即推进公共文化设施所有权和使用权分置改革、分类推进文化事业单位深化内部改革。集中力量，强化改革的系统性、集成性、协同性，把"单点式""随机性""局部性"探索实践上升为制度性、集成性机制，努力达成通过建立健全"两个机制"、推进"两项改革"促进优化公共文化服务和产品供给的任务目标。二是积极探索公共文化服务主动介入"大文化"体制机制改革重点任务的路径、方式。如加快适应信息技术发展新形势、实现文化和科技有效融合，培育形成规模宏大的优秀公共文化人才队伍，健全文化和旅游深度融合发展体制机制，加快构建多渠道、立体式对外传播格局等，公共文化服务应积极主动思考谋划、探索实践在其中发挥作用、贡献力量的途径和方式，让公共文化融入整个文化建设、文化体制机制改革的总体格局。三是聚焦社会主义文化强国建设，超前谋划"十五五"期间推动中国特色世界一流公共文化设施和服务集群建设的阶段性目标。纵观全局、放眼长远，锚定目标，方能始终立于领先地位。

2023 年度浙江省社会公众对公共文化服务满意率调查报告

为全面评估浙江省贯彻落实《关于推动公共文化服务高质量发展的意见》《关于高质量建设公共文化服务现代化先行省的实施意见》等一系列重要政策文件情况，全面评估浙江省人民群众对公共文化服务的评价结果，浙江省文化广电和旅游厅组织开展 2023 年度浙江省社会公众对公共文化服务的满意率调查工作，力争推动公共文化服务提档升级、推动中华优秀传统文化创造性转化创新性发展、提高文化产业和旅游业发展质量效益、缩小城乡差距、缩小区域差距。

一、调查方法与过程

（一）调查指标体系与问卷设计

参照国家标准 GB/T 19038—2009《顾客满意测评模型和方法指南》、GB/T 19039—2009《顾客满意测评通则》、GB/T 26316—2010《市场、民意和社会调查服务要求》等相关标准编制调查方案，明确本次满意率测评的调查内容、调查方式、实施流程、时间规划、分析方法、团队成员等。在此基础上，设计公共文化服务满意率调查指标体系。指标体系以高质量公共文化服务现代化体系为依托，以群众体验感知为出发点，采用客观行为与主观感知相结合，客观、真实、有效测评群众对全省公共文化服务的满意度水平。具体调查指标体系从公共文化设施管理、数智文化建设、政府工作、社会氛围、公共文化服务供给、"15 分钟品质文化生活圈"、"文艺赋美工程"以及运营管理需求等指标进行综合评价，从而了解群众对浙江省公共文化建设服务水平的满意度和信任度，如表 2 所示。

表 2　公共文化服务满意率调查指标体系

一级指标	二级指标	三 级 指 标
2023 年度浙江省社会公众对公共文化服务的满意率调查报告	运营管理需求	平时参与频率较高的活动。
		居住地到最近的公共文体设施、场所步行需要的时间。
		公共文化服务在生活中的重要性。
		当地的公共文化服务存在的主要问题。
		公共文化服务应该从哪些方面加强。
	设施管理满意率	所生活地区的公共文化设施建设的数量。
		对所生活地区的公共文化设施是否为特殊人群(儿童、老人、残疾人)配置有无障碍设施的评价。
		对所生活地区的公共文化设施类型丰富性的评价。
		对所生活地区公共文化设施群众利用率的评价。
		所生活地区往返公共文化场馆是否便利。
		对所生活地区周边的公共文化设施有何其他要求。
	数智文化建设服务满意率	参加过哪些线上公共文化活动。
		体验过哪些公共文化场馆智慧化设施。
		最希望参加哪些线上公共文化活动。
		日常接收公共文化线上服务的信息来源。
		对所生活地区的公共文化数字化服务是否满意。

续表

一级指标	二级指标	三级指标
2023年度浙江省社会公众对公共文化服务的满意率调查报告	政府工作满意率	对所生活地区公众对文化需求意见表达通畅的评价。
		对所生活地区政府对公众文化需求反馈的评价。
		对所生活地区政府公共文化信息公开和宣传的评价。
		所生活地区的公共文化设施是否配备足够数量的工作人员。
		对所生活地区的公共文化服务工作人员服务态度的评价。
		对所生活地区的公共文化服务工作人员办事效率的评价。
	社会氛围满意率	对所生活地区举办过类型丰富的文体活动（全民阅读、全民艺术普及等）的评价。
		对所生活地区曾举办过的地方特色文化活动的评价。
		对所生活地区政府鼓励公众参与各项文化活动的评价。
		对所生活地区的公共文化活动群众参与率的评价。
	公共文化服务供给满意率	对所生活地区提供免费或优惠的服务项目（文艺演出、陈列展览等）的评价。
		对所生活地区机关、学校、企事业单位的文化体育设施向公众开放的评价。
		对所生活地区的公共文化设施基本服务项目齐全，满足您需求的评价。
		对所生活地区的公共图书馆、文化馆（站）、博物馆（非文物建筑及遗址类）、美术馆等免费开放的评价。
		对所生活地区城市与乡村之间的公共文化服务均衡性的评价。

一级指标	二级指标	三级指标
2023年度浙江省社会公众对公共文化服务的满意率调查报告	"15分钟品质文化生活圈"满意率	对所生活的地区"15分钟品质文化生活圈"的了解程度。
		通过什么途径了解到"15分钟品质文化生活圈"。
		对所生活的地区"15分钟品质文化生活圈"所提供的公共文化服务满意程度。
		对所生活的地区"15分钟品质文化生活圈"涉及融入生活场景的公共文化空间如城市书房、文化驿站、乡村博物馆等所提供的服务是否满意。
		对所生活的地区"15分钟品质文化生活圈"涉及嵌入百姓日常生活的如与商贸、餐饮、民宿融合发展,提供体育、健身、休闲的新型公共文化空间所提供的服务。
		更期待"15分钟品质文化生活圈"往哪方面建设。
	"文艺赋美工程"满意率	您对所生活的地区"文艺赋美工程"的了解程度。
		通过什么途径了解到"文艺赋美工程"。
		对"文艺赋美工程"提供演出的志愿者服务满意程度。
		对"文艺赋美工程"所开展多点、高频、流动的文艺活动满意程度。
		对"文艺赋美工程"开展活动的各类公共空间,如公园、广场、街道等场馆(空间)满意程度。
		更希望"文艺赋美工程"结合哪方面活动。
		对"文艺赋美工程"的相关意见、建议。

(二)满意率的计算方法

本次调查选择李克特5级量表作为研究问卷的测量等级。各选项原始计分原则是:"非常满意/数量适中/有"5分,"比较满意/数量偏多/比较

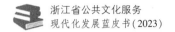
有"4分，"一般"3分，"不太满意/数量过多/不太有"2分，"非常不满意/数量偏少/没有"1分。不了解或不清楚的，作为缺失值处理，不计入得分。

各选项原始分值转换为百分制采用的计分方式为：5分＝100，4分＝80，3分＝60，2分＝30，1分＝0。

（三）调查过程与样本数量

针对2023年度浙江省社会公众对公共文化服务的满意率调查，采取问卷调查的方式进行，收集一定数量群众样本用于统计分析。调查对象为浙江省下设11个设区市共计90个县（市、区）的当地居住6个月以上的市民群众，覆盖14周岁及以上的人群。访谈对象为典型群众代表。

在满足内容需求的基础上，根据浙江省辖区内11个设区市90个县（市、区），每个县市区获取140个成功样本，同时根据性别、受教育程度、年龄进行样本量细分。全省共获取有效样本量12600个。

二、调查主要结论

公共文化服务满意率调查结果主要由公共文化服务总体满意率、运营管理满意率、设施管理满意率、数智文化建设服务满意率、政府工作满意率、社会氛围满意率、公共文化服务供给满意率、"15分钟品质文化生活圈"满意率、"文艺赋美工程"满意率共计九部分构成。

（一）全省公共文化服务总体满意度

调查结果显示，2023年度浙江省社会公众对公共文化服务的总体满意率为84.78分，处于"优秀"水平。二级指标中满意率由高到低排名依次为数智文化建设服务总体满意率（87.03分）、"15分钟品质文化生活圈"总体满意率（87.02分）、公共文化服务供给总体满意率（85.74分）、政府工作总体满意率（85.40分）、社会氛围总体满意率（84.60分）、设施管理总体满意率(84.42分)、"文艺赋美工程"总体满意率(83.65分)、运营管理总体满意率(80.35分);其中,社会氛围总体满意率、设施管理总体满意率、"文艺赋美工程"总体满意率和运营管理总体满意率处于"优良"水平,其余二级指标均处于"优秀"水平。

从各设区市来看,2023年度浙江省社会公众对公共文化服务的总体满意率情况呈现"经济发展水平高,满意率高"的特点。排名前三的设区市分别为:宁波市(87.30分)、绍兴市(86.64分)、杭州市和嘉兴市(均为86.63分);其中湖州市(82.53分)、丽水市(82.60分)和舟山市(83.25分)满意率相对较低。宁波市、绍兴市、杭州市、嘉兴市处于"优秀"水平,其余设区市均处于"优良"水平。

从各县(市、区)来看,37个县(市、区)得分处于"优秀"水平,占比41.11%;42个县(市、区)得分处于"优良"水平,占比46.67%;11个县(市、区)得分处于"良好"水平,占比12.22%。杭州市临平区(97.55分)、宁波市鄞州区(96.57分)、杭州市上城区(96.06分)等37个县(市、区)公共文化服务总体满意率较高;嘉兴市南湖区(84.99分)、杭州市余杭区(84.98分)、宁海县(84.96分)等42个县(市、区)得分处于"优良"水平;云和县(75.20分)、温州市洞头区(75.21分)、玉环市(75.35分)等11个县(市、区)得分相对较低处于"良好"水平。

(二)全省运营管理总体满意率

调查结果显示,2023年度浙江省社会公众对运营管理的总体满意率为80.35分,处于"优良"水平。三级指标中得分排名前三的分别为"公共文化服务在生活中的需要程度"(82.34分)、"公共文化服务工作的管理水平"(82.14分)和"公共文化服务在生活中的重要性"(78.54分);"公共文化服务在生活中的渗入程度"(78.36分)得分相对最低;"公共文化服务在生活中的需要程度""公共文化服务工作的管理水平"和处于"优良"水平,其余指标均处于"良好"水平。从各设区市来看,嘉兴市(83.41分)排名最高;

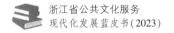
从各县(市、区)来看,杭州市临平区(97.57分)满意率相对较高。

(三)全省设施管理总体满意率

调查结果显示,2023年度浙江省社会公众对设施管理的总体满意率为84.42分,处于"优良"水平。三级指标中得分排名前三的分别为"对公共文化设施相关资讯宣传效果的评价"(89.69分)、"对公共文化设施日常维护,及时更新损坏设施的评价"(89.09分)和"对公共文化场馆环境舒适程度的评价"(88.64分);"对公共文化设施是否为特殊人群(儿童、老人、残疾人)配置无障碍设施的评价"(77.48分)得分相对最低;其中,"对往返公共文化场馆便利性的评价""对公共文化设施群众利用率的评价"处于"优良"水平;"对公共文化设施类型丰富度的评价""对公共文化设施是否为特殊人群(儿童、老人、残疾人)配置无障碍设施的评价"处于"良好"水平;其余三级指标均处于"优秀"水平。从各设区市来看,宁波市(87.32分)排名最高;从各县(市、区)来看,宁波市鄞州区(97.78分)满意率相对较高。

(四)全省数智文化建设服务总体满意率

调查结果显示,2023年度浙江省社会公众对数智文化建设服务的总体满意率为87.03分,处于"优秀"水平。三级指标中得分排名前三的分别为"对数智文化设施丰富度的评价"(90.25分)、"对数智文化服务实用性的评价"(88.01分)和"对数智文化资源更新速度的评价"(87.45分);"对数智文化建设服务满意率的评价"(82.40分)得分相对最低;对数智文化建设服务满意率的评价"处于"优良"水平,其余所有指标均处于"优秀"水平。从各设区市来看,宁波市(88.50分)排名最高;从各县(市、区)来看,杭州市临平区(98.01分)满意率相对较高。

(五)全省政府工作总体满意率

调查结果显示,2023年度浙江省社会公众对政府工作的总体满意率为

85.40 分，处于"优秀"水平。三级指标中得分排名前三的分别为"对政府引导群众参与公共文化活动的评价"（89.37 分）、"对政府对公众文化需求响应时效性的评价"（88.34 分）和"对政府公共文化服务资金使用公开情况的评价"（88.20 分）；"政府对公众文化需求反馈处理结果的评价"（82.97 分）得分相对最低；其中，"对政府公共文化信息公开和宣传的评价""公众对文化需求意见表达畅通性的评价""对政府公共文化服务工作人员办事能力和专业水平的评价""政府对公众文化需求反馈处理结果的评价"处于"优良"水平，其余三级指标均处于"优秀"水平。从各设区市来看，宁波市（88.50 分）排名最高；从各县（市、区）来看，杭州市临平区（98.01 分）满意率相对较高。

（六）全省社会氛围总体满意率

调查结果显示，2023 年度浙江省社会公众对社会氛围的总体满意率为 84.60 分，处于"优良"水平。三级指标中得分排名前三的分别为"对公共文化活动举办质量和效果的评价"（87.01 分）、"对丰富群众精神文化生活、提升街道群众讲文明树立新风气的作用的评价"（86.54 分）和"对曾经举办过活动的有趣性与实用性评价"（86.43 分）；"对举办过类型丰富的文体活动（全民阅读、全民艺术普及等）的评价"（79.29 分）得分相对最低；其中，"对公共文化活动群众参与率的评价""对公共文化活动举办频率的评价"处于"优良"水平，"对举办过的地方特色文化活动的评价""对举办过类型丰富的文体活动（全民阅读、全民艺术普及等）的评价"处于"良好"水平，其余三级指标均处于"优秀"水平。从各设区市来看，宁波市（87.36 分）排名最高；从各县（市、区）来看，杭州市临平区（97.78 分）满意率相对较高。

（七）全省公共文化服务供给总体满意率

调查结果显示，2023 年度浙江省社会公众对公共文化服务供给的总体满意率为 85.74 分，处于"优秀"水平。三级指标中得分排名前三的分别为

"对公共文化场地设施提供充足的评价"(89.18 分)、"对公共文化专项资金支持力度的评价"(88.44 分)和"对公共文化场所工作人员或志愿者数量是否足够的评价"(87.37 分);"对为特殊人群(儿童、老人、残疾人)提供特有公共文化的评价"(84.85 分)得分相对最低;其中,"对提供免费或优惠的服务项目(文艺演出、陈列展览等)的评价""对为特殊人群(儿童、老人、残疾人)提供特有公共文化的评价"处于"优良"水平,其余三级指标均处于"优秀"水平。从各设区市来看,宁波市(89.72 分)排名最高;从各县(市、区)来看,杭州市上城区(98.24 分)满意率相对较高。

(八)全省"15 分钟品质文化生活圈"总体满意率

调查结果显示,2023 年度浙江省社会公众对"15 分钟品质文化生活圈"的总体满意率为 87.02 分,处于"优秀"水平。三级指标中得分排名前三的分别为"对'15 分钟品质文化生活圈'涉及融入生活场景的公共文化空间如城市书房、文化驿站、乡村博物馆等所提供的服务的评价"(87.77 分)、"对所生活的地区'15 分钟品质文化生活圈'的了解程度"(87.02 分)和"对'15 分钟品质文化生活圈'所提供的公共文化服务的评价"(87.01 分);"对所生活的地区'15 分钟品质文化生活圈'设施的完善程度的评价"(86.54 分)得分相对最低;其中,所有指标均处于"优秀"水平。从各设区市来看,宁波市(89.72 分)排名最高;从各县(市、区)来看,杭州市上城区(98.24 分)满意率相对较高。

(九)全省"文艺赋美工程"总体满意率

调查结果显示,2023 年度浙江省社会公众对"文艺赋美工程"的总体满意率为 83.65 分,处于"优良"水平。三级指标中得分排名前三的分别为"对'文艺赋美工程'提供演出的志愿者服务的评价"(85.47 分)、"对'文艺赋美工程'所开展多点、高频、流动的文艺活动的评价"(84.22 分)和"对'文艺赋美工程'开展活动的各类公共空间,如公园、广场、街道等场馆(空间)的评价"(82.92分);"对所生活的地区'文艺赋美工程'的了解程度"(81.99分)得分相对最低;其中,"对'文艺赋美工程'提供演出的志愿者服务的评价"处于"优秀"水平,其余所有指标均处于"优良"水平。从各设区市来看,湖州市(86.66分)排名最高;从各县(市、区)来看,杭州市上城区(96.75分)满意率相对较高。

(十)满意率—重要性矩阵

将2023年度浙江省社会公众对公共文化服务的满意率调查得到的各指标得分作为横坐标,各指标的重要性作为纵坐标,做出确定满意度提升方向的矩阵,根据平均重要性和平均得分将矩阵划分为4个区域,通过分析各级指标落在矩阵中的位置,从而确定受众满意度提升服务的方向,如图1。

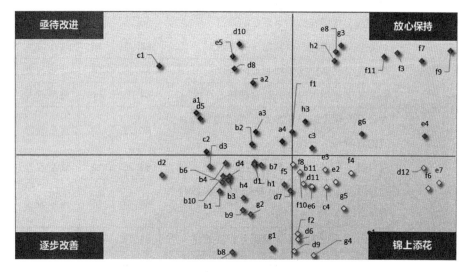

图1 满意率—重要性矩阵

4个区域特点如下:

亟待改进区:重要性高,得分低;

逐步改善区:重要性低,得分低;

锦上添花区：重要性低，得分高；

放心保持区：重要性高，得分高。

各指标满意率及区域如表3所示。

表 3　满意率—重要性矩阵指标

二级指标	三级指标	满意率	代码	所在区域
运营管理需求满意率	公共文化服务在生活中的重要性	82.29	a1	亟待改进
	公共文化服务在生活中的渗入程度	86.15	a2	亟待改进
	公共文化服务工作的管理水平	86.36	a3	亟待改进
	公共文化服务在生活中的需要程度	88.17	a4	亟待改进
设施管理总体满意率	对公共文化设施是否为特殊人群(儿童、老人、残疾人)配置无障碍设施的评价	83.89	b1	逐步改善
	对公共文化设施类型丰富度的评价	86.09	b2	亟待改进
	对公共文化设施群众利用率的评价	84.48	b3	逐步改善
	对往返公共文化场馆便利性的评价	84.29	b4	逐步改善
	对公共文化场馆时间开放合理性的评价	84.06	b6	逐步改善
	对公共文化设施日常维护，及时更新损坏设施的评价	86.73	b7	逐步改善
	对公共文化场馆环境舒适程度的评价	84.76	b8	逐步改善
	对公共文化设施的馆藏资源数量和质量的评价	85.48	b9	逐步改善
	对公共文化设施工作人员服务态度的评价	84.12	b10	逐步改善
	对公共文化设施相关资讯宣传效果的评价	89.60	b11	锦上添花
数智文化建设服务总体满意率	对数智文化建设服务满意率的评价	79.79	c1	亟待改进
	对数智文化资源更新速度的评价	82.98	c2	亟待改进
	对数智文化服务实用性的评价	90.19	c3	放心保持
	对数智文化设施丰富度的评价	91.19	c4	锦上添花

二级指标	三 级 指 标	满意率	代码	所在区域
政府工作总体满意率	公众对文化需求意见表达畅通性的评价	86.27	d1	逐步改善
	政府对公众文化需求反馈处理结果的评价	79.98	d2	逐步改善
	对政府公共文化信息公开和宣传的评价	83.22	d3	逐步改善
	对政府公共文化服务工作人员服务态度的评价	84.56	d4	逐步改善
	对政府公共文化服务工作人员办事能力和专业水平的评价	82.57	d5	亟待改进
	对政府公共文化服务支持力度的评价	89.27	d6	锦上添花
	对政府解决居民文化生活方面问题的评价	88.74	d7	逐步改善
	对政府工作人员对公共文化建设的重视程度的评价	84.89	d8	亟待改进
	对政府引导群众参与公共文化活动的评价	89.00	d9	锦上添花
	对政府对公众文化需求响应时效性的评价	85.21	d10	亟待改进
	对政府公共文化服务资金使用公开情况的评价	90.10	d11	锦上添花
	对政府公共文化服务工作执行力度的评价	97.81	d12	锦上添花
社会氛围总体满意率	对举办过类型丰富的文体活动(全民阅读、全民艺术普及等)的评价	94.23	e1	锦上添花
	对举办过的地方特色文化活动的评价	91.83	e2	锦上添花
	对公共文化活动群众参与率的评价	91.10	e3	锦上添花
	对公共文化活动举办频率的评价	97.89	e4	放心保持
	对曾经举办过活动的有趣性与实用性评价	84.77	e5	亟待改进
	对丰富群众精神文化生活、提升街道群众讲文明树立新风气的作用的评价	90.20	e6	锦上添花
	对公共文化活动举办质量和效果的评价	98.91	e7	锦上添花
	对获取公共文化服务信息和资源便捷的满意率评价	91.81	e8	放心保持

二级指标	三级指标	满意率	代码	所在区域
公共文化服务供给总体满意率	对提供免费或优惠的服务项目（文艺演出、陈列展览等）的评价	88.85	f1	放心保持
	对机关、学校、企事业单位的文化体育设施向公众开放的评价	89.23	f2	锦上添花
	对公共文化设施基本服务项目齐全，满足需求的评价	95.99	f3	放心保持
	对公共图书馆、文化馆（站）、博物馆（非文物建筑及遗址类）、美术馆等免费开放的评价	92.87	f4	锦上添花
	对城市与乡村之间的公共文化服务均衡性的评价	88.31	f5	逐步改善
	对公共文化场所工作人员或志愿者数量是否足够的评价	98.14	f6	锦上添花
	对为特殊人群（儿童、老人、残疾人）提供特有公共文化的评价	97.66	f7	放心保持
	对公共文化服务投入技术支持的评价	88.91	f8	锦上添花
	对公共文化专项资金支持力度的评价	99.66	f9	放心保持
	对公共文化场地设施提供充足的评价	89.37	f10	锦上添花
	对公共文化资源更新内容的满意率评价	95.09	f11	放心保持
"15分钟品质文化生活圈"总体满意率	对所生活的地区"15分钟品质文化生活圈"的了解程度	87.48	g1	逐步改善
	对"15分钟品质文化生活圈"所提供的公共文化服务的评价	86.00	g2	逐步改善
	对"15分钟品质文化生活圈"涉及融入生活场景的公共文化空间如城市书房、文化驿站、乡村博物馆等所提供的服务的评价	92.17	g3	放心保持

二级指标	三级指标	满意率	代码	所在区域
"15分钟品质文化生活圈"总体满意率	对所生活的地区"15分钟品质文化生活圈"设施的完善程度的评价	90.32	g4	锦上添花
	对所生活的地区"15分钟品质文化生活圈"符合居民需求的程度的评价	92.39	g5	锦上添花
	对所生活的地区"15分钟品质文化生活圈"符合与当地文化的结合程度的评价	93.58	g6	放心保持
"文艺赋美工程"总体满意率	对所生活的地区"文艺赋美工程"的了解程度	86.23	h1	逐步改善
	对"文艺赋美工程"提供演出的志愿者服务的评价	91.73	h2	放心保持
	对"文艺赋美工程"所开展多点、高频、流动的文艺活动的评价	89.73	h3	放心保持
	对"文艺赋美工程"开展活动的各类公共空间,如公园、广场、街道等场馆(空间)的评价	85.53	h4	逐步改善

三、浙江省公共文化服务总体情况

(一)数字文化服务"最闪亮"

2023年,浙江省充分发挥数字化改革在公共文化服务中的引领作用,迭代开发"浙里文化圈"应用,实现了公共文化资源的一键触达,打造24小时不打烊的线上文化空间。新上线入馆一键预约、E梦剧场、请您看演出、视听集市等模块,并推出外文版,逐步实现了公共文化服务覆盖面的扩大和服务效率的提升。调查数据也显示数智文化建设服务总体满意率(87.03分),是所有满意率维度中最高的项目。通过访谈,群众对数智文化建设服

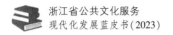
务方面的进一步需求主要有"多增添自助服务终端、智能设备""增多发布消息的电子渠道""个性化数智定制服务欠缺""加强数智相关设施的易用性"等。

（二）公共文化建设的均衡性进一步增强

2023 年浙江省文化广电和旅游厅切实把握文化促进人民群众精神富有的总体目标，以高品质公共文化服务促进人民群众精神生活共同富裕。印发《关于做好民生项目数据归集及审核工作的通知》《2023 年民生实事工程"15 分钟品质文化生活圈"、城市书房、文化驿站建设认定办法》等文件，明确"15 分钟品质文化生活圈"、城市书房、文化驿站等民生实事项目的建设标准与要求，着力扩大公共文化服务的覆盖范围。通过常态化检查调研、政策解读与实操培训，确保项目高质量推进。全省公共文化设施差距正在缩小，例如全省图书馆一级馆率达到了 99%，文化馆一级馆率达到了 93%，基本上全面进入一级馆时代。与此同时，整体满意率之间的差距从 2022 年的 8.32（满意度最高市—与满意度最低市之差）缩小到 2023 年的 4.05。

（三）文化活动特色鲜明

全省积极培育精品公共文化项目，创作有力量、有温度的群众文艺精品。深化实施"百城万村"文化惠民工程，常态化开展"三送一走"活动，全年完成送戏下乡 4.16 万场、送书下乡 801 万册、送讲座展览下乡 5.37 万场、开展文化走亲 3050 次。成功举办全国"四季村晚"之冬季村晚主会场活动，围绕"村晚回家"主题，营造出浓厚的乡村文化氛围，网络直播观看量突破 500 万人次。结合实施文化惠民工程，整合"文艺下乡""美育村""乡村村晚"等活动载体，推动"文艺赋美"演出向乡村延伸。结合开展全民艺术普及月、全民艺术节、戏曲大联展、"音乐节+音乐角"等系列活动，建成 100 个"百姓百艺"工作坊。全年开展"文艺赋美"演出 35.2 万场，在册文艺志愿者 11.9 万名，持续拓展高品质街头艺演规模和频次，带动全民美育和艺术普及，打造具有浙江辨识度的文化惠民品牌。组织开展全省文化馆"百馆联动迎亚运"活动，推出 5300 余场亚运主题群文活动。建设百家亚运文化空间、百个亚运城市人文体验点、百个亚运非遗体验项目，围绕"浙江文艺、唱响亚运"主题开展 1.28 万场"文艺赋美"演出，推动亚运文化走进百姓生活。指导省文化馆举办"百馆联动迎亚运"活动，推出 5300 余场亚运主题群文活动。

（四）文化工作得到群众高度认可

2023 年启动公共文化服务现代化先行县(领航项目)验收工作，通过实地督查与最终评审，共评选出 11 个公共文化服务现代化先行县和 8 个领航项目。这些县(市、区)和项目在公共文化服务领域展现出了卓越的创新能力和实践成果，为全省乃至全国提供了可借鉴、可复制的经验和模式，为浙江公共文化服务的现代化进程树立了新的标杆。本次调查也显示，会公众对政府工作的总体满意率为 85.40 分，处于"优秀"水平。三级指标中"对政府引导群众参与公共文化活动的评价"(89.37 分)、"对政府对公众文化需求响应时效性的评价"(88.34 分)和"对政府公共文化服务资金使用公开情况的评价"(88.20 分)均接近 90%，显示经过全省文化系统努力，全省公共文化服务水平不断增强，受到广大群众的认可。

四、存在的主要问题

（一）公共文化设施仍然难以满足多元化的群众需求

从调查的结果看，设施管理总体满意率在满意率的 9 个指标中仅排名第 7 位；从"满意率—重要性矩阵"看，设施管理总体满意率 10 个指标中，有 1 个(对公共文化设施类型丰富度的评价)处于"亟待改进"区域，仅有 1 个(对公共文化设施相关资讯宣传效果的评价)处于"锦上添花"区域，其他

8 个均处于"逐步改善"区域,即需要改善的指标有 9 个,占总指标的 90%。特别是文化礼堂、社区文化活动室、街道(乡镇)综合文化站等基层文化设施仍然是吸纳居民日常文化活动的主要阵地,但这些设施功能简单,有的甚至比较简陋,与群众多样化、多层次、多方面的文化需求还有很大的差距。

(二)公共文化服务地区和群体差异依然存在

调查显示,对"公共文化设施是否为特殊人群(儿童、老人、残疾人)配置无障碍设施的评价"(77.48 分)得分相对最低。目前对公共文化设施服务残疾人主要是按照建筑设计规范配备,但公共文化服务设备的配置标准尚不清晰。因此,要进一步研究各级各类公共文化设施服务特殊人群的项目和设备配置标准,结合儿童友好城市建设、无障碍城市建设等项目,提高公共文化设施服务特殊人群的能力。数据也显示,衢州市(第 8 名)、舟山市(第 9 名)、丽水市(第 10 名)等山区和海岛地区公共文化服务满意度靠后,公共文化服务满意度和设施管理总体满意率排名后 30 位的地区中有一半以上的为山区 26 县和海岛县。从城乡看,县级以下基层公共文化资源仍然比较匮乏,县级公共文化各类场馆缺乏购买和运行经费,展陈单薄、造成场馆闲置浪费,无法满足人民群众的文化活动需求。

(三)信息反馈机制有待健全

调查结果显示,通过满意率重要性矩阵分析发现"对政府公共文化服务工作人员办事能力和专业水平的评价""对政府工作人员对公共文化建设的重视程度的评价""对政府对公众文化需求响应时效性的评价"等指标落在"亟待改进"区间,且部分指标已经连续两年处于此区间。由此可见,信息反馈机制没有得到根本的改善。同时群众提到"希望政府能多关注文化场所的建设,比如图书馆、艺术馆、美术馆等""加强全体工作人员的职业素养,更好地服务群众""建立和完善信息反馈渠道,让群众知晓"等意见。同时人民群众对公共文化服务"诉求通道"表达出强烈的意愿。但在调研中发现,仍存在信息反馈渠道不顺畅，基层文化队伍专业化程度不高，政府重经济发展、轻文化建设等问题。

(四) 社会力量参与度公共文化服务仍有待提升

调查结果显示，公共文化服务的政策制度设计缺乏社会力量参与，容易造成文化产品供给与文化消费需求，文化与社会大众的脱节。此外在促进社会力量与公共文化机构合作之间缺乏深入合作的常态化激励机制，同时需要持续完善社会组织的培育机制，才能形成多元社会力量共同发展的局面。

五、提升公共文化服务满意率的工作建议

(一) 进一步增强公共文化服务均衡性和可及性

1. 提升文化设施标准

要进一步对照《浙江省公共文化服务现代化标准（2021—2025）》，提升公共文化设施建设品质、丰富公共文化设施的类型。同时，明确规定各级各类文化设施的建筑空间尺度、内部布局要件、设备器材数量，实行统一配置，避免出现挂牌、翻牌的公共文化设施。逐步把工作重点从"有没有"向"优不优"转变，新建场馆不应只满足于"达标"，而要解放思想、适度超前，在场地大小、设施配备、数字化水平、人性化服务等方面达到行业先进水平。因此在加强县级以上文化设施工程的同时，尽可能地改建居民最常使用的文化礼堂、社区文化活动室和文化站等群众身边的文化设施建设水平。

2. 关注重点人群和地区

加大对重点人群和重点地区公共文化服务建设的倾斜力度。要结合"十四五"主要目标指标，统筹省市力量，加强日常指导，推进山区26县和海

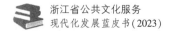
岛县公共文化服务标准化均等化建设,在增强均衡性和可及性上下功夫,让社会主义文化建设成果更多更公平惠及全体人民。特别是提升乡镇综合文化站和农村文化礼堂建设水平,力争到"十四五"末,乡镇综合文化站一级站率和文化礼堂四星率达全省平均水平。

3. 增加资金保障能力

当前,各级政府财政资金普遍比较紧张,对公共文化的投入均有不同程度的下降。因此,一是要认真履行《中华人民共和国公共文化服务保障法》等法律要求,依法将公共文化服务相关经费纳入各级地方政府本级预算,根据各地公共文化设施建设、管理需求安排所需资金。二是要优化公共文化投入结构,建立以基础设施为主导、兼顾转移支付的公共文化财政模式。三是投入要向重点地区和人群倾斜,要积极探索针对全省山区26县大型公共文化设施项目援助计划,要以增强基层、社区文化服务功能为关键,以加强农村公共文化服务为重点,依托社区提供更多免费的文化培训服务。四是进一步探索社会力量参与、多元化投入的新模式。积极探索文化设施所有权和使用权分置改革,鼓励通过产业政策扶持、政府采购、委托生产、特许经营、公共文化项目外包等多种间接投入形式,促进各类资本和要素流入公共文化服务领域,为其注入新鲜血液。

(二)进一步增强公共文化服务精准性

1. 强化对群众文化需求识别

不断满足居民群众的基本文化需求,是公共文化服务工作的本质属性,只有以之为公共文化服务工作的出发点和落脚点,才能增强工作的针对性,提高工作的有效性。从调查的结果看,运营管理总体满意率(80.35分)在满意率的9个指标中排名最后一位,是本次调研中满意度最低的项目。从"满意率—重要性矩阵"看,运营管理总体满意率四个指标均处于"亟待改进"区域，需要改善的空间很大。与此相呼应的是"政府对公众文化需求响应时效性的评价(85.21 分)"指标也处于"亟待改进"区域。由此可见，政府在识别群众文化需求、响应群众文化需求方面还有很大的提升空间。因此，要高度重视、精心做好居民群众文化的现实性、动态化需求信息的采集、运用和反馈工作。一是做好群众文化需求信息采集工作。通过召集群众代表座谈交流收集意见和建议、设置文化需求登记簿、在网上建立文化需求提交平台等措施，为群众提供线上线下多种诉求途径，广泛地采集群众的现实性、动态性文化需求信息。二是做好群众文化需求信息运用工作。要及时进行认真地梳理、归纳，选择其中具有代表性、倾向性、创新性的需求信息，作为策划和组织开展重点文化活动的重要依据，使各项文化活动、各项服务工作更有现实针对性，更具吸引力，更有实效。三是做好群众文化需求信息运用情况反馈工作。可以采用会议座谈、书面沟通、网上对话等方式认真向当事人反馈意见、建议和诉求的处理结果。同时开展新一轮信息采集，形成良性互动循环机制。

2. 进一步提升公共文化供给的匹配性

从基本文化权益角度看，需要满足不同人群的文化需求，在文化资源的分配上注重分众化和层次性：一是退休居民、老年人；二是下岗无业、家庭困难人员；三是外来务工人员；四是郊区居民；五是青少年群体，他们处于成长发展的阶段，优质公共文化服务将影响青少年一生的发展。老年人、儿童以及一些弱势群体一定程度上是参与公共文化活动的生力军。但由于各种原因，老年人等特殊群体的文化满足程度较低。本次调查显示，从年龄来看，公共文化满意度呈现递减的趋势，即年纪越大的群体，对公共文化服务的满意度越低。例如，23~30 岁群体(86.19 分)满意度相对较高，61 岁及以上群体(82.42 分)满意度相对较低。分析原因，主要是老年人有较多的闲暇时间参与公共文化活动，对公共文化服务的期望值较高，当实际感知低于期望值时，满意度就会降低。因此，要进一步提升老年人公共文化的针对性和精准性,完善文化菜单品类,内容贴近实际需求,注重配送有层次分众化。中青年这一群体是社会的主体,但传统上这一层面却被最大程度地忽略。但本次调查显示,青年(86.19 分)和青少年(85.47 分)是满意度最高的群体,这充分显示全省文化系统近年来推出的文化夜校、艺术课堂、文艺赋美、青少年美育等文化活动紧紧抓住了年轻人的心,充分满足了青年人的文化需求。因此,要进一步完善、挖掘适合青年群体的公共文化服务项目,吸引青年群体参与公共文化服务,更好发挥公共文化的积极作用。

3. 进一步加强对公共文化服务氛围的引导

调查结果显示,社会氛围的总体满意率为 84.60 分,在九项满意度指标中位于第 6 位,还有较大的提升空间。三级指标中,"对举办过类型丰富的文体活动(全民阅读、全民艺术普及等)的评价"(79.29 分)得分相对最低。这个结果,一方面显示举办的各种文化活动离群众的需求还有一定距离,另一方面也说明加强对公共文化服务氛围引导的重要性。一是可通过民间读书会、社区读书交流平台等自发、开放形式,推进全民阅读,充分发挥群众文化对构建社会核心价值体系的作用。二是要运用新媒体手段传播群众文化,引导群众文化,建立精品文化队伍,增强文化感染力、感召力和影响力。推广交流全省各地既有的成熟经验。三是要求加强与海外民间文化组织的交流与互动,走出一条适合我国国情的事业产业融合之路。四是制定鼓励文化创新的政策,建立文化艺术创新奖励基金,对文艺团体和文化企业或个人,按创新、创作项目给予适当的资金扶持和奖励。

(三)进一步强化对公共文化服务资源的整合

1. 促进公共文化服务融合发展

建立大文化理念,将文化发展与教育、科技、体育事业相融合,将文化事业发展与文化产业发展相融合，通过资源共享、机制优化，达成资源利用的最大化，提高文化引导的效能。要通过顶层设计，克服当前的制度机制障碍，探索整合更大范围的企业和单位的文化资源，丰富职工群众文化生活，把潜在需求引出来、放出来。充分利用省文旅广电机构改革整合契机，进一步推进电子书、电子期刊、网络视频更大范围的免费提供，通过科技媒介的更新，释放文化的辐射力。要大胆探索文化走出去的路径和方式，将本土文化的优势和特点转化为国际文化的优势和特色。

2. 构建公共文化服务共同体

构建多级联动、跨界融合的公共文化共同体"浙江模式"，根据出台关于建设公共文化共同体的指导意见，发布一批"文共体"培育项目。推动文化事业与产业的结合，政、校、企的文化创新与资源整合，搭建研究、孵化、投资、交易、创新文化服务体系和服务内容的平台。在不改变权属的原则下，探索构建省、市、县公共文化资源、人才、藏品流动共享新机制。发挥浙江图书馆、浙江省文化馆的统领示范功能，彰显对全社会公共文化服务的整合引领作用，对各市县公共文化设施与服务提质增效的指导监督作用。在舟山、丽水等山区海岛地区，探索公共文化服务一体化集成落地改革。

3. 建立统一完善的公共文化服务平台

调查结果显示，2023 年度浙江省社会公众对数智文化建设服务的总体满意率为 87.03 分，处于"优秀"水平，在九项满意度指标中位于第 1 位。这充分显示近年来浙江数智公共文化建设的成效。在三级指标中对数智文化建设服务满意率的评价"（82.40 分）得分相对最低。全省数智文化服务平台较多，资源较为分散。因此要加快构建循环畅通的浙里文化圈新生态。发挥省文化馆的统领作用，整合全省文化馆（站）供给资源，建设文化点单平台 2.0 版。以之江文化中心为载体，优化各级文化场馆使用效率，探索建立公共文化空间银行服务机制试点。探索与支付宝等头部企业合作，建立跨界融合新生态。实现随时采集、发布、更新"主干系统"、"枝干系统"的公共文化服务信息，一方面让广大居民百姓及时了解这些信息，以便自主选择分享公共文化服务、参与公共文化活动；另一方面通过公众反馈也能够更及时地了解他们多样性、多层次的文化需求，以便提供更好、更符合居民需要的公共文化服务。

(四)进一步深化文化体制机制改革

1. 实施文化设施所有权和使用权分置改革

从"满意率—重要性矩阵"看，政府工作总体满意率指标的 12 个项目中，有 8 个(占比为 75%)处于"亟待改进"或"逐步改善"，显示政府公共文化服务与群众的期望还有较大差距，改进的空间非常大。需要进一步转变政府职能，由办文化向管文化，由管人到管事转变。党的二十届三中全会要求"推进公共文化设施所有权和使用权分置改革"。落实党中央决策部署，结合调查结果，在总结完善省内公共文化设施社会化运营和标准化建设经验的基础上，制定公共文化设施所有权与使用权分置改革实施细则，制定公共文化设施开展普惠性非基本公共文化服务收费管理办法，鼓励利用公共文化设施部分空间创新文化服务内容，提供相应的延伸性服务，打造消费新场景，重塑文化新空间。

2. 健全社会力量参与公共文化服务制度

加快非政府组织的孵化和培育，加快文化经纪人和文化领头羊的培育，可采取冠名权、政府配套等方式吸引社会力量投入。学习发达国家经验，支持民营文化企业的产品和服务进入政府采购目录，推动国家及省、市制定的文化税收优惠政策落地，以政府扶持、民间赞助、市场收入、基金会收益等方式进行多渠道扶持。推动公共文化流动式、菜单式、订制式、交互式、外包式服务，将自上而下的服务形式，转变成上下交互、资源流转联合的开放式、差序式、双向度可选择的文化服务体系。有条件的地区逐步培育壮大民间文艺团队，将"送文化"的主体，落实给当地群众，真正实现"种文化"的自给自足。

3. 建设高质量的文化志愿服务体系

当前和今后相当长时期内，整个公共文化服务体系建设都将面临工作量大、工作面广、工作任务繁重而工作力量配备严重不足的挑战。考虑到人才供给数量与专业化程度等问题，各级各类公共文化服务人才队伍数量不足、水准不齐的矛盾问题更加突出。应积极探索缓解公共文化服务人才紧缺的措施，创立一支由群众文艺骨干分子、热心公益文化建设的社区文化精英分子组成的文化志愿者队伍。一方面，由政府提供一定的文化经费，面向全社会公开招募文化志愿者，将农村文化礼堂、城市书房、文化驿站等规模小、服务类型相对单一的文化设施委托文化志愿者运营；另一方面，由各级公共文化事业单位推举、选聘在编或非在编、在职或退休的文化艺术精英人士，组建"志愿者专家团"，由其承担社区文化艺术创作指导、文艺活动编导辅导、文化讲座就业培训等工作任务。建立文化志愿者资源库，搭建好文化志愿者队伍和社区居民的沟通和互动平台，充分发挥志愿者专家团指导基层群众文化工作、提供专业文化服务的作用。

2023 年度浙江省全民艺术普及率
评估调查报告

2021 年 9 月，浙江省委办公厅、省政府办公厅印发《关于高质量建设公共文化服务现代化先行省的实施意见》(以下简称《意见》)，提出到 2025 年基本建成"以人为核心"的高质量公共文化服务现代化体系的总体目标。2022 年 1 月，浙江省文化广电和旅游厅印发《进一步深化全民艺术普及实施方案》，明确在艺术知识、欣赏、创造、技能和活动五个方面实现全民普及的主要任务。为全面评估浙江省 2023 年全民艺术普及工作成效，浙江省文化和旅游厅牵头组织了全民艺术普及评估调查。

一、调查方法与调查结果

(一)调查指标体系设计

根据《浙江高质量发展建设共同富裕示范区实施方案(2021—2025 年)》和《关于高质量建设全民艺术服务现代化先行省的实施意见》(浙委办发〔2021〕64 号)相关文件内容精神并结合国家全民艺术普及率测评内容，依据国家标准 GB/T 19038—2009《顾客满意测评模型及方法指南》、GB/T 19039—2009《顾客满意测评通则》，并在文化和旅游各相关单位中广泛征集相关题目，结合全省全民艺术普及工作的实际情况，最终确定全民艺术普及率调查问卷由 18 道选择题和 1 道主观题构成。

为更加深入地了解和分析公众对全民艺术普及工作的了解程度，调查组构建了反映全民艺术普及率的指标体系。全民艺术普及率指标共设一级指标 6 个，分别为全民艺术普及基础评价、全民艺术知识普及、全民艺术欣赏普及、全民艺术技能普及、全民艺术活动普及以及全民艺术创造普及。根据一级指标包括的主要内容，设置相应的二级指标 12 个。

在多项指标构成的评估体系中，因事物本身发展的不平衡，各种指标的重要程度各不相同。各指标的权重能反映评估指标对某项评价结果的贡献程度，权重的确定取决于指标所反映的评价内容重要性和指标本身信息的可依赖程度。调查组采用德尔菲法确定指标权重，主要根据指标对评估结果的重要性和影响程度，由相关专家结合自身经验和分析判断来确定指标权重，首先，通过专家调查问卷的形式，请不同领域的专家单独给出指标权重；其次，对回收的问卷进行统计分类得出运算结果；再次，将运算结果通过现场讨论的形式征求专家意见最后，确定出各指标的权重，如表 4 所示。

表 4　全民艺术普及率调查指标及权重

一级指标	二 级 指 标	权重
全民艺术普及基础评价	对全民艺术普及主要内容的知晓情况(知晓率)	5.00%
	开展艺术普及的重要性评价(重要性)	5.00%
	接受艺术普及是否给生活带来改变(获得感)	5.00%
	对全民艺术普及工作的总体满意度评价(总体满意率)	5.00%
全民艺术知识普及	是否通过各种渠道获取过全民艺术普及相关宣传信息(全民艺术普及相关宣传的参与率)	8.00%
	最喜欢哪种类型的文化艺术知识普及活动(艺术活动喜好)	12.00%
全民艺术欣赏普及	有没有参加过文化艺术活动(文化艺术活动的参与率)	8.00%
	对本地开展的文化艺术欣赏活动的评价(文化艺术欣赏活动的满意率)	12.00%

续表

一级指标	二 级 指 标	权重
全民艺术技能普及	是否参加过文化艺术类的培训活动(文化艺术类培训活动的参与率)	10.00%
全民艺术活动普及	是否参加过文艺团队(文艺团队的参与率)	10.00%
全民艺术创造普及	是否参与过本地组织的文化赛事、演出、采风等活动(文化赛事、演出等活动的参与率)	8.00%
	是否具备一定的文化艺术专长(艺术专长)	12.00%
合计		100.00%

(二)调查内容和方法

此次调查工作主要从全民艺术普及基础评价、全民艺术欣赏普及、全民艺术知识普及、全民艺术技能普及、全民艺术活动普及、全民艺术创造普及和意见建议六个方面展开。

为与上述研究内容相匹配，本次调查主要采用实地问卷调查的方式获取调查数据。调查时，由经过专业培训过的调查员随机抽取小区、公园及公共文化场馆等区域，通过现场拦截和入户调查等方式调查符合要求的受访者进行问卷调查，当场填写和回收调查问卷。

(三)调查过程与样本

此次调查范围涵盖浙江省辖区内 11 个设区市、90 个县(市、区)。调查对象为浙江省内 8 周岁以上常住居民且在本地居住 1 年以上且能够清晰表达自身意愿的群众；访谈对象为专家学者和典型群众代表等；调查时间为 2024 年 8 月至 10 月，并形成调查分析报告。

在满足内容需求的基础上，兼顾浙江省辖区内 11 个设区市 90 个县

(市、区)均衡性，最终每个县(市、区)各获取 100 个有效样本量，合计获取全省样本量 9000 个。

二、主要调查结论

(一)全省全民艺术活动普及率持续上升

本次调查显示，2023 年全省全民艺术普及率为 78.6%(表 5)，比 2021 年的 74.4%上升了 4.2 个百分点，说明浙江省全民艺术普及工作持续向好且工作基础稳固。

表 5　2023 年全省全民艺术普及率情况(按得分排序)

排名	设区市	全民艺术普及率
1	杭州市	83.6%
2	嘉兴市	83.5%
3	宁波市	82.3%
4	金华市	82.2%
5	温州市	81.9%
5	绍兴市	81.9%
7	湖州市	76.2%
8	台州市	75.4%
9	舟山市	75.2%
10	衢州市	74.1%
11	丽水市	73.1%
全省		78.6%

总体上看，全省 11 个设区市中，2023 年全民艺术普及率高于 2021 年的有 10 个，仅有丽水市有所下降。从全省 11 个设区市看，普及率逐年均有上升的有 8 个，占比为 72.72%；仅有湖州、衢州、丽水三市 2022 年全民艺术普及率比 2021 年有所下降，但 2023 年也呈现出上升的趋势，如图 2 所示。

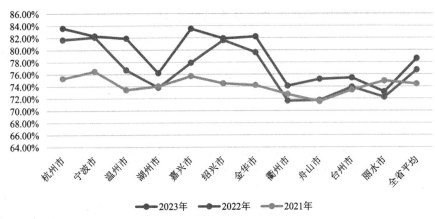

图 2　2021—2023 年全省全民艺术普及率变化

分县市区看，2023 年全面艺术普及率高于 90% 的有 6 个，分别为嘉兴市秀洲区、杭州市上城区、绍兴市上虞区、杭州市西湖区、杭州市余杭区、义乌市，占全省县市区总数的 6.67%。全民艺术普及率小于 90% 但高于 80%（2025 年目标）的有 23 个，占全省县市区的 25.56%，两者合计为 32.22%，即全省约有 1/3 的显示已提前达到 2025 年的目标。低于全省平均值（78.6%）的有 45 个，即一半的县市区全民艺术普及率低于全省平均值，其中低于 70% 的县市区有 5 个，占比为 5.56%。从连续三年情况看，2023 年全民艺术普及率高于 2021 年的有 63 个，占比为 70%，全省仅有 17 个县市区的全民艺术普及率有所下降。全民艺术普及率逐年上升的有 29 个，占比为 32%，显示这些县市区全民艺术普及工作持续向好且工作基础稳固。

（二）全省全民艺术活动覆盖面进一步提升

调查结果显示，2023 年度浙江省全民艺术普及各分项普及率为全民艺术欣赏普及（87.0%）、全民艺术普及基础评价（82.3%）、全民艺术活动普及（81.5%）、全民艺术技能普及（76.1%）、全民艺术知识普及（74.7%）、全民艺术创造普及（70.0%）。

从分项调查结果来看，在艺术知识、艺术欣赏、艺术技能、艺术活动、艺术创造五个方面，全民艺术普及都发挥了不同程度的作用。特别是艺术欣赏普及达到 87.0%，依托"线上+线下"各类载体和平台，艺术知识得到有效传播，激发了人们对于艺术的兴趣和爱好。尤其是全省全民艺术欣赏普及满意率接近 100%（98.9%），充分说明了广大人民群众对这项工作的认可。全民艺术普及工作对丰富人民群众精神文化生活，提升群众的艺术鉴赏水平已取得了一定的成效。

（三）全民艺术普及群众获得感进一步提升

调查显示，《意见》提出以来，全民艺术欣赏普及获得感获得进一步提升。人民群众对开展艺术普及的获得感达到 90.0%，受到群众的高度认可。艺术欣赏的普及以及很高的获得感，表明公共文化场馆扩大免费开放范围和全民艺术工作落到了实处，激发了人民群众欣赏经典艺术和优秀艺术的热情，形成了健康的审美品位和审美情趣，促进了社会文明水平的提升。

三、浙江省全民艺术普及工作基本情况

（一）全民艺术普及顶层设计日益健全

为全面贯彻文化和旅游部、国家发展改革委、财政部《关于推动公共文化服务高质量发展的意见》，2021 年 9 月，中共浙江省委办公厅、浙江省

政府办公厅《关于高质量建设公共文化服务现代化先行省的实施意见》，提出到 2025 年建成以人为核心的高质量公共文化服务现代化的总体目标，围绕"全面深化数字化改革""建设高标准公共文化空间""创造高品质公共文化生活""实施高效能公共文化治理"和"建立高标准保障体系"五大方面进行了具体工作部署，其中，"创造高品质公共文化生活"中，特别强调推进"四个全民"全社会普及，具体包括"广泛开展全民阅读活动""稳步推进全民艺术普及""积极开展全民健身运动"和"持续推进全民科学普及"四个方面。

2022 年 1 月，浙江省文化广电和旅游厅印发《进一步深化全民艺术普及实施方案》，明确浙江全民艺术普及的主要内容包括"全民艺术知识普及、欣赏普及、技能普及、活动普及和创造普及"五个方面。特别指出"全民艺术创造普及"的提出是基于"十三五"期间全民艺术知识、欣赏、技能和活动的普及，群众艺术素养大幅提高。在"十四五"期间需要进一步深化"全民艺术普及"，提升拓展其内涵，在群众了解、熟悉、掌握文化艺术的基础上，激发群众创造创新的活力。鼓励大家积极参与文化艺术创造、创作出更多艺术作品，丰富群众艺术产品供给，促进全民艺术普及的良性循环，实现公共文化服务从保基本向高质量发展转变，力求在满足群众更高层次文化需求上走在前列。

2022 年 6 月，浙江省第十五次党代会立足实现"两个先行"奋斗目标，提出"高水平推进文化强省建设、打造新时代文化高地"的具体目标，部署"着力推进全域文化繁荣全民精神富有"的重要任务，为浙江文化建设描绘了新蓝图，也为全民艺术普及工作指明了新方向。随后，浙江省文化广电和旅游厅在宁波召开浙江省全民艺术普及工作推进会，提出发挥文化铸魂塑形赋能的强大力量，为加快打造新时代文化高地，为高质量发展建设共同富裕示范区和"诗画江南 活力浙江"建设注入强大的文化力量。会上同时提出从需求侧和供给侧两个维度来思考全民艺术普及目标体系的构建。在谋划推进过程中要重点把握"五全""五好"。"五全"指的是全区域覆盖、全人群普及、全时段开放、全时空服务、全社会参与；"五好"是指处理好场馆服务与流动服务的关系，处理好政府与市场的关系，处理好展演平台载体与艺术普及的关系，处理好线下服务与线上服务的关系，处理好传统文化与现代艺术的关系；建立健全长效工作机制等三个方面作了重要指示，对全民艺术普及工作进行了全面部署，对全省开展全民艺术普及工作指明了方向。至此，浙江省已初步形成全民艺术普及政策体系、目标体系、评价体系和工作体系。

（二）全民艺术普及工作体系持续优化

全民艺术普及是浙江高质量建设公共文化服务现代化先行省的重要举措。浙江省文化馆依托"基层联络服务机制"整合全省力量，以机制为主线、以活动为载体、以培训为抓手，开展全民艺术普及。这一机制创新保证了全省文化阵地从省文化馆开始、通过各级文化馆的力量，联动到乡镇文化站、农村文化礼堂，让资源共享互补更为合理，品牌项目复制推广更为便利。省馆从全省层面进行顶层设计，市级馆从市级角度进行顶层设计，县级馆从县区馆角度进行顶层设计，联动到文化站和文化礼堂。通过一级抓一级，全民艺术普及工作形成全面管理，深度对接基层群众公共文化服务需求，有效解决基层公共服务的难点和漏点。

2022 年 6 月，浙江省"全民艺术普及"现场会、浙江省戏曲大联展暨首届浙江省全民艺术节开幕式将在宁波举行，并发布 2022 年全省群众文化活动；7 月，作为全省"全民艺术普及月"；10 月，举行浙江省农村文化礼堂"三团三社"展演展示系列活动暨首届浙江省全民艺术节闭幕式，并推出全省全民艺术普及成果展览等一系列全省联动、全民参与的精彩活动，成为浙江推进全民艺术普及工作的有力载体。

浙江省文化馆从 2021 年开始积极搭建起一个包含全省艺术师资力量的培训联盟体系。联盟中既有文化馆系统的培训师资，又包含社会培训机构、社会志愿者等多方力量。依托这些师资，"全民艺术普及"在培训方面的工作以线上线下"双联动"、共享名师的"双师"教学模式进行。线上,浙江省文化广电和旅游厅"全民网络艺术学院"建设完成后,将与浙江省文化馆"指尖艺术导师"结合,持续推出线上艺术课程;线下,各地结合本地计划开展。为助力"双减"工作,浙江省文化馆还积极推动文化艺术类校外培训机构的业务指导、质量管理等相关工作。

(三)全民艺术普及文化空间创新发展

浙江省立足城乡特点,打造有特色、有品位的公共文化空间,扩大公共文化服务覆盖面,增强实效性,推动公共文化服务高质量发展。致力于打造好"15分钟品质文化生活圈"和文化驿站,浙江省文化馆联动市、县馆推出"百姓百艺"全民艺术普及工作坊,落户到各类文化空间。

建设百个空间,推出百名主管、百位能人、百支队伍、百场培训、百件作品、百场展示、百个沙龙。这些群众身边的文化空间,各有特色。省市县各级文化馆业务干部联动社会文艺专家作为空间主管,负责业务开展的策划设计,采用个性化打造和规范化管理相结合的模式做好业务指导;运维一段时间、条件成熟后,空间将交给具有一定专业技能又热心文化公益事业的社会文化能人打理;文化能人在主管指导下带动一支以上的固定文艺队伍自主在空间开展培训、创作作品、举行演出、进行展示、组织沙龙,形成共通共享的文化氛围,吸引周边群众参与空间文化生活。2022年,浙江省文化馆让业务干部带动11个地市的业务干部代表组成空间业务指导实验团队,在各地市落实一个试点空间,同时指导各地市业务代表带动当地各县区的业务干部组建本地区的实验团队,进行各市空间试点,多点推开。到2023年年底,这一空间建设模式将不断复制,大幅覆盖至全省文化空间。通过"从1到10的延伸,从10到100的拓展,从100到1000的扩张,从1000到上万的辐射",最终形成公共文化空间业务建设全覆盖和群众自发持续开展文化活动的良好局面。

(四)各地全民艺术普及工作精彩纷呈

面对艺术普及群体数量庞大和群众文化需求差异较大等问题,浙江省从内容、形式等方面合理地进行分类,解决全民艺术普及中"众口难调"的问题,提高现有文化品牌的影响力。在省市文化馆的带领下,全省各地积极谋划当地艺术普及的品牌,创建出一批有特色、有影响、有鲜明辨识度的服务品牌,通过打造品牌来推动全民艺术普及的辐射力和传播力,真正实现文化惠民切实增强全省人民群众文化获得感和满意度。

宁波市深化"一人一艺",通过先行先试、系统完善艺术普及内容体系;多元参与、合力推进全民艺术普及;数字引领,探索实现艺术普及便利高效;成效显著,"一人艺"品牌凸显,实现精神富有。嘉兴市构建城乡一体全民艺术普及体系,依托总分馆制,构建群众艺术网络大学支撑体系;立足服务品质,强化群众艺术网络大学运行管理;推进多方融合,打造群众艺术网络大学特色品牌,全面提升群众艺术网络大学服务效能。金华市紧抓培训机构"管育用",采用智管应用重塑管理模式;艺培协会助推行业管理;让艺培机构成为美育教育的新动力。台州市全面打响"文化超市"公益艺术培训品牌,通过品牌赋能,构筑艺术普及新集群;机制创新,打造艺术普及新模式;云端破圈,点燃艺术普及新引擎。桐庐县推进"艺术赋能乡村,美育引领共富",推进聚焦艺术规划,重塑乡村艺术风貌与气质;深耕三大工程,提升乡村艺术内涵与品质;共享艺术资源,实现乡村文艺素养普及与沉淀;升级艺术效能,激活乡村旅游产业与经济。温州市聚焦"让艺术点亮乡村,文化共富新图景",通过"联盟化"发展,有效搭建乡村文艺共富平台;"专业化"培育,有力提升乡村文艺服务水平;"自主化"参与,有序释放基层文艺力量。嵊州市深化提升文化"三走进",实施网络化管理,开展有针对性的文化服务;推进以点带全面,实行文化服务全面参与全覆盖;问需于民、问计于民、问效于民,落实"三单"工作法,有效全面推进全民艺术普及。

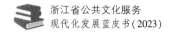
四、全民艺术普及工作存在的主要问题

(一) 区域发展不均衡的问题依然存在

从全民艺术普及得分情况看, 2023 年全省全民艺术普及率前三位的杭州、嘉兴、宁波均为浙北区域; 后三位的舟山、衢州、丽水均为山区或海岛市。特别是丽水是唯一一个 2023 年全民艺术普及率低于 2021 年的设区市。分析 90 个县市区的全民艺术普及率, 也呈现出类似的特点。因此, 需要进一步加大对 26 山区县和海岛县的扶持力度, 提升其全民艺术工作水平。

(二) 群众的参与率还有待提升

从调查的结果看, 群众参与情况仍然是全民艺术普及工作的短板。在全民艺术普及的六项指标中, 全省全民艺术知识普及的参与率为 70.2%、全民艺术欣赏普及的参与率为 69.3%、全民艺术创造普及的参与率为 67.5%、全民艺术技能普及的参与率为 76.1% 均低于全省平均值 (78.6%), 仅有全民艺术活动普及的参与率 (81.5%) 高于全省平均值。但全民艺术活动的类型相对简单, 调查显示, 舞蹈 (含广场舞团队) 成为受访者参加最多的文化社团 (53.0%)。可见, 群众参加文化活动的覆盖面还有待提升, 活动类型需要进一步丰富。

(三) 全民艺术创造力没有得到有效发挥

从全民艺术普及六个维度看, 全民艺术创造得分最低 (70.0%)。

从分项看, 艺术专长 (86.0%) 比参与率 (67.5%) 高。这说明艺术创造与艺术专长不对等, 即使有艺术专长的群众比较多, 但群众参与到文艺创作的意愿并不高, 没有去展示自己的专长, 去创作可以让更多人领略到艺术魅力的作品。一方面，全民艺术普及工作需要大量的文化艺术人才；另一方面，人民群众中大量有文艺特长的人的才华被闲置，这对全民艺术普及工作来说无疑也是一种可惜。

五、提升全民艺术普及率的工作建议

(一)深化体制机制改革，优化全民艺术普及制度环境

体制机制是促进全民艺术普及发展的核心要素。浙江省印发《关于深化文艺赋美工程促进全民艺术普及的实施意见》，以创新为驱动，积极构建文艺组织新生态，为公共文化服务现代化发展注入强劲动力。要广泛吸收省内外艺术大家、文艺精英参与，形成头部引领效应，带动更多艺术院校、文化馆(站)、演艺业协会及社会艺人等文艺工作者加入。通过定期举办文艺培训、交流活动，提升志愿者的专业技能和服务意识，形成一支高素质、专业化的文艺志愿服务队伍。

要积极探索文艺演出新形式，从传统的专人专演模式转变为多点、高频、流动的公益性文艺展演。通过综合考量自然环境、基础条件、区域辐射力、人流数量等因素，打破文艺演出"限于剧场、囿于围墙"的传统观念，拓宽街头演艺的空间外延，融合观光、餐饮、娱乐、购物等业态，在城市社区、商业街坊、文博场馆、公园景区及乡村等广泛开展文艺赋美，将街头演艺纳入"15分钟品质文化生活圈"建设。加强策划与推广，打造文艺赋美街头演艺精品点，打造群众可亲近、可参与、可融入的文艺风景线，使文艺活动更加贴近群众生活，实现文艺资源的有效下沉和全社会资源的激活。

(二)加强资源整合，构建全民艺术普及文化共同体

构建多级联动、跨界融合的公共文化共同体"浙江模式"，根据出台关

于建设公共文化共同体的指导意见，发布一批"文共体"培育项目。发挥浙江省文化馆的统领示范功能，彰显对全社会全民艺术普及的整合引领作用。通过各级文化馆的力量，联动到乡镇文化站、农村文化礼堂，让资源共享互补更为合理，品牌项目复制推广更为便利。依托高校和社科研究机构，深化理论实践与工作品牌塑造研究。组织开展全民艺术普及研究，系统识别全省全民艺术普及的阶段性和规律性特征，推出一批可复制推广的实践成果、理论成果和制度成果。加大宣传力度，营造群众主动参与的良好氛围。借助"15分钟品质文化生活圈""文化驿站"等品牌载体宣传，提高广大群众对全民艺术普及工作具体内容的知晓度。

（三）针对薄弱短板环节，不断缩小区域和人群间差异

相对城市等发达地区由于经济基础比较扎实，文化建设成效较为明显，乡村尤其是山区及海岛县经济基础较弱，农村公共文化基础设施建设还得不到足够的重视，全民艺术普及工作还存在城乡资源配置不平衡等问题。一是围绕乡村文化资源特色，打造"三驾马车"，推动乡村全民艺术普及工作。积极推进乡村文化资源开发、乡村文化产业发展和乡村文化队伍建设，依托省文化馆"耕山播海""文化特派团"等载体，将优质资源向26个山区及海岛县倾斜，推动城乡区域基本公共文化服务更加普惠均等。根据各县市区全民艺术普及相关结果，针对丽水市、衢州市、金华市、绍兴市等有传统艺术基础的地区，艺术普及工作要鼓励技艺传承。温州市和舟山市部分县市区，艺术普及的重点要放在艺术活动组织上，利用艺术活动带动全民参与的热情。艺术普及最终目标是激发民众对艺术的创作热情，如，针对富阳、庆元等地，要鼓励基于民间文化、技艺进行原创艺术，可以依据连同周边县市举办原创艺术大赛。二是重点人群方面，对"一老一小一残"群体提供特色化艺术普及载体和平台。不同层次、不同年龄群体有着不同的艺术兴趣，仅靠各地现有文化资源是很难满足多样化、差异化艺术文化需求的，建议发展社会公益组织、志愿者团队以及公共文化机构要主动开

放平台，找到与专业力量合作的最大公约数，撬动服务"老、中、青、妇、幼、残"不同群体全民艺术普及的综合效应，打造"城乡居民的终身美育学校"。

(四)大力建设数智文化，提升便利性和时尚性

充分发挥数字化改革在公共文化服务中的引领作用，迭代开发"浙里文化圈"应用，打造24小时不打烊的线上文化空间。通过精准画像为百姓提供"看书、观展、演出、艺培、文脉、雅集、知礼"七大场景的一体化、模块化服务，为公众打造丰富多彩的"一站式文化链接"。充分利用"浙里文化圈"数字化平台，丰富艺术培训的数字资源，创造内容多样、便捷精准的艺术培训新体验。积极培育汇集吸引人、有趣味、有品位的艺术培训资源和艺术大师，提升全民艺术普及的便利性和时尚性。

(五)大力建设艺普空间，夯实全民艺术普及基础

优化各类公共文化场馆设施空间，充分挖掘利用小剧场、报告厅、小舞台等场地，结合地方文化特色开展戏剧、曲艺、歌舞等驻场精品演出。拓展演艺空间布局，培育特色文商旅演艺项目，利用商务楼宇、建筑厂房、园区街区、文旅场所、游船邮轮等场地空间，创新打造富含地域文化特色、整合优质旅游资源、推动文旅深度融合的新型演艺场所。利用现代科技手段，推动线下演艺和在线演艺融合发展，培育沉浸式、全景式、云演艺等演艺新产品、新业态。构建功能丰富、内容优质、均衡发展的城乡美术(艺术)空间，探索在城市商业综合体等人员聚集场所嵌入打造美术(艺术)展览展示空间，通过城乡结对和精准帮扶等措施，加强乡村美术(艺术)馆建设，鼓励结合区域特色和现状，加强闲置房屋的有效整合改造用于美术(艺术)展览展示、交流、教育等。鼓励支持社会力量积极参与城乡美术(艺术)空间建设，建成一批有品质的民营美术(艺术)馆，成为美育普及的生力军。

（六）搭建全民参与平台，激活群众创造活力

新时代新征程，浙江省全民艺术普及工作要实现要文化艺术产品供给与文化艺术消费需求的链接；在线数据、虚拟空间与线下文化资源、设施、产品的链接；域特色文化与数据驱动下未来文旅消费的跨时空链接，这些都需要文化、文化人与社会大众的链接。一是要通过完善社会力量参与全民艺术普及的政策制度设计。明确社会力量参与和进入艺术普及等公共文化服务领域的范围和边界，畅通社会力量参与全民艺术的通道，扩大社会力量参与公共文化服务建设的范围和程度，保障社会力量参与服务供给的平等待遇。二是制定社会力量参与公共文化服务的激励政策。通过政府购买、财政补贴、税收优惠、荣誉激励等方式，引导和鼓励社会力量的积极参与。三是搭建群众文化大舞台，为百姓搭建展示舞台、提供出彩机会，丰富百姓精神文化生活，推动优质文化资源直达基层。四是培育壮大文艺类社会组织。为社会力量的发展提供良好的发展环境，重点培育文化志愿者、乡贤和文化能人、社会组织等主体力量，形成多元社会力量共同发展的局面。

（七）加强人才队伍建设，提升全民艺术普及创新能力

全民艺术普及工作的关键是人才，尤其是各类专业艺术师资力量。受区域环境、经济基础、文化渠道等多种因素影响，人才队伍质量和数量等问题一直是全民艺术普及工作高质量发展的老大难问题。一是搭建起全省艺术师资力量培训联盟体系。联盟中既有文化馆系统的培训师资，又包含社会培训机构、社会志愿者等多方力量。二是建设"外部引进+在地化培育"艺术普及师资库。对于特别优秀的乡村文艺骨干，各县（市、区）政府应设法将其纳入当地人才体系，帮助他们申请各级人才称号及奖励；重视发现和吸收扎根基层的乡土文化能人、非物质文化遗产项目传承人，补充到全民艺术普及"专业师资"和"技术指导"队伍，推动全民艺术普及工作不

断发展壮大。鼓励有条件的村庄与艺术团体或个人联合设立"艺术家工作站（室）"。探索"政府+高校+基金会+村民""艺术家+村集体+村民"等多种形式，通过搭建乡村歌舞曲艺大舞台、开办乡村歌舞曲艺小讲堂、开展乡村艺术育苗行动，共同开展全民艺术普及培训、艺术展演、艺术人才培育等活动，多渠道拓展艺术专业师资力量。三是充分利用好校外艺术培训机构的优质资源。利用文化主管部门负责校外艺术培训机构监管的契机，在校外艺术培训机构监管实施细则中植入艺术普及相关内容，引导文化艺术类校外培训机构积极参与文艺赋美、青少年美育建设。

浙江省公共文化服务现代化示范创建工作总结报告

2021 年 6 月，《中共中央、国务院关于支持浙江高质量发展建设共同富裕示范区的意见》发布，支持鼓励浙江先行探索高质量发展建设共同富裕示范区，为全国推动共同富裕提供省域范例。同年 8 月，浙江省委召开高规格文化工作会议，出台《中共浙江省委办公厅浙江省人民政府办公厅关于高质量建设公共文化服务现代化先行省的实施意见》，系统性谋划和部署浙江文化建设，提出加快打造新时代文化高地，在建设人民满意的公共文化服务体系上不断取得新突破。

在此背景下，在文化和旅游部的大力指导下，浙江省切实把握公共文化发展这一精神富有的"关键变量"，大力推进公共文化服务现代化先行省建设，并于 2021 年 9 月起在全省范围内开展公共文化服务现代化先行县（领航项目）创建工作。经过两年多的推进，创建工作取得了阶段性成果。为全面梳理第一批创建工作进展，总结经验、挖掘亮点、发现问题，对下一阶段工作的提升指明方向，特制定本报告。

一、主要做法

为推动浙江省公共文化服务现代化先行县（领航项目）创建工作为公共文化服务现代化先行省和共同富裕示范区的建设提供有力支撑，省文旅厅坚持创新发展、先行引领、注重实效，重点开展了以下工作：

（一）提高工作站位

坚决落实党中央、国务院关于"支持浙江高质量发展建设共同富裕示范区"决策部署，制定《浙江省文化和旅游厅推进文化和旅游高质量发展促进共同富裕示范区建设行动计划（2021—2025年）》等文件，将推动共同富裕和促进人的全面发展等精神贯穿示范创建工作全过程、各方面。要求各创建单位成立由党委政府全面领导的工作领导小组，定期专题研究部署创建工作，并明确先进县必须以县（市、区）人民政府为创建主体、县（市、区）长为创建责任人，领航项目以县（市、区）人民政府或市县两级文化和旅游行政部门为创建主体、相关单位主要负责人为创建责任人，加强统筹、抓好落实，推动创建工作有序有力开展。

（二）细化创建标准

在公共文化服务现代化先行县（领航项目）创建工作起跑的时候，浙江省文化广电和旅游厅就明确了"共同富裕，标准先行"的创新思路，组织专家团队、智库机构，开展了省、市、县、乡、村五级公共文化创新发展的调查研究活动，先后形成了《浙江省基本公共服务标准（2021年版）》《浙江省公共文化服务现代化先行县（领航项目）创建标准》《2023浙江省文化和旅游工作赛马机制实施办法》等。并在验收阶段，结合创建工作实际，分别编制先行县和领航项目《验收标准》，对各创建单位开展定量评价，其中，先行县《验收标准》分为5个部分，共21项、37个指标，领航项目《验收标准》分为6个部分，共18项、18个指标，充分体现验收工作的准确性、可操作性。同时，率先推出《浙江省公共文化服务现代化标准（2021—2025）》和包括5大板块、28项指标的"浙江省公共文化服务现代化发展指数（CMDI）"，并积极探索实施公共文化服务第三方绩效评估和群众满意度测评工作等，有效提升地方公共文化服务现代化发展水平评估的科学性和全面性。

(三)推出"赛马机制"

申报阶段,各单位自主提交申报材料至设区市文化和旅游部门,由各设区市文化和旅游部门根据《创建标准》和申报单位实际情况择优推荐创建候选单位,组织专家对申报候选名单进行初审论证和现场答辩,确定创建资格名单,充分体现了申报工作的公平性、竞争性。创建过程中,建立"红黄牌制度",定期对创建单位进行督查,对创建工作推进力度不大、规划项目落实不及时的单位提出警示,对有明显退步、整改达不到要求的则取消创建资格,形成了良好的动态评估机制。验收阶段,经各创建单位自查、市级初审、省级认定,并经厅长办公会议研究同意,最终在第一批先行县8个创建单位、5个培育单位和领航项目10个创建对象中,验收通过先行县11个、领航项目8个,营造了"有进有出"良性竞争的创建氛围。

(四)深化创建指导

在整个创建过程中,省文旅厅充分发挥专家智库的作用,成立了由省文旅厅有关领导、全国公共文化服务领域知名专家等组成的工作小组,多次组织各创建单位开展线上或线下专题辅导培训会,对创建标准、指标体系、工作内容、重点要求等进行系统的讲解和辅导,并赴各创建单位开展重点工作实地督查,详细了解各地创建工作落实情况、存在问题等,为各地高标准、高效率地完成创建工作指明路径、提供方法。

(五)建立台账制度

为规范有序、科学高效地推进创建工作,建立创建工作台账,加强过程管理。由各创建单位严格对照有关要求,认真梳理创建过程,形成详细客观的台账资料。通过对各创建单位总结报告、制度设计课题研究成果等进行规范化、标准化、统一化管理,更好地掌握各创建单位各项具体工作开展情况,大幅提升检查考核的便利化水平,提高整体工作效率。

二、主要成效

经过两年来的创建，全省公共文化服务提质增效成果显著，公共文化服务内容更优、覆盖更广、效能更高，涌现出一大批有力量、有温度的文艺精品，形成了"村晚""农家书屋""文艺赋美"等多个具有全国影响力的公共文化服务品牌，全民艺术普及率达 74.4%、一级文化馆率达 93%、构建8288 个文化圈、建成 1.9 万个农村文化礼堂，全省人民共同富裕取得新的进展。2023 年 2 月，在文化和旅游部召开的推进公共文化服务高质量发展工作会议上，浙江省作为典型代表之一做了交流发言；在此次会议上，浙江有三个案例入选《中央宣传部、文化和旅游部、国家发展改革委组织遴选的基层公共文化服务高质量发展典型案例》，是入选案例最多的省份之一；同年 11 月，文化和旅游部还专门印发了《浙江文化和旅游赋能高质量发展建设共同富裕示范区第一批典型经验》，在全国进行推广。

（一）制度先行，公共文化服务工作更加规范

1. 构建较为完备的理论支撑体系

坚持需求导向、问题导向、事实导向，聚焦公共文化新空间建设、社会力量参与、公共文化服务人才培养、本土传统文化传承与发展等关键领域，各地在先行先试的基础上，根据工作所需和发展实际，通过建设一批公共文化服务现代化理论研究中心、组建专家团队、定期召开理论研讨会等方式，不断推动理论创新，探索形成了一批具有时代特色、浙江风格的理论成果。如衢州市龙游县《深化社会力量参与基层公共文化服务研究》、湖州市长兴县《文化人才特色选育机制研究》、金华市东阳市《激活社会力量参与公共文化服务现代化先行的东阳模式》、杭州市临平区《新型公共文化空间蝶变的"临品"模式研究》等，这些先行先试的理论成果在新时期推

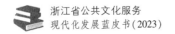
进公共文化服务现代化的创新实践发展中发挥了重要的学理支撑作用。

2. 形成理论与实践成果驱动的工作规范

自创建工作开展以来，全省范围内积极开展各项标准化、制度化建设工作，提出一系列的可以量化的指标、规范。一是在省级层面，研究制定《浙江省公共文化服务现代化标准(2021—2025)》《浙江省级非遗工坊建设指标体系》《"15 分钟品质文化生活圈"建设指南》《"15 分钟品质文化生活圈服务指数"评价办法(试行)》《文化志愿者管理与服务规范》等，这些标准和办法有效解决了当前公共文化服务发展中存在的一些瓶颈问题，为公共文化服务现代化注入强大活力。二是在县(市、区)层面，各创建单位结合本地区实际制定出台了多个地方标准，如丽水市于 2021 年 8 月发布全国首个乡村春晚建设市级地方标准《乡村春晚建设规范》，并于 2023 年 9 月发布全国第二个乡村春晚市级地方标准《乡村春晚演艺指南》；绍兴市于 2023 年12 月发布市级地方标准《文化下派员管理与服务规范》等，初步形成上下衔接的公共文化服务标准体系。三是围绕重点项目，各地还形成了管理办法、工作指引、实施方案、考核办法等一系列配套文件，为重点项目提升发展提供体系化保障。

(二)精准施策，公共文化服务内容更加优质

1. 推行分人群的内容供给

围绕公共文化需求的创新性、多元性，面向不同年龄段、不同地区、不同职业等推行分人群精准公共文化供给，有效保障了薄弱地区、特殊人群的基本公共文化权益和不同人群多样化的文化需求。一是按照年龄划分。台州市围绕群众生命周期不同阶段的特征，在全市公共图书馆推出从诞生伊始—婴幼儿—青少年—成年—老年的全龄式的阅读产品。杭州市余杭区面向有时间"看"和有兴趣"演"的老年群体，持续推进"戏曲惠民进基层"、打造"美丽洲"和"相约"草根大舞台等活动品牌；面向"996"互联网创新创业小镇青年，推出符合年轻人喜好的多元服务内容，并通过打造"午间一小时"平台，满足年轻人的时间需求。二是按照不同空间划分。杭州市临平区按照家长、学生活动轨迹，建设校门口的临品书坊风景线；从健身人群活动流线出发，提升完善临平山公园文体空间群；为商务人士、年轻群体打造文化产业园、综合体临品书坊、临品艺站；在快递小哥聚集地、建筑工地布设移动式小型文化空间。三是按照重点人群划分。杭州市余杭区聚焦"一老一小"、残疾人等群体需求，推出青少年艺术节、老年艺术节、残疾人运动会等活动；面向高层次人才以及外来务工者、低保低边家庭等，在重大节日开展送福、送春联、送戏、送图书等活动。永康市紧密结合民营经济强市特点，选取以往公共文化服务的确存在诸多盲区"非公企业"作为创新突破"靶点"，以在非公企业因地制宜设置图书馆、书房、书吧为主要方式，以市公共图书馆按企业特点和应员工需求提供阅读资源并定期更新为基本保障，以积微成著的方式稳步推动公共阅读服务向非公企业延伸。嘉兴1个设区市及桐庐等11个县(市、区)根据产业工人、农民(渔民)、外来务工人员、老年人、大学生、青少年、残疾人等7类重点人群的精神生活短板和供给需求，通过"一县一策"的方法，实现公共文化产品和服务精准供给。

2. 推动高效精准的服务配送

依托海量的用户分析数据，结合"百姓点单"模式，实现公共文化服务智能配送、供需匹配、精简高效。一是精准推送公共文化服务内容。依托互联网平台，根据用户画像和行为分析，实现文化内容与用户有效匹配。如余杭区、临平区和东阳市等根据人口特征，以兴趣爱好和特长为纽带，分类建立高黏性"粉丝"文化社群，将文化产品和服务与用户进行有效匹配，通过全天候监督管理，实时推送文化展览、图书借阅、文艺演出、艺术培训、文化志愿服务等内容。二是"菜单式"点选、"订单式"配送。鄞州区探索"公益超市"模式，将文化活动和服务项目以"超市形式"推出宣讲、演出、服务、课程、帮扶"六大公益菜单"，接受村民挑选。临平区区级 39 个部门为农村文化礼堂定制 50 余项服务清单。长兴县制定全县《文旅演艺单》，提供给文艺社团和景区进行自由、双向选择和认领，形成"群众点单、政府买单、部门派单"和"群众需要什么就培训什么"的"点单式"精准文化服务配送模式。

3. 建立有效的反馈和改进机制

结合用户反馈、综合评价等信息，实现文化内容和服务的动态调整、持续优化，有效提升群众文化生活满意度。一是综合分析线上数据。省级层面，利用"浙里文化圈"海量数据，形成"资源梳理—要素添加—智能研判—优化配置"的公共文化资源配置闭环、"需求分析—资源组合—供需对接—用户反馈"的精准服务闭环、"问题发现—系统预警—督促整改—结果晾晒"的管理调度闭环、"标准设定—数据采集—全程监测—综合评价"的评价监测闭环，每月对公共文化机构进行得分排行、榜单晾晒、督促整改，从治理端保证公共文化服务满足用户需求。此外，杭州市临平区发布的"临享·文化保障卡"上线了点评功能，以公共文化场馆为分析维度，绘制场馆活动图谱，为"冷门"场馆提供"体检报告"，靶向引导场馆活动转型升级，公共文化场馆利用率提高 120%。二是开展第三方测评。通过引入第三方专业机构，开展公共文化服务群众满意度测评工作等，广泛征询群众文化需求和意见建议，精准供需匹配。

(三)多元赋能，公共文化服务布局更加均衡

1. 数字引领，实现优质资源全域可达、全民共享

以数字化改革为牵引，依托线上平台，通过整合优质公共文化资源和其他相关资源、推出在线公共文化产品、为特殊群体提供专项保障内容等，

打破地域、户籍等限制，实现全域资源智能调度、互通共享。一是打造"一站式"文化链接。基于"15分钟品质文化生活圈"，全省推出"浙里文化圈"应用平台，纵向贯通省市县乡村五级，归集全省各类公共文化机构及相关社会文化组织的活动信息和数字资源，横向打通宣传、公安、自然资源等部门的数据，为百姓提供包含"看书、观展、演出、艺培、文脉、雅集、知礼"七大场景的一体化、模块化服务。此外，平阳县打通图书馆、非遗中心等部门数据，整合全县公共文化数字资源，建成掌上平图、云赏文化、码上非遗、掌上苏馆、"游浙里平阳馆"、"浙里文化圈平阳版"等一批数字化载体；柯桥区推出"柯好玩""柯好阅""柯宝藏"等数字文旅子场景，并入驻"浙里办"，为市民游客提供多元、智能、便捷的线上文旅服务；临平区推出"临享·文化保障卡"，将辖区1558个文旅打卡点和超550场文体活动纳入其中，上架惠民文旅产品200余款1万余件。二是开发多元在线服务和产品。临平区、东阳市等从"线上"与"掌上"两端发力，加强"浙里文化圈"应用的推广，有效对接"智慧文化云"平台，通过对文化资源数据采集、加工，推出云直播、云阅读、云培训、云观展、云演出等全景在线公共文化产品，为广大市民提供丰富的线上公共文化服务，实现足不出户享有公共文化服务。三是确保特殊群体同等享受文化保障权益。余杭区、东阳市、平阳县、海宁市等地深入实施浙江省文化保障卡试点工作，以特殊人群为重点，推出文化保障卡公益卡/爱心卡和文化共富卡等，提供专项保障内容，如发放政府补助资金、为低保家庭学生发放购书券等，并充分考虑老人、小孩等没有智能手机的群体，采用实体卡、虚拟卡相结合的形式，确保所有持卡人均能享受到免费或低价的多样性普惠文化保障。

2. 社会参与，有效激活基层文化活水

面向基层公共文化服务设施相对建设滞后、利用率低，专业人才短缺等问题，充分发挥社会力量，探索形成了社会参与基层公共文化服务建设的多种模式，基层群众的文化"造血"能力持续提升。一是设施共建，补齐

基层公共文化设施短板。温岭市制定落实《温岭市基层文化空间设施建设和资金补助办法》，支持和鼓励全社会各方力量开展文化空间设施建设。二是社会力量参与基层公共文化服务供给与运营，提升基层公共文化服务效能。嘉兴市秀洲区"三馆"整体打包委托社会化运营突破了传统意义上一个市场主体运营一个公共文化场馆的局限，有效降低运营成本，社会资源得到整合与优化。宁波市鄞州区引入社会团体、企业资本、公益组织等参与农村文化礼堂运营，推出文化活动和服务项目菜单。温岭市通过实施"文艺赋美"工程，引导社会力量参与重大文化活动、基层文化设施运行管理和公共文化服务项目建设。舟山市海定区"艺工在线"以群文工作者、业余文体团队、文体骨干和各类文化志愿者为主体，运用自身文化艺术的优势和专业性特长，全天候、全方位、全覆盖参与公共文化服务和基层社会治理。推广乡村社区"文化管家"等模式，由政府出资购买，社会文化机构按照需求清单，以基层综合文化中心、文化礼堂为阵地，让老百姓享受一揽子公共文化服务。

（四）文旅融合，公共文化服务效能更加彰显

1. 推动文化和旅游资源高效配置

整合全省文化和旅游资源，实现文化和旅游公共服务相互支撑，带来多元化的文化体验，在促进传统文化传承与创新的同时，激发旅游市场的活力。一是公共文化服务嵌入旅游公共服务。如嘉兴市海宁市通过对图书馆、文化馆等市级场馆实施"微改造、精提升"工程，通过有声明信片、文旅展示区等载体，植入海宁旅游元素、名人文化宣介，开发文创产品，设置馆内旅游路线，向市民游客提供内容更丰富、形式更时尚的文旅公共服务。二是文化赋能旅游景区。海宁市通过在景区建设非遗馆、智慧书房、诗路文化空间等新型文化空间，延伸公共阅读、诗路文化、非遗实践等文化服务内容，实现传统景区焕新。温州市鹿城区"艺享夜游"项目将优质公

共文化与夜间都市休闲旅游紧密融合，在五马墨池历史文化街区、小坝坊音乐街区等景点和商圈中植入文化元素，满足本地居民、外地过夜游客多元文化需求。东阳市鼓励各类公共文化资源嵌入景区，文艺赋美、非遗市集、美术展览等文化活动带旺了卢宅景区人气。三是公共文化服务和旅游公共服务融合一体。湖州市于2020年年底启动城乡"文旅驿站"建设，统筹打造集文化旅游资源、服务和产品等功能要素于一体的新型文旅公共空间。嵊州市紧扣越剧特色，拓展公共文化服务空间、推出"越剧+"精品游线，打造融演出、创作、节会、文旅产业等于一体的越剧文化圈。

2. 以特色文化资源带动旅游创新发展

通过挖掘、整理、活化特色文化资源，营造地区文化氛围，提升地区文化品位，从而带动全域旅游发展。杭州市余杭区作为"南宋文化的发祥地、宋韵资源的集聚地"，在解码文化基因的基础上，充分调动各地积极性、汇聚各方大合力，着力培育一批具有鲜明余杭元素、能融入大众生活、勾起乡情乡愁的文旅标志性产品，推出"余杭之夜 2.0 版"，让原本单一惠民的公共文化服务品牌升级为点亮文化夜生活、繁荣文化夜经济的商文旅品牌。长兴县坚持因地制宜、一村一品，差异化打造乡村博物馆，构筑弘扬在地文化新空间，当地乡村博物馆——长兴县委秘密交通联络站陈列馆一经建成，就成了当地的热门景点；白阜村的传统茧站，变身蚕茧博物馆后为游客铺开了"蚕桑文化·文明瑰宝"的美丽图景。平阳县发挥红色文化优势，打响"浙南红都"品牌，浙南（平阳）抗日根据地旧址创成国家 4A 级景区。

（五）扎根群众，公共文化服务更加惠民

1. 广泛开展群众文艺创作和活动

一是推动各门类群众文艺精品创作。各地充分挖掘本土优秀传统文化，

打造了一批有力量、有温度的群众文艺精品，提高全民优秀传统文化素养。海宁注重挖掘海宁地域文化，创作了《海宁花灯》《娃娃看潮》《父与子》《大潮之上》等精品力作。余杭区推出三年2亿元的文艺基金扶持计划，吸引社会力量优先以"良渚文化"等传统文化为创作素材，高品质打造《听见良渚》《游径山》等既可以国际化传播又让群众喜闻乐见的文艺精品。温岭市着力推动文艺精品创作，完成了以温岭"民主恳谈"为题材的越剧现代戏《第一缕阳光》的创作。龙游县着力推进"龙游商帮"文化标识建设，创作了婺剧《儒商童佩》、歌曲《天下龙商》等一批龙游商帮主题文艺精品，有效地打响了"龙游商帮"城市品牌。二是形成具有影响力的城乡群众文化活动品牌。深入实施"文化基因解码工程"，并推动文化基因解码成果转化利用，打响本土特色群文品牌。东阳市以东阳传统文化为基底，立足群众文化需求，重点打造"百姓文化艺术节""文艺赋美·艺美东城""东城有戏"等一批品牌文化活动。平湖市致力于保护传承传统文化，挖掘历史文化资源，形成了"琴棋书画印唱灯舞""西瓜灯文化节"等特色活动，呈现多彩的平湖文化，也成了平湖市民的文化记忆。

2. 全面开展全民阅读和全民艺术普及工作

以社会主义核心价值观为引领，以人民群众的文化艺术需求为导向，坚持因地制宜、差异化发展，通过打造高水平的博物馆、历史馆、图书馆、文化驿站等文化空间，引进大量优质的展览和文艺演出等活动，让公共文化服务融入百姓日常生活。一是实现优质资源下沉和全社会资源激活。通过实施"文艺赋美"工程，推动音乐、戏剧、美术等艺术及非遗技艺走上街头展演；整合"文艺下乡""美育村""村晚"等活动载体，结合开展全民艺术普及月、全民艺术节、戏曲大联展等系列活动，实现了从街头文艺向全民美育艺术普及延伸。平湖市持续推进农民读书会建设，各镇街道农民读书会在活动开展过程中，逐步打造出了"一镇一品"阅读品牌，读书会活动丰富多彩。二是培育全民阅读和全民艺术普及推广人。鼓励专业文艺工作者、书评人等积极组织阅读推广和艺术普及推广等活动，并通过新媒体形式传播艺术和阅读知识。宁波市以 10 位文化艺术界专家为带动，树立推广人品牌，遴选一批"一人一艺"实践带头人，通过系列短视频、深度报道等方式助力宁波全民艺术普及品牌提升。鄞州区积极发挥马友友、俞丽拿、俞峰等鄞籍艺术家的引领作用，成立中央音乐学院新时代文明实践音乐中心，落成俞丽拿小提琴艺术基金宁波基地、浙江音乐学院实习基地，打造"大师来了"系列艺术公开课，逐步形成具有鄞州特色的高雅艺术普及体系。温岭市深入挖掘、培育基层文化带头人，吸引具有文化情怀的乡贤、企业家、民宿业主等参与文化志愿服务。桐庐县积极引进文艺高校、艺术专业机构和文创达人、非遗达人同试点村建立结对关系，设立艺术工作室，深化"三团三社"文艺队伍建设，实现农民艺术提升。

3. 以文化繁荣助力乡村振兴

以民生为导向，充分考虑人民群众的利益和需求，积极开发乡宿、乡购、乡娱、乡学、乡旅等体验项目，打造一批富有乡村特色的消费热点区和网红打卡点，为百姓带来了实实在在的收益，实现共建共享共富。如非遗工坊的建设和发展，立足各地资源优势，坚持分型推进、错位发展，着力打造 6 种工坊类型，既是浙江推动中华优秀传统文化创造性转化、创新性发展的重要手段，也是促进非遗保护利用和群众就业增收的有力举措；宁波市鄞州区通过艺术化改造村庄、导入特色文化产业、举办文旅体验活动、规划乡村旅游线路等方式，激活乡村公共文化发展动力；桐庐县将乡村公共文化服务创新发展与艺术乡建、旅游开发紧密结合，深化乡村公共文化服务和旅游融合发展，在全面带动乡村振兴、刺激乡村文旅产业发展、促进乡村群众灵活就业等方面取得显著成效。温州海岛洞头通过贝雕非遗文化工坊探索线上线下相结合销售方式，推进海岛乡村迈向共同富裕；龙游实施艺术振兴乡村计划，建立艺术家、策展人等专业人士与省级以上民

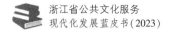
间文化艺术之乡、A 级景区村的对接机制，培育一批乡村文化策划师，如
"一盒故乡"创始人姜鹏带动溪口镇文创产业发展、沐心文化传媒公司许良
平推动沐尘畲族乡文旅共富、瓷米文创主理人吴琴芬作为总策划人参与了
龙游县水脉文化艺术节，为乡村文化注入活力。

三、主要启示

为落实省公共文化服务现代化先行县（领航项目）工作部署要求，各创
建单位对照《创建标准》，聚焦"加强理论研究、创新制度设计、扩大社会
参与、提升品牌影响、提高服务效能"等核心要求，全力以赴推动各项工作
落地落实，涌现了许多值得借鉴的经验做法，带来诸多启示。

（一）立足共同富裕，坚持人民至上

习近平总书记指出，"坚持以人民为中心的发展思想，坚定不移走共
同富裕道路""发展文化事业是满足人民精神文化需求、保障人民文化权
益的基本途径"。只有坚持以人民为中心的工作导向，坚持在发展中保障
和改善民生，才能保证公共文化服务沿着正确方向前进，才能提供更多
人民喜闻乐见、能够润泽心灵的优秀公共文化产品和服务，更好满足人
民美好生活新期待、增强人民获得感幸福感，丰富人民精神世界，增强
人民精神力量。

（二）立足先行示范，坚持改革创新

创新是引领发展的第一动力，通过持续不断的变革，探索新的可能性，
带来全新的发展机遇和解决问题的方法。公共文化服务现代化建设离不开
在资源整合、供给模式、运营管理机制、人才队伍建设、数字化、社会化
等关键环节和重要领域的不断探索，改革创新对实现高质量发展具有重要
意义，必须贯彻到公共文化现代化建设的全过程、各环节。

（三）立足效能优先，坚持问题导向

必须正确认识当前阶段人民群众对文化的需求从"有没有""够不够"到"好不好""精不精"的转变，聚焦公共文化服务存在的短板和不足，围绕公共文化服务发展中的痛点、难点、堵点，以问题为导向，明确公共文化服务现代化建设的目标和主要任务，为当前和今后一个时期公共文化服务工作提供政策依据。

（四）立足融合发展，坚持社会参与

公共文化产品和服务的供给是一个巨大的系统工程，政府部门不能唱"独角戏"，要善于借助"外力"，鼓励引导社会力量、社会资本参与，不仅可以最大限度地发挥社会各方面的积极性，提高公共文化服务效能和品质，有效满足人民群众精神文化需求，还有助于政府部门将工作重点放在项目监管和规划标准制定上，更好履行保障人民群众合法权益的职责。

四、下一步的打算

现阶段，全省公共文化服务仍存在城乡和区域之间发展不均衡、优质产品与服务供给不足、社会力量参与面临新的挑战、部分领域和环节智慧化建设滞后、机制改革创新有待进一步深化等矛盾和问题。为着力破解当前公共文化服务存在的不足，实现打造共同富裕示范区和公共文化服务现代化先行省的目标使命，下一步，将从以下几个方面发力。

（一）聚焦均衡化，缩小城乡文化服务差距

进一步推进城乡公共文化服务体系一体建设，优化城乡文化资源配置，完善农村文化基础设施网络，增加农村公共文化服务总量供给，促进文化资源和服务网络向基层延伸覆盖，缩小城乡公共文化服务差距。深入实施

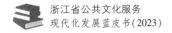
文化惠民工程，推动"文艺星火赋美"演出向乡村延伸，丰富群众性文化活动，促使优质文艺资源下沉。推动文化下乡，鼓励文艺工作者深入农村、贴近农民，推出具有浓郁乡村特色、充满正能量、深受农民欢迎的文艺作品。

（二）聚焦品牌化，提升公共文化服务质量

加强公共文化服务品牌建设，持续打造、推介具有全国影响力的公共图书馆优秀阅读品牌、文化馆（站）优秀艺术普及活动品牌等。推动新型公共文化空间建设，"15分钟品质文化生活圈"建设，文化保障卡探索，公共文化数字化建设等重点工作率先突破，带动整体工作跃升，形成全国示范品牌。

（三）聚焦多样化，创新社会主体参与模式

健全政府购买公共文化服务机制。完善参与准入制度和专业培训机制；加强社会化购买服务项目绩效评价，构建由购买主体、公共文化服务对象以及第三方相结合的政府购买公共文化服务评价体系；规范推广政府与社会资本合作模式，完善配套政策，吸引社会组织企业和个人参与建设公共文化服务项目。积极培育和孵化社会化服务企业。探索搭建公共文化服务社会主体"研究+学习+交流+实践"平台，大胆开展"实践+理论"探索，不断提升社会力量的专业性。

（四）聚焦智慧化，优化公共文化服务效能

稳步推进公共文化数字服务迭代升级，合理建设、优化配置数字文化资源，助力实现全域智慧治理和服务。全面梳理各领域文化成果，不断拓展优质数字文化资源的供给渠道，为公共数字文化建设健康发展提供丰富的素材来源。推动高校、科研机构等共建数字文化相关学科，加强跨领域人才培养，增加公共文化领域数字化建设人才的储备。不断优化公共文

大数据管理系统建设，运用大数据资源为文化需求预测、内容供给、能效反馈等提供有力支持。

（五）聚焦可持续，加强专业人才队伍建设

完善公共文化人才队伍培养、使用、评价、激励和保障机制。配齐配强基层文化队伍，完善职称评定制度，适当提高高级专业技术岗位的结构比例，加强急需紧缺的高层次人才引进；探索建立符合行业特点的激励机制，坚持多劳多得、优绩优酬，对有突出贡献者加大奖励力度，完善表彰先进典型的荣誉制度。

浙江省第七次全国县级以上公共图书馆评估定级工作总结

根据《文化和旅游部办公厅关于开展第七次全国县级以上公共图书馆评估定级工作的通知》要求，浙江省文化和旅游厅于2022年7月—2023年2月，组织开展了对全省县级以上公共图书馆的评估定级工作。评估工作按照各参评馆线上组档自评、省文旅厅组织专家线上初评、专家组实地评估、专家复评、终评等程序展开。现将评估工作情况进行总结。

一、评估工作基本情况

（一）评估过程

1. 标准意见征集

浙江省积极参与全国公共图书馆评估工作，根据文化和旅游部公共服务司的统一安排，分别在2021年12月和2022年2月就评估标准向全省各级图书馆征求意见并汇总提交。

2. 标准解读培训

评估标准确定后，浙江省各级图书馆积极参加文化和旅游部公共服务司组织的各类评估定级工作培训。为了更好地统一评估标准、理解评估指标，于 2022 年 11 月组织省市两级评估专家举办了全省公共图书馆评估工作培训班，邀请参与评估标准制定工作的专家对评估标准进行解读，统一强化各级图书馆对评估标准的理解，为后续评估工作打下了坚实的基础。

3. 评估动员部署

图书馆评估工作是对上一周期全省图书馆事业发展的总结、评价和验收。浙江省文化广电和旅游厅对本次评估工作高度重视，2022 年 7 月下发了《浙江省文化和旅游厅关于开展第七次县级以上公共图书馆评估定级工作安排的通知》，对全省公共图书馆评估定级工作进行了统一部署，对全省各级文旅局、图书馆的工作职责做了分工，对评估工作的时间节点和工作目标提出了明确要求。各市文旅局也相继制定了本地区评估工作方案，加强对评估工作的指导。浙江省文化广电和旅游厅多次召集会议商讨部署评估工作，以评促建、以评促管、以评促效能，进一步提高服务水平。

4. 扎实开展评估

在各市评估组对县(市、区)级图书馆进行评估的基础上，浙江省文化广电和旅游厅组建了 6 个评估专家组，自 2 月起对全省 11 个地市级公共图书馆进行实地评估，并抽查了部分县级图书馆。评估组以文旅部制定的《公共图书馆评估标准》为主要依据，通过登录平台审核资料进行打分、听取当地文化和旅游主管部门和图书馆的汇报、查看台账材料、现场检查等方式开展工作，并及时反馈被评估(抽查)馆的情况，提出整改建议和要求。

(二)评估结果

截至 2022 年年底，全省共有省、市、县(区)级公共图书馆 102 个，其中省级馆 1 个，副省级馆 2 个，市级馆 9 个，县(区)级馆 90 个，没有独立建制的少年儿童图书馆。参加此次评估的共 101 个馆，其中省级馆 1 个，市级馆 11 个(包括 2 个副省级馆)，县级馆 89 个。省评估小组实地评估了

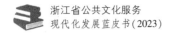

市级馆 11 个（含副省级馆 2 个），抽查县级馆 19 个。经专家组核实，市级馆中有 8 个馆评估总分在 900 分以上，3 个馆在 900 分以下，平均分值为 970 分；县级馆中有 86 个馆评估总分在 800 分以上，其中 81 个馆在 900 分以上，平均分值为 956 分。

杭州市钱塘新区因 2020 年杭州市区划调整新建行政区，各项工作尚未准备充分，故未参加本次评估。

（三）评估建议名单

根据本次评估得分，结合图书馆事业发展情况，建议杭州图书馆、宁波图书馆 2 家副省级图书馆，温州市图书馆等 9 家地市级图书馆为市级公共图书馆一级馆，建议海宁市图书馆等 87 家区县级图书馆为县级公共图书馆一级馆，建议金华市金东区图书馆为县级公共图书馆二级馆，建议庆元县图书馆为县级公共图书馆三级馆。

二、全省公共图书馆事业发展情况

（一）服务效能明显提升

1. 基本服务不断夯实

按照《公共文化服务保障法》《公共图书馆法》要求，全省公共图书馆实现了场地和服务项目免费开放。2020 年起，浙江全面启动全省公共图书馆服务大提升行动，通过调整、延长开放时间，新增信阅借还、实现全省通借通还等服务项目，加强全省文献资源一站式检索和获取，不断完善服务内容，创新服务手段，读者服务工作水平进一步提升。2021 年，全省公共图书馆文献外借总量为 7398.95 万册，其中市级馆均值为 160.55 万册，县级馆均值为 60.9 万册。全省公共图书馆读者满意率均值为 99.74%。

2. 服务体系不断完善

覆盖省、市、县(区)、乡镇(街道)、村(社区)的五级公共图书馆服务网络基本形成。深入推行县级总分馆制,实现乡镇、街道分馆全覆盖,并延伸到村和社区。推动各类城市书房、主题图书馆等新型阅读空间建设,打通公共文化服务"最后一公里",截至2021年年底,全省累计建成图书馆分馆3521家,各类城市书房、主题图书馆1200余家,62%的村级基层文化中心、农村文化礼堂纳入图书馆业务管理。全省已实现省域范围内系统互通,网络互联,图书通借通还,区域一体化服务水平不断提升。实现全省县级以上公共图书馆长三角社保卡的支持与服务,实现借阅一卡通。

3. 服务品牌和服务创新并举

全省各级图书馆以服务促进品牌建设,以品牌带动服务创新,形成服务品牌和服务创新并举的良好局面。杭州在实施"一键借阅"的基础上,启动杭州地区公共图书馆线上服务一体化平台建设;嘉兴充分发挥城乡一体总分馆服务体系的优势,启动公共图书馆促进社会心理服务体系的探索之路;温州搭建全国"城市书房合作共享机制"平台,为城市书房服务模式的可持续、高质量发展提供业务依据和理论模式;台州致力于构建全生命周期阅读服务体系等。

4. 读者活动丰富多彩

以省馆为龙头,各级图书馆举办的读者活动日趋专题化、系列化、品牌化,特色突出,深受读者好评。除连续多年全省联动举办的全民阅读月、未成年人读书节、阅读马拉松等系列活动外,近几年举办的"领读浙江寻路初心"建党百年主题阅读活动、"天籁浙江印象诗路"朗诵大会等全省性活动社会反响热烈,影响力逐年提升。全省公共图书馆馆均年举办讲座、展

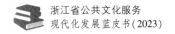
览、培训共 177 场，参加读者 23.81 万人次，馆均年举办阅读推广活动 218 场，参加读者 19 万人次。

5. 信息咨询服务不断深化

在省馆组建的信息服务联盟的带动下，推动全省信息服务的能力不断攀升，成效显著。各馆设立政府公开信息查阅点，提供政府公开信息服务。通过专题简报、信息摘编、文献提供等多种方式，以知识导航、信息服务推送、编发二三次文献为手段，为当地政府和企事业单位提供各类信息专题服务等。历年"两会"期间，各馆纷纷推出针对性特色服务，为人大代表、政协委员等履行职责提供服务，取得了良好成效。

6. 特殊群体服务取得新进展

随着公共文化服务体系的不断完善，各馆在做好基本服务的同时，针对残障人、老年人、未成年人、进城务工人员等特殊群体，开展分层、分类的个性化服务，图书馆服务的均等化进一步提高。丽水市图书馆为了填补留守儿童阅读启蒙和阅读陪伴的空白，启动了"我陪你读"陪伴留守儿童公益性活动；嘉兴市图书馆针对城乡老年人开展信息素养培训，缩小数字鸿沟；金华市图书馆作为全国军民融合试点单位，建立了"军民融合"图书馆服务体系，丰富了人民群众和部队官兵精神文化生活，为实现中国梦、强军梦提供有力的文化支撑。

(二)业务建设扎实推进

1. 馆藏文献持续增长，突出地方特色文献

截至 2021 年年底，全省公共图书馆普通文献馆藏总量达到 1.49 亿册 (件)，人均馆藏 0.22 册(件)，年均新增文献入藏量 0.38 册(件)，其中市级馆(副省级除外)为 0.44 册(件)，县级馆为 0.24 册(件)。在增加馆藏总

量的同时，各馆注重突出特色，结合各地经济与社会发展情况，采购适合本地读者的文献品种和类型，并加强地方文献的征集与利用，馆藏地方特色日益凸显。绍兴图书馆立足阳明文化打造"王阳明特藏文献"；金华市图书馆立足地方历史文献资源联合成立婺文化研究会，开展婺文化的挖掘和传承等。

2. 文献类型日益丰富，强化数字资源建设

随着社会发展与读者需求的改变，图书馆馆藏文献也由偏重纸质文献，转变为视听文献、数字资源、盲文文献、缩微制品等多种文献形式并重的格局。尤其是数字资源，除购买以外，还通过单独开发或与其他图书馆共建共享等方式，建成各类特色数字资源库，进一步提高馆藏利用率。截至2021年年底，全省对外服务数字资源达到4.25万TB，年平均浏览量达到877.65万次。

3. 文献管理更加扎实，古籍保护工作卓有成效

随着馆藏文献数量的持续增加，各级图书馆把文献管理工作放到业务建设的重要位置。文献的采访、编目、加工、排架、保护、处置工作规范有序，编目时效性均达到或超过国家规范的相关要求，排架正确率均超过95%。浙江是古籍大省，拥有丰富的古籍资源，近年来古籍保护工作取得丰硕成果，所有古籍收藏图书馆都制定了相应的古籍保护制度并认真执行，在省古籍保护中心的组织协调下，全省古籍普查登记目录已全部出版完毕。古籍整理出版成果丰富，其中《浙江省民国时期传统装帧书籍普查登记目录》是全国首次发布的省级民国线装书书目。

4. 馆藏开发成果丰硕，涌现文旅融合新形态

全省各级图书馆注重馆藏开发工作，深入挖掘馆藏内容，开发各类文创产品，县级以上公共图书馆均开发有自己特有的文创产品，部分市级图

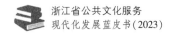

书馆开发了数字创意产品。在文旅融合服务方面，各级图书馆不断探索新的路径和方法，形成"图书馆+景区""图书馆+民宿""图书馆+研学""图书馆+乡村旅游"等一系列文旅融合的新路径和新方法，发挥图书馆的文献资源优势，在旅游相关数据库建设，旅游信息产品提供等方面不断深化，走在了全国公共图书馆的前列。

(三)保障条件不断改善

1. 经费投入逐年提升

2018—2021年，全省公共图书馆年财政拨款总额为 150075.56 万元，其中市级馆年财政拨款总额均值 5421.93 万元，县级馆均值为 1016.12 万元。同比上一个评估周期分别增长 157% 和 34%。

2. 基础设施不断完善

截至 2021 年，全省公共图书馆建筑总面积为 194.84 万平方米，其中市级馆建筑面积均值为 3.89 万平方米，县级馆建筑面积均值为 1.54 万平方米。与上次评估时相比，全省图书馆总面积增加 88.23 万平方米。自上一次评估以来，宁波、丽水、衢州市馆新馆建成开放，多个县级馆新建或扩建馆舍。

3. 现代化程度进一步提高

截至 2021 年，按照智慧图书馆建设要求，全省所有图书馆都建立了自己的业务集成管理系统，网络带宽均达到或超过 100Mbps，读者服务区无线网覆盖率均达到 100%，并全部实现了 RFID 自助借还服务。全省绝大多数图书馆建有自己的微博或微信平台等多种数字化服务平台，提供多种手机端移动服务。

三、存在的问题

综合评估所见，评估组认为全省图书馆事业发展还存在以下问题：一是区域间发展不平衡。经济发达地区社会事业整体发展较快，图书馆事业发展相对比较领先，得分普遍比欠发达地区特别是山区 26 县要高。本次评估中得分最高的县级馆为 1054 分，而得分最低的只有 588 分。二是部分新馆软件建设有待加强。四年来，全省各地建成并投入使用大批新馆，在办馆条件明显改善的同时，图书馆基础业务建设、人员配置、管理水平等软件建设相对滞后，难以维系新馆的高速发展，限制了图书馆社会效益的充分发挥。三是专业化队伍建设有待提升。与浙江省公共图书馆事业发展水平相比，特别是县级公共图书馆专业工作人员科研工作水平和业务分析能力较弱，有待于进一步提高。

四、特色服务与案例

(一)杭州："一键借阅"开启图书馆线上服务新模式

杭州图书馆于 2020 年启动"一键借阅满城书香"公共图书馆服务大提升行动，通过数字扩容和功能优化实现了单体图书馆线上服务能力的提升。利用数字赋能，集合市区 13 家公共图书馆"线上借书""书店借书""数字阅读"三大服务场景，为市民提供"服务全覆盖、共享无差别、借还零距离"的公共图书馆服务。荣获 2020 年度杭州市改革创新最佳实践案例并成功入选 2022 年文化和旅游数字化创新实践十佳案例。

(二)宁波："天一"系列阅读品牌唱响"地方戏"

宁波图书馆坚持阅读品牌引领，突出品牌建设，着力唱好全民阅读的

"地方戏"。宁波图书馆创办的"天一读书节"等地方性大型读书活动品牌系列，开创"天一约书""天一讲堂""天一展览""天一音乐"等"天一"系列品牌十余个。这些品牌活动立足宁波地方特色，通过不同表现形式，创新服务运行模式，取得了良好的效果。

(三)温州：城市书房建设进入标准化、联盟化发展阶段

温州图书馆以标准化工作推动公共阅读空间建设提档升级，全力推进城市书房国家综合标准化试点项目。在城市书房标准化基础上，牵头起草《公共图书馆馆外服务场所服务规范》获得文化和旅游部立项。充分发挥全国城市书房合作共享机制作用，深化区域交流共建，发起成立全国"城市书房合作共享机制"，截至2021年12月，机制成员联盟单位达110家，评估期内，累计开展读者活动9000余场，参与人数50万余人次。

(四)嘉兴：总分馆统一标准实现基本服务普遍均等

嘉兴市全面建成了总分馆体系，依托完善的城乡一体化阅读服务网络，相继制定了分馆考核机制、星级分馆评创制度，促进分馆良性运行。实现文献信息资源的统一采购、统一编目、统一配送、统一检索、通借通还，在总分馆服务体系下，图书馆实行系统化管理，总分馆实行统一的政策、标准、业务规范，有效保证了嘉兴地区公共图书馆基本服务水平普遍均等。

(五)台州：打造全生命周期阅读服务体系

台州市图书馆致力于构建的全生命周期阅读服务体系，是以馆内已有的品牌活动和硬件设施为基础，以"读者年龄"为纬线，提倡分级阅读，以"读者活动"为经线，开展分享交流，从婴儿的第一声啼哭开始，就提供阅读服务，一直到针对老年人的"乐龄e课堂"阅读服务，覆盖了读者的全生命周期。2021年全生命周期阅读服务体系入选浙江省文化和旅游厅第一批公共文化服务现代化领航项目，《中国文化报》《浙江日报》等多家媒体给予

了报道和关注。

（六）丽水：文旅融合推动全民阅读深入开展

丽水市图书馆深入推动文旅融合，使阅读服务与文旅融合共同发展，相得益彰。将朗读艺术从灯光闪烁的舞台上延伸到市井繁华、景点中、民宿里，使朗读与"宋韵"及其他各类艺术形式，尤其是声乐、茶道等市民喜闻乐见的形式跨界碰撞，助推文旅融合高质量发展，着力推进全民阅读工作，成为丽水市深入建设"书香丽水"、推广"文兴丽水"的重要平台。

第三部分

浙江省公共文化服务现代化
先行县、领航项目总结报告汇编

浙江省公共文化服务现代化先行县
总结报告汇编

"共建城市新中心　共享品质新生活"
余杭区打造首批浙江省公共文化
服务现代化先行区

近年来，余杭区以浙江省公共文化服务现代化先行区创建为抓手，探索形成"1+5+N"制度保障体系，以1份《余杭区高质量建设公共文化服务现代化先行区创建方案》为统领，以"品质空间、品质服务、品质团队、品质导师、品质活动"5个方面为切入点，出台了30余项保障性制度文件。两年来，在习近平文化思想的指引下，在省市文旅部门的关心支持下，在区委、区政府的高度重视下，创建规划全面实施，创建指标全面达标，荣获国际级荣誉1项、国家级荣誉18项，省市级荣誉150余项，7项专报获中国文联、省委、省政府等多位领导批示肯定，形成了可复制、可推广的余杭经验和模式，相关做法被《人民日报》、中国文化报等国家级媒体、客户端报道近300次。成功创建首批浙江省公共文化服务现代化先行区，杭州市余杭区文广旅体局获文化和旅游部入选全国文化和旅游系统先进集体。

一、实施文化地标工程，打造"5+18+X"场馆体系

(一)坚持项目引领，建设高规格文化新地标

全力推动省区共建"文共体"项目建设，由国际知名的福斯特事务所设计规划以"科技文化"为核心的世界级城市中轴空间，将打造全国领先的智

慧型文化馆和全国公共文化服务现代化先行标杆。发挥余杭文化中心、杭州国家版本馆、良渚博物院等五千年发展轴上文化群落的辐射带动效应，构建"5+18+X"公共文化设施体系。充分挖掘文化设施空间，在新一轮控规调整时优先保障公共文化设施建设，新增文体设施用地达到2200亩(含存量改建)。

(二)构建设施网络，搭建城乡服务均等新格局

构建优质均衡、便捷高效的公共文化设施网络，启用集文化馆、图书馆、非遗馆、大剧院、小百花越剧艺术中心等功能为一体的公共文化共同体，区文化馆、区图书馆以一等等级通过省基层重点公共文化设施专项提升验收。良渚街道、仓前街道等镇街综合文化站、村社文化礼堂提档升级，文化站特级站比例达到75%，打造了玉鸟集文艺街区、瓶窑非遗街区、闲林戏曲街区、安溪民艺文化街区等特色文化街区。

(三)创新空间体系，点亮品质美好生活新空间

出台"余阅"公共阅读空间实施方案，制定全省首个"三级分档"建设标准，通过建设、运营补助、图书配送、管家配备等方式，共计投入2000万元，新增高品质阅读空间81个，区内共有"15分钟品质文化生活圈"93个，城市书房6家，文化驿站3家，省市级乡村博物馆13家。其中林下书院荣获中宣部"最美农家书屋"，自然造物、小强书屋等5处入选长三角、全省"最美公共文化空间"，成为承载群众精神生活和社交生活的"第三空间"。

二、精准服务先试先行，满足"多层次精神文化需求"

(一)聚焦供给年轻化，精准保障青年人群

余杭是一个开放、包容、多元的城市，每年流入大量人口，其中不乏

年轻高知。针对高学历年轻群体，探索打造适合年轻人高效性、高品质、多元化文化需求的公共文化服务模式。创新推出"余悦时光"艺术疗愈品牌，通过"午间一小时"的艺术鉴赏、阅读分享、瑜伽舞蹈等形式，满足青年人工作生活多元文化需求。围绕潮创文化和年轻人喜好，推出脱口秀、芯潮夜市、ELLE 风尚大典、梦想未来音乐节等活动 600 余场。

（二）聚焦展演接地气，精准保障"一老一小"

针对老年群体，结合戏曲之乡建设，深化"美丽洲""相约"草根大舞台内涵，全年十多个剧种 250 场戏曲惠民进基层，举办各级文化活动 2.7 万余场，惠及群众 5000 余万人次。针对青少年群体，设立"全民艺术普及文艺进校园"培训基地学校 10 所，小百花送戏进校园 18 场次，举办"相约亚运为梦起舞"2023 余杭区少儿舞蹈大赛、第十一批余杭区中小学生"书画百佳"评选活动等赛事。

（三）聚焦服务便捷性，精准保障特殊群体

区文化馆、图书馆等公共文化场馆引入残疾人舞蹈培训、听书等服务，提供多种线上文化资源，以公共文化设施和服务的便捷性切实保障特殊群体文化服务均等化获取。全省首发文化保障卡，优先保障低保家庭、重点优抚对象、残疾人等群体，在文体场馆、书店、影院、民宿等文旅 5 大类 60 个文旅场所享受优质服务。

三、联合多元社会力量，推动"现代化治理"先试先行

（一）文化设施共建

坚持"政府主导、社会参与、共建共享"的公共文化现代化治理发展理念，修订出台社会力量办文化相关文件，提升社会力量办文化补助力度，

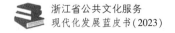
吸引社会力量参与公共文化设施建设。万科投资 8.4 亿元建设、运营良渚文化艺术中心、光剧院等场馆；引进小强、余青峰等名人资源加盟公益书屋、文艺剧场、乡村博物馆，打造精品文化设施。

（二）文艺生活共创

推出三年 2 亿元的文艺基金扶持计划，吸引社会力量优先以"良渚文化"等传统文化为创作素材，高品质打造《听见良渚》《游径山》等兼具国际化与群众性的文艺精品，提高全民优秀传统文化素养。联合阿里设计以"群响艺术季"赋能乡村文化生活。推出余杭之夜 2.0 版，通过社会力量参与，让原本单一惠民的公共文化服务品牌升级为点亮文化夜生活、繁荣文化夜经济的商文旅品牌。

（三）文化管理共治

组建全省首个 15 分钟品质文化生活圈文化艺术导师库，聘任专业院团、高等院校、培训机构、文艺协会等百名文化艺术导师精准结对百个文化圈社团。通过文化馆、图书馆理事会吸纳阿里、菜鸟总部、大屋顶等重点企业参与公共文化服务研究、决策、服务等进程，提升文化服务治理水平。联合之江实验室、电信创新园等建立文化馆、图书馆分馆 6 家，并以图书管家、文化管家社会化服务充实公共服务治理力量。组织形成全区近 20 万文化志愿者共建合力，良渚博物院志愿服务案例入选首届全国博物馆志愿服务典型案例。

以"文化先行"点亮"共富成果"临平区不断推动公共文化服务提质增效

2021 年 12 月，临平区成功入选首批浙江省公共文化服务现代化先行县（区）创建单位。两年来，临平区以浙江省公共文化服务现代化先行区创建为抓手，积极完成创建规划任务，全力落实先行区创建标准，全面超越公共文化服务现代化标准指标。在浙江省公共文化服务现代化发展指数综合排名中，位列全省 90 个县（市、区）第一，并于近日成功创建成为首批浙江省公共文化服务现代化先行县。

一、主要做法

（一）加强领导，强化保障

探索建立政府主导、部门联动、专家把脉、公众参与的工作机制。成立以区长任组长的先行区创建工作领导小组，组建工作专班，召开全区创建公共文化服务现代化先行区推进大会，定期召开协调会议，解决创建过程中重难点问题。成立公共文化服务现代化建设专家库，定期邀请专家把脉会诊。下达《先行区创建重点任务清单》，每月进行晾晒排名，纳入综合考评，创建工作得到有力保障。

（二）完善制度，创新实践

构建"1+N"制度体系架构，以公共文化服务现代化为改革重点，制定

N 项配套制度。编制实施省内首个《15 分钟品质文化生活圈建设与服务规范》地方标准,以标准化推动均等化;以"掌上文化"服务为核心构建多场景的运营制度,体现数智化;破解文化空间"利用率不高、管理不规范"难题,出台新一轮《引导和鼓励社会力量参与公共文化服务的若干意见》,体现社会化;全面施行文化专业人才自主特招和柔性引才模式,制订《文体广电人才引进和培养专项补助实施方案》《青年网络编剧激励扶持计划》,体现专业化。经实践探索,形成新型公共文化空间蝶变的"临品模式"。

(三)强化项目,确保质量

立足解决群众急难愁盼问题,实现"15 分钟品质文化生活圈"全覆盖,新建新型公共文化空间 200 处以上,文化惠民活动 1000 场以上,连续两年纳入民生实事。承办杭州亚运会、亚残运会排球(男子)、足球、空手道等 5 项赛事,实施中国曲艺牡丹奖、中国临平国乐节、文艺赋美、藕花洲系列、相约系列等品牌项目,满足老百姓在房前屋后享受丰富多彩、品质优良的公共文化服务。

二、取得成效及经验启示

(一)坚持以人为本,建成高品质"15 分钟品质文化生活圈"全覆盖体系

在杭州"新亚运"赋能下,"五馆一院"基础上,建成亚运场馆群、江南水乡文化博物馆新馆、玉架山考古遗址公园、古海塘文化公园等公共文化设施。8 个镇街综合文化站均达到省特级站标准,是全省唯一一个特级站 100% 全覆盖的县(区),农村文化礼堂实现全覆盖。

以居民住宅区为圆心,以群众活动轨迹为补充,针对不同人群特点、性别结构和年龄层次,以新空间点线面构建"15 分钟品质文化生活圈"全覆

盖体系。按照家长、学生活动轨迹建设校门口的临品书坊风景线；从健身人群活动流线出发，提升完善临平山公园文体空间群；为商务人士、年轻群体打造文化产业园、综合体临品书坊、临品艺站；利用牛拖船、九曲营等临平特有的历史文化元素改造建设为遍布全区的口袋公园等。通过有机更新、微更新等方式，全区新建公共文体+空间 253 处、嵌入式体育场地 227 个、口袋公园 57 个、企业驿 16 个、非遗工坊 15 个，打造出大批可以复制推广的基层文旅点，文化圈层使临平处处是景、时时宜游。

（二）坚持以"共富示范"为目标，构建优质均衡的公共文化服务供给体系

将公共文化服务工作纳入全区城乡发展一体化、乡村振兴发展工作目标中，实施农村高质量公共文化服务帮扶行动。在公共文化服务精准供给配送体系中，向农村地区倾斜，区级 39 个部门为农村文化礼堂定制 50 余项服务清单，着力化解农村地区资源相对稀缺矛盾。聚焦"一老一小"、困难群众等特殊群体，编密文化民生保障网。培育打造 39 个专注于乡村文化振兴、文化带动致富的文化主体和空间，有效促进社会就业。

（三）坚持以"数智改革"为引领，推进公共文化服务迭代升级

建成全省领先的数智文化馆，推出"艺上"系列云展览、云演出、云培训等全景在线公共文化产品，开展数智总分馆建设，形成线上+线下互联互通的文化服务体系。在智慧图书馆建设方面，通过智慧建筑、智慧管理、智慧场景、智慧化服务等为公共文化服务智慧化建设提供了范例。横向统筹 25 个区直单位、纵向贯通 8 个镇街，邀请 80 余家企业入驻，创新推出"临享·文化保障卡"应用场景，以打卡激发群众参与热情，通过文化保障卡为特殊群体发放公益性赠票 10 万余张、100 余项权益。相关模式被省文旅厅肯定并吸纳，并在全省推广。

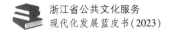
(四)坚持以"公共文化+"融合模式，形成开放多元的运行机制

持续将房地产售楼处改造为文化空间，地产销量上升、"精神食粮"留下，产生良好的经济和社会效益。通过"企业驿"链接开发区、企业园区，促进产业工人享受优质公共文化服务。挖掘整合文化、非遗资源，在老城核心区域建设非遗街区，以文化生态的内生动力激活老城发展，融合创新不断生长。

推进农文旅体融合，将共享阅读、文创产品、非遗等元素融入旅游景区，举办氧气音乐节、户外音乐会、亚运歌曲我来唱等活动，不仅为临平带来了流量，更带来了可观的"销量"。以氧气音乐节为例，两天内，演出吸引观众近 3 万人，文化街区商业门店总营业额环比增长 15%，有效带动周边餐饮、住宿等经济。

三、群众反馈

创建周期内，临平文化艺术长廊被中宣部、文旅部、国家发改委列入"基层公共文化服务高质量发展案例"；临平滚灯艺术团被中宣部、文旅部评为"最佳志愿服务组织"；群众满意度达到 98%。

鄞州区多点赋能聚焦完善公共文化服务高质先行

一、主要做法

(一)健全公共文化服务工作机制

成立鄞州区创建浙江省公共文化服务现代化先行县领导小组,区委副书记、区长任组长,区委常委、副区长任副组长,成员由区政府相关部门及各镇街道主要负责人组成,领导小组办公室设在区文化和广电旅游体育局。以区委、区政府名义制定出台《鄞州区创建浙江省公共文化服务现代化先行县实施规划(2022—2023)》(鄞政办发〔2021〕91 号)、《关于推进公共文化服务现代化助力共同富裕示范先行的实施意见》(鄞党办〔2022〕82 号)等文件,分别明确 5 大方面 23 条具体行动内容、20 大主要目标指标及鄞州区公共文化服务现代化标准(2021—2025 年)。将公共文化服务经费纳入本级预算,创建期间年均经费约 4548 万元,创建前两年年均经费 4051 万元,增幅达 12.28%。每年将公共文化创新发展工作纳入目标责任制考核内容。

(二)加强公共文化设施网络建设

全面构筑覆盖城乡的文化设施网络,打通基层文化供给"内循环"系统。区级层面,构建以图书馆、文化馆、博物馆、非遗馆、美术馆"五大馆群"

为中心的标志性文化设施，总投资达 6 亿元，总面积超 9 万平方米，区级图书馆、文化馆、博物馆均达到国家一级馆标准；镇级层面，建成 8 个集"多功能文化中心、现代化影剧院、休闲式人文公园、特色性文化广场、多功能室内球馆"于一体的镇级多功能文体中心，总建筑面积达 7.47 万平方米，平均每个建筑面积超过 9000 平方米，21 家镇（街道）文化站均达到一级文化站标准，特级文化站比例超过 50%；村（社区）层面，建成 178 个农村文化礼堂，实现行政村的全覆盖，总建筑面积达 7 万平方米。社区文化家园实现综合宣传窗、综合文化室、综合室外活动场地、综合体育健身路径的"四综合"配套。

（三）合理布局基层公共服务网点

基本建成了以区图书馆为总馆，以镇（街道）、村（社区）分馆为纽带，汽车图书馆、图书流动点、堇书房、堇书亭、堇书吧等为补充的，覆盖全区、统一布局、多级联动、功能完善、资源共享、管理规范的公共图书馆城乡服务一体化体系。目前，在全区范围共建有分馆 503 家。其中镇（街道）、村（社区）、机关企事业单位、部队各级各类图书馆分馆 254 家，一体化公共图书馆街道社区分馆 67 家，"一卡通"分馆 48 家，学校分馆 134 家。全区 21 个综合文化站参加省第七次乡镇综合文化站定级工作，11 个综合文化站获评特级站，10 个综合文化站获评一级站，并形成"1 家总馆+30 家分馆"的总分馆服务体系，实现全区公共文化场馆和公共文化活动互联互通。

（四）壮大公共文化产品主体

坚持"专业+业余"，聚焦雅俗共赏、雅俗同化，多渠道丰富公共文化产品。构筑以"天天演"为主体，城乡演出院线为载体的演出服务供给体系，创建以来共开展"天天演"活动 678 场，"艺起来"培训 3600 余场，构筑以"艺起来"为代表的艺术培训供给体系，每年组织文艺培训课 4000 多节，培训 20 余万人次。构筑以"阅起来"为代表的阅读服务供给体系，创建区级"阅起来"全民阅读示范镇（街道）3 家，全民综合阅读率达到 94%。2022 年人均送书下乡 0.25 册次，送戏下乡 25.38 场次，送讲座（展览）下乡 1130 场次。

（五）建设专业化层次化的公共文化队伍

开展菜单式免费培训、综合评估定级等，大力培育优秀业余文艺团队。扶持发展星光合唱团、星光舞蹈团、星光戏曲团、星光美术团队等"星光"系列公共文化团队和 140 支"文艺星火赋美"志愿者团队，目前全区有业余文体团队 2000 余支、成员 5 万余人，共获国家级奖项 8 项、省级奖项 20 项。现全区有 93 家文化示范户，216 个文化能人，60 名乡村文化策划师。三团三社 945 个，成员人数达 14900 人。辖内"天天"文化志愿者协会拥有 23 个分队、7800 多名注册成员，是鄞州公共文化服务的重要力量。"鄞铃"文艺宣讲、"小种子"公益阅读社、海创社区荣获全国学雷锋志愿服务"四个 100"先进典型。

（六）提高跨区域文化联动质效

加大文化交流"走亲"力度，自创建来，共开展跨市跨区文化走亲活动共 88 场次，其中 2023 年 5 月赴韩国参加 2023 大邱活力城市庆典和 2023 顺天湾国际园林博览会中国日活动，推动"东亚文化之都"品牌建设。在《人民日报》视界、文旅中国、韩国新华网、浙江省文化和旅游厅、潮新闻客户端、Z 视介、凤凰网等平台发布相关信息 30 余篇。同时加大高品质文化赛事活动供给，举办了第二届（宁波）青少年大提琴艺术周、第 12 届"小荷风采"全国少儿舞蹈展演、全国非物质文化邀请展、浙江省首届全民艺术节开幕式、第 32 届浙江电视牡丹奖颁奖典礼、宋韵国际文化周等高品质文化活动。

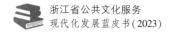
二、取得成效

（一）串联城乡协同，加强阵地建设

关注老百姓急难愁盼，用心用情大力开展公共服务提升攻坚行动，完成省、市、区民生实事工程，自创建以来，共建成 3 个文化驿站、18 家城市书房、13 个城市书吧、17 家乡村博物馆、156 个"15 分钟品质文化生活圈"，进一步扩大公共文化服务"幸福半径"，丰富圈内文化供给，探索多渠道、内生型供给机制。其中"15 分钟品质文化生活圈"多次获得全市第一，位居全省前列，云龙镇云龙村获评 2022 浙江"15 分钟品质文化生活圈"打造十佳案例。

（二）协同多方力量，共促星火燎原

通过"政府主导、社会参与"模式，在城乡积极打造各类新型公共文化空间，目前鄞州区新型文化空间覆盖率 100%，全省排名第一位。形成了艺术新空间、展演新空间、阅读新空间、红色新空间等新型文化空间体系。吴永良美术馆、白美术馆、宋韵城市书房、宋韵文化空间、毕春芳艺术馆、甬剧艺术博物馆、山外堇书房、清荷堇书房等一批示范性空间落成开放，天童老街、韩岭老街、带梦胡同、十方东进社、文青社等一批艺术街区成为新网红。其中"爱越吧"成功获得浙江省"艺术乡建"典型案例称号；华茂艺术教育博物馆获"2023 浙江省最美公共文化空间"最佳示范空间，带梦胡同荣获最佳体验空间；咸祥镇里蔡村入选"浙江省第二批文艺赋美·美育村（社区）"。

（三）开展人气活动，讲好鄞州故事

常态化推出"艺起来""阅起来""天天演""文艺赋美""鄞州晚七点""美

育进楼宇"等群众公共文化活动，荣获"文艺赋美"工程 2023 年度十佳区县。积极发挥马友友、俞峰、俞丽拿等鄞籍艺术家的引领作用，与中央音乐学院、上海音乐学院等知名音乐学府建立了合作交流机制，成立了全国首个"中央音乐学院新时代文明实践音乐中心"，落成了俞丽拿小提琴艺术基金宁波基地、浙江音乐学院实习基地，打响了"Cello Town 大提琴小镇"知名度，有效整合城乡演艺资源，积极推动高雅艺术进基层。目前县城文化惠民品牌 32 个，全省排名第一位，其中"鄞州晚七点"项目获评 2021 年全国文化和旅游领域学雷锋志愿服务最佳项目。

(四)融合名人文化，扩大辐射效应

推进名人场馆群建设，先后建成周尧昆虫博物馆新馆、李元摄影艺术馆、吴永良美术馆、毕春芳艺术馆等。做靓名人文化品牌，"书香鄞州"金字招牌王应麟读书节已举办 13 届；开全国先河的俞峰音乐大师课已开展 5 次，央视多次整场录播；马友友故乡咸祥镇已举办两届全国青少年大提琴艺术周。推进王安石文化名片打造，举办王安石礼祭等王安石文化节系列活动。发挥文艺作品的传播作用，已推出《家国书》《王安石与鄞县》等书籍，《黎斋残梦》《沈光文》等越剧。

(五)推动文化赋能，走向共同富裕

探索以"小切口"推动共同富裕"大场景"，实施"文化赋能村社"试点计划，充分挖掘各村(社)的闲置空间、优势资源，着力打造"七有"艺术赋能村社，已有 9 个试点村(社)出圈走红，成为赋能共同富裕的样板案例。全区村集体经济总收入 120 万元以上、经营性收入 50 万元以上的行政村占比达 90%，走出了一条文化赋能、系统提升、全域美丽的鄞州乡村振兴新路。举办鄞州文旅季、香橙音乐节、宁波咖啡生活节等特色活动，推动文化和旅游双向赋能。

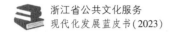
三、经验启示

(一)公共文化服务先行应以人为本

要精准聚焦群众具体精神文化需要,实施政府主导、社会协同、市场运作、群众参与的文化惠民工程,依据不同年龄、不同层次群体的差异化诉求,积极开展各类丰富的全民活动,不断滋养人民的精神世界,提升公共文明素养。

(二)公共文化服务先行应保证均衡

应坚持公平和普惠的原则,加强公共文化服务团队建设,鼓励公共文化服务内容和方式不断丰富,做好保基本、兜底线工作,缩小城乡公共文化服务差距,推动服务布局更加均衡,满足群众均等化的基本文化需求,让公共文化服务真正走到群众身边、走进群众生活、走入群众心里。

(三)公共文化服务先行应注重品质

应从整合文化资源、丰富服务内容、创新服务手段、完善服务网络等积极入手,着力实现公共文化设施和公共文化服务的提档升级,形成"超市式"供给、"菜单化"服务的模式,开创具有地方特色的公共文化活动,打造个性鲜明的公共文化服务品牌,让群众浸润在良好、舒心的文化氛围中。

四、群众反馈

为了让公共文化服务真正走到群众身边、走进群众生活、走入群众心里,坚持"专业+业余",聚焦雅俗共赏、雅俗同化,重视群众参与度和体验感,切实让群众"唱大戏、当主角",持续开展"艺起来"全民艺术普及工程，两年来开展"艺起来"培训 4000 余场、培训人次超 20 万，送讲座(展览)下乡 1130 场次。2022 年全民艺术综合普及率达 82.3%。构筑以"天天演"为主体，城乡演出院线为载体的演出服务供给体系，创建以来共开展"天天演"活动 678 场。持续推广全民阅读，打造"时时能阅读，处处能阅读"的书香社会，通过开展有品质的文化讲座，策划专题展览，组织各类读书会、优秀读物推介等阅读推广活动，积极推动、引导、服务全民阅读。2022 年全民综合阅读率达 94%。目前社会公众对公共文化服务满意率高达 92.39%。

平阳县聚焦高品质文化供给打造公共文化服务现代化先行县

　　构建现代公共文化服务体系是保障人民基本文化权益、促进人民精神生活共同富裕的重要制度设计。平阳建县 1740 年，是"全国文化工作先进县""全国武术之乡""中国象棋之乡""浙江省戏曲之乡""浙江省历史文化名城"。自创建公共文化服务现代化先行县以来，平阳在省文旅厅的精心指导下，锚定创建目标，突出补短板、扬优势、提品质，全力打造山区 26 县公共文化服务基层治理示范样板。2023 年，县公共文化设施面积新增 8600 平方米，每万人拥有公共文化设施面积增长 10%，公共文化服务满意率较上年增长 2.54%。鳌江镇综合文化站被中宣部授予"全国服务农民服务基层文化建设先进集体"，县图书馆、县文化馆获评国家一级馆，平阳木偶戏斩获全国皮影木偶行业最高奖。2023 年 12 月 12 日，创成全省首批公共文化服务现代化先行县，是全市唯一。

一、创新实践

(一)建设平阳"文化动线"

　　此次先行县创建首次推出的"文化动线"项目，以若干交通连线为主轴，让基层文化队伍、设施、活动等资源要素在动线上联动共享、交互传递、双向流动，达到了基层公共文化服务以强带弱、城乡交融、文旅融合、均衡发展的目的。在实施方案的指导下，全县以"文化流动、精神共富"为活动口号，以"15分钟品质文化生活圈"、全县各文化场馆、特色街区景区等文化空间为阵地，串联文化驿站、文艺赋美、分享悦读、文化走亲等形式多样、丰富多彩的文化活动，形成了风格鲜明、活动主题突出的六条文化动线：时尚文化动线；民俗文化动线；红色文化动线；海岸文化动线；山水文化动线；古典文化动线。

（二）打造平阳"会文空间"

平阳县根据文旅融合、规模适当、布局科学、业态多元、特色鲜明的要求，按照"1+5+X"的模式，即以一个会文空间为主，融合图书阅读、艺术展览、文化沙龙、轻食餐饮、旅游观光等5类服务形态及若干衍生业态，建成具有公共性、舒适性、审美性、复合性、多元性、多样性、立体性等特性的"小、精、特、美"的多业态新型公共文化空间。

（三）探索平阳"乡村艺术团"新模式

"乡村文艺繁星计划"这一温州市赋予平阳的试点项目，在此轮创建中得到进一步创新发展，从每个村至少组建一支文艺队伍，发展到目前全面入驻基层文化活动中心，常态化开展展演、巡演、走亲活动，形成"一团一品、一村一韵"的良好局面，为全民艺术普及、文艺赋美、全民美育提供了源头活水，成为农村公共文化服务品质化供给的有力保证。2022年度温州市优秀乡村艺术团评选中，平阳县共19支乡村艺术团入选，其中五星乡村艺术团4支，是各县市区中荣获五星最多、成绩最佳的县市区。

（四）做好"公共文化+旅游"融合发展文章

将公共文化深度融入旅游场景，鸣山村、南雁村、大溪边社区上榜浙江省美育村、南麂镇、南雁镇入选浙江文艺创作采风基地，坡南城市书房、凤卧百姓书屋等文化场馆获评浙江省"微改造、精提升"示范点。谋划实施

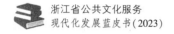
文旅项目 45 个，总投资 72.83 亿元，成功引进投资 31 亿元的南雁文旅片区开发项目、凤卧红色研学基地等文旅项目，投资 20 亿元开发项目建设浙南地区首个"元宇宙+国潮风"的沉浸式街区"坡南历史文化街区"，与浙旅投签约总投资约 2.1 亿元腾蛟镇赤岩山景区开发建设项目。

二、工作成效

（一）完善服务体系

投入资金超 25 亿元，建成县文化艺术中心、县新图书馆、木偶艺术中心、南拳文化园，总面积超 26 万平方米。县图书馆获评首批省"满意图书馆"，会文谷获评省最美公共文化空间。建成凤湖书苑、大溪艺术空间等一批城乡文化新网红，建有非遗百家坊 5 家、乡村博物馆 12 家、城市书房 21 家、文化驿站 27 家、百姓健身房 35 家，新型公共文化空间遍布城乡。打造"15 分钟品质文化生活圈"135 个，开展活动 2 万余场，覆盖超 600 万人次。三星级以上文化礼堂建成率达 70%、远超现代化标准的 50%。

（二）深化惠民供给

深入推进"全民艺术普及""全民阅读""三送一走"等惠民活动，打响市民文化节、艺苑星空、会文课堂等亮点品牌，开展艺术普及"三进"，设立艺术普及点 50 个，组建全民艺术普及联盟，构建遍布城乡的全民艺术普及网络，全民艺术普及率较创建前提升 7%。推进"文艺赋美"工程，举办"文艺赋美"1148 场，年均送戏 508 场、送书 62397 册、送展览讲座 469 场；公众对公共文化满意率全省第七、全市第一。

（三）提升数智治理

建成掌上平图、云赏文化、码上非遗、掌上苏馆、"游浙里平阳馆""浙里文化圈平阳版"，创建以来，开展线上活动 1000 余场，服务超 200 万人。

建设特色数字资源库5个，容量达5.5TB，品质文化惠享平台汇集全县474个公共文化场馆数据资源，2022年文旅数字化改革赛马全省第一。

（四）开拓社会力量

出台《鼓励和引导社会力量参与公共文化服务实施意见》，与央企"中国金茂"共建县非遗馆，与品致小区共建"社区书房"，建成图书馆企业分馆5家、文化馆企业分馆2家。招募文化下派员17名，实现县域全覆盖；在试点乡镇成立乡村文化理事会，下派文化员到村社，实现村社文化服务中心社会化运营。引入第三方机构，开展公共文化服务满意率及全民艺术普及率测评，征询群众文化需求，精准供需匹配。

（五）完成试点任务

深入实施浙江省文化保障卡试点，以文化保障卡实物礼盒入户发放、支付宝电子卡、数字人民币等形式，"一卡打包"县内文化资源，发行文化保障卡18000张，让特殊群体"零门槛"享受文化服务。创新推进省公共文化场馆服务功能拓展先行先试，雅山村文化礼堂、凤林村文化礼堂均获优秀。

三、经验启示

（一）打破部门壁垒，形成高效联动的基层治理组织体系

平阳县强化多元主体深度合作的公共文化治理基础，建立了政府主导、部门联动、专家把脉、公众参与的工作机制，县长挂帅领战、县创建办挂牌督战、成员单位挂图作战，强势推动创建工作，以创建清单有效落地推动平阳公共文化跨越式发展。形成"县镇村三级+社会力量"广泛参与的公共文化服务建设新格局。

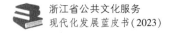
(二)补齐人才短板，建强了基层公共文化组织管理队伍

通过品质发展创新，形成文化干部统筹、业余团队支撑、志愿者广泛参与的基层文化人才队伍格局。一方面大力培养和引进文化高层次人才、重点人才；另一方面，注重规范和加强基层文化队伍建设，不断提升公共文化服务从业人员的整体素质和服务能力。

(三)突破扁平化局限，形成了动线传递的文化产品供给链条

根据平阳山区县的地形及文化资源分布特点，依托"15 分钟品质文化生活圈"，按照不同特色连点成线，根据不同主题定期输送文化内容，让优质文化资源向村镇延展流动，惠及山区海岛边远地区百姓，同时也让山村民俗文化反向流动到城镇。以"文化流动精神共富"为主题，量身定制 6 条"文化动线"。

(四)突破绩效评价障碍，建立了科学公平的"软实力"考评体系

平阳县着力优化基层公共文化服务考核评价制度和指标体系，增强公共文化治理的整体效能。"会文空间"的建设把"以人民为中心"工作原则落实在公共文化服务的始终，做到新建公共文化设施选址先充分征求群众意见，将基层设施大门钥匙掌握在群众信任的代表手里。

四、群众反馈

(一)群众满意度调查

2022 年度浙江省社会公众对公共文化服务满意率公布，平阳县社会公众对公共文化服务满意率为 87.87%，超过全省 82.24% 的满意率。

（二）群众社团统计

根据智慧文化云系统统计，平阳县群众文化活动参与人次 2022 年为 309.4657 万人次，2023 年为 536.9317 万人次，增长率为 73.5%。2023 年民间社团数量 405 个，人数 3409 人，活动数量 55 次。在 2022 年度市优秀乡村艺术团评选中，平阳入选 19 支乡村艺术团，其中五星乡村艺术团 4 支，全市最多、成绩最佳。

（三）群众参与

坡南古街、南拳文化园为核心的民俗文化动线上举办了中国（平阳）武状元文化节，吸引人流量 35 万人次，带动文旅收益 1000 余万元。"谢侠逊棋王杯"象棋国际公开赛、全国南拳公开赛等 7 场赛事，带动流量超 53 万人次，中央主流媒体报道超 120 篇次，各类新媒体总曝光量超 6000 万。举办首届鳌江·浪潮音乐节，累计接待全国乐迷超 4 万人，全网总曝光量破千万。举办第十一届浙江电影"凤凰奖"汇集全国各地的近 200 位电影界艺术家和电影工作者，开启"凤凰奖"省地合作新篇章。创建期间，平阳公共文化工作被《人民日报》、中国文化报、文化月刊等各类媒体报道 80 多次，其中国家级媒体报道 30 余次。

长兴县聚焦精神富有聚力富美打造浙江省公共文化服务现代化先行县

长兴县坚持制度设计创新，以"文化点单""文化礼堂志愿者""文艺共同体""礼堂合伙人"等新途径形成可复制和可推广的制度成果。乡村"文艺共同体"项目入选 2022 年浙江省宣传思想文化工作十大创新项目。紫笋茶制作技艺入选人类非遗，长兴县人民政府因申报工作获省政府表扬。

一、创建成效

两年来，长兴县委、县政府高度重视公共文化服务建设工作，全县上下协同发力，取得了一定成效：年人均接受文化场馆服务次数从 8 次提升至 15 次；每万人拥有公共文化设施面积从 1633 平方米提升至 2077 平方米；公共文化服务现代化发展指数(CMDI)连续三年位列全省前七、全市第一。

（一）扩大了文化生态圈

县乡村三级公共文化设施、一级乡镇综合文化站、15 分钟品质文化生活圈、公共体育健身设施、应急广播等覆盖率均达 100%。

（二）提升了城乡品质感

打造非遗文化阳台、芥里婚庆博物馆、陆羽书房等文旅融合式新型公共文化服务空间 300 余个，创成省民间文化艺术之乡 4 个、戏曲之乡 2 个、美育示范村 3 个、最美公共文化空间 1 个、数字化改革试点 9 个，长三角最美公共文化空间 1 个。

（三）打出了品牌影响力

入选人类非遗 1 项；培育国际交流项目 2 个；创成国家级夜间文旅消费集聚区 1 个；打造省级文化标识 2 个；入选省级文旅 IP2 项；获国家级文旅融合发展典范城市。四是提高了群众满意度。城乡居民综合阅读率、全民艺术综合普及率、社会公众对公共文化服务满意率分别提升至 94%、80.14% 和 91.73%，创成"满意图书馆"和"幸福文化馆"。

二、主要做法和特色亮点

创建以来，积极探索"文艺村长""文化礼堂志愿者""积分制管理"等新途径并形成可复制推广的特色经验。

（一）突出"系统化"，全力加强公共文化保障

坚持"一把手"工程，由县主要领导担任领导小组组长，并建立"五个一"运行机制。出台《关于高质量建设公共文化服务现代化先行县的实施意见》。将创建工作连续 2 年写入《县政府工作报告》，并纳入对乡镇、部门的年度综合考核，公共文化事业费占财政支出比重由 1.1% 提升至 1.5%。坚持"制度设计"创新，完成《长兴县文化人才二元选育模式探索》，制定《长兴县农村文化礼堂"积分制"管理评定补助奖励办法》《农村文化礼堂志愿者管理规范地方标准》等制度设计 20 余个，破解文化礼堂建管用育难题，举办文化礼堂志愿者培训班，实现全县 232 家文化礼堂与其管理志愿者 1∶1 全覆盖，构建二元选育模式，入选省公共文化体系示范项目和创新项目。

（二）突出"市场化"，全力丰富公共文化供给

创新"点单"模式推动文化产品更新，制定出台《文旅演艺点单和非遗

点单扶持办法》，通过量化积分引导艺术团和传承人从"找局长到找市场"，近两年完成各类点单 3000 余场，观众达 150 万人次。加强与社会力量合作，今年已开展文艺赋美 10649 场，获评浙江省"文艺赋美"工程十佳县区。创新"文旅合伙人"模式运营文化礼堂，月均开展活动数量增至 20.1 场，县级效能指数排名全省第二。引进 12 家社会化单位，构建智库联盟，制定个性化运行方案，形成"太湖文化礼堂示范带"，此外，探索乡村博物馆"建、管、用、育"模式走在全省前列。

(三)突出"便民化"，全力推动公共文化事业

开展文化"五进"活动，满足不同年龄段文化需求。每年开展送讲座(展览)、送戏下乡等 2000 余场活动，举办"全民艺起来"市民艺术节活动，吸引 750 多个节目、2.6 万余名市民参与。推进"文化保障卡"省级试点，针对不同人群推出"文化保障卡"A 卡和 B 卡，入驻商家 61 个、上架文旅体产品 500 余件，使用人数超 30 万人次。实施"艺术乡建"，出台《关于开展"艺术乡建"助力"富美长兴"建设的实施意见》，积极创建一批省级艺术特色示范村和"艺术乡建"交流展示平台，推动乡村艺术普及率。

(四)突出"融合化"，全力提升公共文化产业

探索"文化+"融合模式，"文化+旅游"在全省率先编制《文旅新空间质量等级划分》团体标准。两年来，龙山文体中心、品茗三绝馆等 79 个文旅服务新空间先后落地，投资额超 12 亿元。文旅融合市场主体增至 1.68 万家，同比增长 32%，连续两季获全省文旅深度融合工程"五星"评价，获省文旅公共场馆功能拓展先行先试、文旅产业融合试验区验收优秀。"文化+美食"推出千年茶宴、乌梅非遗宴等八大文化主题菜系。"文化+体育"将非遗市集、文化雅集等融入环太湖自行车赛、太湖图影马拉松赛等 180 余场重大赛事，打造环太湖赛事之城。

（五）突出"专业化"，全力培育公共文化队伍

推出"文艺村长"，破解文艺人才和资源下沉难题。以开展文艺结对的方式带动1200名文艺志愿者下沉。成立"乡村艺校"，定制课程80余节，入选省宣传思想文化工作十大创新项目。培育高端文艺人才。实施名师名家培育计划，培养国家级会员59人、省级会员167人。招引国家一级演员胡国美等29名，驻村超1000天次开展文化服务。参与创作《百叶龙》《江南小延安》等作品并获评"山花奖"、省"五个一工程"奖等多个奖项。

（六）突出"品牌化"，全力扩大公共文化影响

打造文化惠民品牌。推出"全民艺起来"市民艺术节、臧懋循戏曲节、太湖风公益培训等七大惠民品牌。两年来，共服务市民和游客超1000万人次。打造非遗文化品牌。重点打造以紫笋茶和百叶龙等国遗为核心的服务产品和品牌。两年来，紫笋茶制作技艺参与各级"茶和天下"活动，亮相央视《典籍里的中国》《传奇中国节》等栏目。长兴紫笋茶保护工作获省政府表扬。长兴百叶龙每年参与重大演出40余场，在杭州亚运会开幕式精彩亮相。成立浙江百叶龙文化发展股份有限公司，不断创新文旅体产业链，成为浙江最具代表性的文化企业之一。打造文旅演艺品牌。两年来，投入32亿元，重点打造龙之梦大马戏、茶圣陆羽、清溪瑶等十二部文旅演艺产品和文化演艺场馆，其中，《醉美太湖》获评"浙江省十佳旅游演艺项目"，《魔境之旅》获评首批"浙江省旅游演艺精品项目"，2023年以来观看人数超220万人次。

三、群众反馈

（一）百姓先行受益

经过两年多的先行试点，最直接的结果就是让广大长兴百姓早受益，

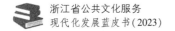

切实推进县域的精神富有。两年来，长兴县公共文化设施更加完善，内容更加优质，供需更加平衡，主体更加多元，保障更加有力。各项指标都走在湖州全市前列，特别是人均接受文化场馆服务次数在全省领先领跑。

(二)"四感"越来越强

城乡居民综合阅读率由 90.9% 提升至 94%；全民艺术综合普及率由77.3% 提升至 80.14%；社会公众对公共文化服务满意率由 80.2% 提升至91.73%。年人均接受文化场馆服务次数从 8 次提升至 15 次。每万人拥有公共文化设施面积从 1633 平方米提升至 2077 平方米。建成一级图书馆和"满意图书馆"、一级文化馆和"幸福文化馆"。不断提升群众获得感、幸福感、安全感、认同感。

(三)惠民产品越来越多

推进乡村博物馆群、智慧书房群、文化馆群、环湖演艺剧场群等滨湖文化集群建设，人均文化设施建设用地超 0.4 平方米。高水平打造长兴特色的文艺精品，引领"民间文化艺术之乡"建设，推动"市民艺术节""常聚长兴""韵动长兴"等文旅惠民产品出成果、见实效。实施"青蓝计划"，推进文化主理人培育和"三团三社"建设。通过"太湖风"公益培训、民间文艺人才培育计划等途径，打造高质量的文旅铁军，完善文化场馆"建、管、用、育"的长效管理。

文泽平湖明珠璀璨打造公共文化服务高质量发展示范区

近年来，平湖市以打造"长三角公共文化服务高质量发展示范区"为目标，围绕"1443"创建工作思路，全力实施公共文化服务现代化先行县创建。自创建以来，各项指标数据取得了明显增长，公共文化服务现代化发展指数（CMDI）排名从全省第十三提升到全省第六。创建期间收获了浙江省民间文化艺术之乡、浙江省"5A"级景区城、国际围棋文化交流中心、浙江省文化基因解码成果"优秀"等次、浙江省第三批全域旅游示范市、全国群众体育先进单位等多项荣誉，同时也是浙江省第一批"非遗助力共同富裕"和文化保障卡两项工作试点单位。

一、主要做法

（一）保障先行，构建清单化的"创建图"

1. 强组织保障

市级层面成立创建领导小组，召开动员大会、组建成立专班、聘请专家教授、举办专题培训。市委主要领导在市文化发展大会上亲自部署创建相关工作，并多次听取创建工作进展情况。市政府主要领导多次调研文化场馆建设、非遗产业等工作。

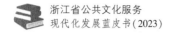
2. 强政策保障

制定出台《平湖市高质量推进公共文化服务现代化建设勇当共同富裕示范表率的实施意见》《平湖市加快推进文化体育事业发展的若干政策意见》等政策，市财政每年安排不少于 5000 万元的文化体育事业发展专项资金，并在创建期间每年安排专项创建经费 200 万元。

3. 强宣传保障

加强创建亮点特色、品牌项目和创建成果的宣传报道，已在中国文化报、浙江日报等纸媒和学习强国、人民网、浙江新闻客户端等线上媒体发表宣传报道 100 余篇。如在浙江日报全省高质量建设公共文化服务现代化先行县专版上，发表了"平湖积极打造长三角公共文化服务高质量发展示范区"等专题报道 3 篇；在中国文化报上刊登了《浙江平湖："社会轮值馆长"带活全民阅读氛围》工作报道等。

4. 强理论研究

邀请公共文化专家，组建理论研究队伍，编制《创建省级公共文化服务现代化先行县理论研究和制度设计实施方案》，完成了农民读书会阅读指数的理论研究，推进了长三角公共文化服务一体化、先行镇、文化保障卡等重点制度设计。

（二）阵地提升，打造普惠型的"新场景"

1. 健全三级设施网络

持续优化图书馆、文化馆、非遗馆总分馆建设，现有智慧书房 21 家、礼堂书屋 36 家、乡村书吧 19 家，文化馆企业分馆 20 家，文化名师工作室 15 家，省级文化驿站 2 个，旅游驿站 2 个，非遗分馆 2 家；在群众家门口，已建成111个"10分钟品质文化生活圈"，实现了村社区全覆盖。全市9个镇街道综合文化站均达到一级站以上标准，其中特级站7个，省级文化强镇4个，新建成新仓镇、林埭镇文体中心2个，另有在建的镇街道文体中心4个。

2. 推动重大项目

高标准建有"四馆一院"并做好运营管理，博物馆新馆总投资5亿余元，于2022年9月正式启用，是目前全省投资规模最大的县级博物馆，2023年度接待游客15万余人次，成为平湖网红打卡地，正在争创"4A"级景区。大剧院(滨海文体中心)总投资4.9亿元，于2022年8月启用，精心挑选各类剧目，为老百姓提供精品的文艺享受。2023年，启动了明湖科创图书馆、国际科技会展中心、青年科创城、城西运动飘带等一批重大公共文体设施，总计投资30亿余元。

(三)机制融合，打造标志性的"名品牌"

1. 打响"叔同故里"文化标识

"叔同文化标识"荣获省文化标识创新项目。实施以"叔同故里"为标识的名人文化引领计划，发挥好李叔同、陆维钊、吴一峰等平湖文化名人的效应，举办首届"叔同艺术季"，开展李叔同艺术成就高峰论坛、李叔同音乐会、李叔同国际诗歌奖颁奖典礼等12个项目，发布"平湖后生"系列品牌，启动纪录片《李叔同》拍摄工作，举办2023李叔同音乐会。

2. 落地"省级试点"领跑项目

"浙里文物平湖分站"入选省揭榜挂帅试点单位。"金平湖文化保障卡"省级试点完成发行，首批签约商户单位21家，共计发放暖心卡、荣誉卡、惠民卡三类卡2100张，财政保障经费50余万元。2023年入选"非

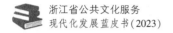

遗助力共同富裕"全省试点地区，制定出台《平湖市非物质文化遗产保护传承创新发展若干政策意见》，积极推动非遗保护传承创造性转化、创新性发展。

3. 实施"本地文艺"攀登行动

匠心打造特色文艺精品力作，女子群舞《布语江南》获得 2022 年浙江省群星奖，小品《老李》获得省第三十三届群众戏剧小品大赛金奖，铰子书《赛瓜灯》荣获全省第十二届群众曲艺大赛金奖，大型多媒体史诗剧《转角湾》、原创歌曲《风回来的车站》获得嘉兴市级文艺精品、"五个一工程"奖等。陆维钊书画院的书法展系列活动，三次获得国家艺术基金。

（四）队伍优化，打造接地气的"文艺先锋"

1. 团队建设规模化

印发《平湖市优秀业余文艺团队考核补助办法（修订）》，强化"三团三社一会三员"建设，现有专业人才 300 余人，业余人才 5.3 万余人，"三团三社"基层社团 766 支，团员 3 万余人，一线群众占 74% 以上。2023 年兑现了团队考核补助资金 74.4 万元。

2. 志愿传承常态化

现有在册文化志愿者 3 万余人，每个文化圈达 16 人以上，结合"文艺赋美"示范点和非遗传承基地，规范做好公益指导、志愿演艺和传承服务，每年惠及群众 50 万人次以上。

3. 技能提升专业化

定期开展培训班和技能大比武，积极培养"一专多能"的技术人才，不断提升基层文化工作者队伍的专业素质。

二、取得成效

创建期间，紧紧围绕"公共文化高质量发展"和"促进人民群众精神富有"两大工作目标，着力在长三角公共文化服务一体化、公共文化空间、先行镇、农民读书会4个特色项目上实现新突破，勇当文化先行的"全省示范"。

（一）在公共文化区域一体化上先行示范，长三角公共文化塑造全省典范

打造"共建共享、互联互通、优势互补、长效发展"的文化供给体系。与上海闵行、金山等地区建立文化战略合作关系，定期举办联席会议。平湖金山两地建立文化资源目录库，实现网上点单配送，成立首个浙沪毗邻业余文艺团队"金平果艺术团"。创建以来，举办长三角西瓜灯雕刻大赛、长三角舞龙大赛等品牌赛事活动100余场次，依托金平湖惠民剧场，承接上海精品文艺专场25场，举办各类文化走亲活动58次，毗邻镇街引进杂技、魔术、相声等传统文艺32场次，联手打造《转角湾》《明月山塘》等精品剧目。

（二）在公共文化服务功能拓展提升上先行示范，公共文化空间点亮城市之美

合理布局，重点实施"十个一"工程，从"点、线、面"三个维度植入公共文化空间内容，主打"嵌入式""小而美"，开辟主题式新型公共文化空间150余处。每年举办各类文化活动5470余场次，惠及32万人次，2个空间入选首批全省最美公共文化空间实践案例。加大公共文化空间的市场化运营，图书馆建立智慧书房社会轮值馆长机制，招募轮值馆长17人，参与书

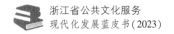
房日常运营管理。与文旅集团合作，引入脱口秀、戏剧、书法创作、文创开发等相关项目，加大对文化馆剧院、文博场馆闲置空间及公共文化空间运营。

(三)在城乡公共文化融合发展上先行示范，公共文化现代化先行镇全省首推

首批选定国家级经济技术开发区钟埭街道和省级经济开发区独山港镇为先行镇创建单位，以"一镇一规划""一镇一专家"，编制规划和创建标准，紧扣"高质量""现代化"，重点在基层文化阵地建设运营、长三角一体化发展、文旅融合等方面先行先试，取得了一定成效。如钟埭街道围绕企业职工文化建设，街道内建成3家文化馆企业分馆，2022年启动职工文体中心建设；深化樱花文化节，推动文旅融合发展。独山港镇探索毗邻文化先行，探索区域文化联动发展新模式，以项目化加速推进全镇公共文化蝶变，建立航天科普文化基地，吸引浙沪学生开展航天航空文化研学，大力推进非遗展馆和传习基地建设，并形成相关制度。

(四)在公共文化助力精神共富上先行示范，平湖农民读书会绽放"幸福之花"

自2017年以来，持之以恒推进农民读书会建设，特别是在创建期间，取得了突破性进展，现有400余支队伍覆盖全市各村社区，骨干会员1.5万余人，年开展读书活动1800余次，年受惠群众25万人次。2022年新一轮文化政策出台，首次将农民读书会星级评定纳入补助范围，2023年兑现了星级评定专项补助资金29.6万元。该项目分别入选了浙江省公共文化服务高质量发展典型案例名单、第二批浙江省文化和旅游促进共同富裕最佳实践案例名单及2023年省图学会学术研究立项课题，并受邀在2023年中国图书馆年会上做典型经验交流。

三、经验启示

(一)领导重视、统筹推进

第一批浙江省公共文化服务现代化先行县创建的顺利推进，是平湖市人民政府深化公共文化高质量发展的责任意识，立足当前实际，整体谋划工作蓝图，完善党委领导、政府管理、部门协同、权责明确、统筹推进的深刻实践，为平湖市公共文化服务现代化体系建设持续推进奠定良好基础。

(二)人民至上、以人为本

群众需求是公共文化服务现代化建设的出发点和落脚点，平湖市公共文化服务现代化先行县创建始终秉承人民至上、以人为本的理念，精准对接群众需求，如针对农村"看书难、难看书"的老大难问题，启动组建农民读书会，通过持续推进，大大丰富农村居民精神文化生活。如在全民艺术综合普及方面，通过"文艺赋美最忆平湖"、龙舞九彩、青少年声乐大赛、家庭才艺大赛等多种形式，推动文艺走出剧场、遍布城乡，融入生活、美化社会，有效拉近人民与艺术的距离，深化文化供给侧改革，探索文艺赋能共富新路径。

(三)夯实基础、创新发展

以浙江省公共文化服务现代化先行县为抓手，探索公共文化创新发展，是省厅高质量建设公共文化服务现代化先行省的创新举措。从县级层面，公共文化服务创新工作要迈上新台阶，也需要持续不断地创新。结合地域特色，在体制机制、文化空间、文化惠民品牌、全民阅读、文艺队伍、文旅融合等各方面打造亮点品牌、典型经验、创新模式，不断提升人民群众文化服务的幸福感、获得感、满足感。

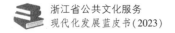
四、群众反馈

(一)群众精神富有水平不断提升

聚焦公共文化精准化,推进公共文化服务最后"一米",为共同富裕注入文化力量,实现公共文化服务全年龄段全覆盖,根据嘉兴市文化广电旅游"精神共富指数"监测,2023年平湖市位列嘉兴各县市区第一。持续开展农民读书会工作,发布全国首个《农民读书会建设与管理规范》市级地方标准,根据2023年度《农民阅读促进农村居民精神富有发展报告》,加入农民读书会比没有加入的农民精神富有水平提高了8.2个百分点。

(二)群众文化获得感不断增强

在统筹城乡公共文化服务体系一体化建设上持续发力,公共文化服务标准化、均等化水平显著提升,实现了图书馆、文化馆、非遗馆总分馆服务体系镇街道全覆盖,叔同文化标识、农民读书会、文艺赋美等更多符合人民群众"口味"文化产品和文化活动极大丰富,创作了《明月山塘》《布语江南》《赛瓜灯》等众多文艺精品,让人民群众享受"精神大餐",公共文化服务模式更加现代,人民群众文化生活更有获得感。

(三)群众文化满意率不断提升

以公共文化服务现代化先行县为抓手,充分发挥各类文化阵地优势,建成各类新型公共文化空间,实现"15分钟品质文化圈"全覆盖,不断提升公共文化服务水平,有效提升文化服务效能,真正把公共文化服务送到群众心坎上。根据第三方测评显示,2023年度全民艺术综合普及率达到82.5%,较创建前提高10.2个百分点。2023年度社会公众对公共文化服务满意率达到87.27%,较创建前提高4.66个百分点。

海宁市以文化现代化先行促进人民群众精神富有

近年来，海宁市锚定现代化文化强市目标，以深入探索、守正创新为主攻方向，厚植海宁本土特色文化优势，推动公共文化服务现代化建设成为精神共富建设的助推力。海宁市在省公共文化服务现代化发展指数评估工作中连续七年位列全省前三，其中2022年公布结果位列全省第一；省公共文化场馆服务功能拓展先行先试综合试点考核优秀；创新完成"浙江文化保障卡"试点工作，形成了一批理论创新和制度设计成果。海宁市成功创建浙江省首批公共文化服务现代化先行县，以文化现代化先行促进人民群众精神共富，厚积薄发、蝶变跃升，打造了省级公共文化服务现代化先行县的海宁样板。

一、主要做法

（一）夯实文化阵地，实现文化乐享"零距离"

聚焦共建共享，拓展场馆类型、增添场馆质感、提升场馆温度，赋予文化场馆新功能。

1. 建设文化新地标

鹃湖文体中心（新青年中心）、志摩剧场、盐官音乐文旅项目内的个人

155

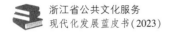
演唱会馆、万国歌剧院、王国维美术馆及国学馆等一批新的市级场馆拔地而起，总投资超40亿元的伊嘉塘城市馆群，成功纳入了"十四五"时期长三角一体化发展重大战略项目表。

2. 升级市镇场馆设施

7个镇（街道）文化活动中心（全民健身中心）实现大跃升；借力社会力量建设集书籍阅览、文化交流、休闲娱乐等多元人文空间"宏达书院"；与浙江图书馆合作建设包含浙江图书馆长安分馆等的高新区中央公园馆群项目。

3. 建设新型公共文化空间

建成静安智慧书房、健心客厅、礼堂书屋、文化馆企业分馆、非遗馆分馆、文化驿站、乡村文化名师工作室、乡村博物馆等187个群众身边的小而美的新型文化空间，216个"10分钟品质文化生活圈"实现全覆盖，成为融入群众日常生活的有温度的文化社交中心。

（二）提升文化供给，扮靓群众文化"菜篮子"

立足全民艺术普及，打通高品质文化供给通道，开辟"你中有我、我中有你"互惠交融的公共文化服务供给新路径。

1. 擦亮"文化金名片"

办好观潮节、潮音乐节、鹃湖音乐节、徐志摩诗歌节等重大品牌活动，开展贯穿全年、全市联动、全员参与的"百场阅读"活动，与浙大国际联合学院（海宁国际校区）联合打造"传统文化体验日"品牌活动。

2. 创作"精品潮文艺"

重磅推出原创大型交响音乐会《大潮之上》，与《只此青绿》主创团队东方演艺集团合作，创作志摩主题大型原创舞蹈音诗剧，与中国美院合办创作"海晏河清"情景大秀。

3. 打造"文艺新繁荣"

以"文艺赋美潮城"为品牌，创新实施"文艺赋美""六联"共建机制，成立海宁市"文艺赋美"联盟，创新开展"艺村艺品"精神共富村培育创建，举办"全民艺术普及月"系列活动，培育全民艺术普及大使30余名。

（三）深化文化创新，塑造在地文化"新优势"

高度聚焦全民、共享、多元等关键词，创出新思路、新机制、新形式。

1. 扩大队伍建设新优势

以委培方式培育引进大学生人才3人，出台海宁市公共文化服务现代化建设相关补助政策，"两员"年薪从7.9万元增长到8.9万元，财政每年多支出200多万元，且每年保持增长，增加疗休养待遇。

2. 实现服务体系新突破

创新开展文化馆企业分馆建设，累计建成文化馆企业分馆37家、示范性企业分馆4家。构筑以文化馆企业分馆建设理论研究为核心，城区文体设施布局及功能研究、文艺人才创新培育研究等为辅的"1+X"理论研究体系，形成理论研究成果10项。

3. 开辟精神共富新路径

投入80余万元，以社会保障卡为载体开发"文化共富卡"数字服务平台，上架"浙里办"，以政府购买服务及企业让利形式面向全市80万持卡人推出普惠文化保障、特殊文化保障和激励文化保障，共计纳入主体50余家、企业让利1000余万元。

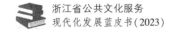
二、取得成效

(一)文化亮点打造了文化服务新生态

整合发挥"10分钟品质文化生活圈""文艺赋美潮城""艺村艺品"精神共富村优势,吸纳235个业余文艺团队、艺术类校外培训机构加盟"文艺赋美潮城",年均常态展演3000余场;中国美院美育实践基地入驻海宁"一岛三街区",在盐官建设个人演唱会馆、万国歌剧院,利用场馆集群效应,释放艺术新动能,助力培育海宁文化新业态;同时在3次摘得全国群星奖桂冠基础上,两年来创作出获国家级荣誉13个、省级荣誉107个的文艺精品,为海宁注入浪漫情怀、艺术气息,深受广大群众青睐,形成了"艺满潮城"常态长效局面。

(二)功能延伸构建了现代文旅新场景

海宁市充分布局、利用小而美的新型空间建设优势,抓住省公共文化场馆服务功能拓展先行先试综合试点机遇,通过加强文化植入,深化了景区文化内涵,优化了景区文化品质;通过文化展示、文创产品开发,积极宣传了海宁自然人文文化遗产,实现了本地文化和旅游的全面融合和市场转化,搭建了文旅融合发展的新平台;通过先行先试,打造了公共文化场馆服务功能拓展先行先试综合试点县省级样板,在省级验收中获得优秀。

(三)传承文脉弘扬了地域文化新特色

连续五年与浙江大学国际校区举办"传统文化体验日"品牌活动,校区荣获第三批省国际人文交流基地;充分布局好文化志愿者,弘扬海宁"三大文化",十万余文化志愿者活跃在潮城大地。"光影中的家"项目成为全省唯一成功入选文旅部文化和旅游志愿服务典型案例;15个项目、团队入选

2023 全省文化和旅游志愿服务优秀典型。

三、经验启示

（一）公共文化服务现代化建设需要突出强调"政府主导"作用

加强和提高公共文化服务是现代服务型政府的重要任务，也是保障公民权利的重要手段。一方面要加大制度供给，确定发展路向，规范和引导其他社会组织参与；另一方面要加大投入，筑牢重要保障的基石。海宁市从建强组织保障体系、健全政策保障体系、形成建设工作合力三个方面发挥政府主导作用，建设工作领导小组统筹推进工作，市委、市政府进行专题研究和工作部署，出台一系列政策和实施意见健全体制机制，以全市之力推进工作。浓厚的氛围带动了全社会参与公共文化服务现代化的建设。

（二）公共文化服务现代化建设需要充分激发"社会力量"参与

社会力量参与公共文化服务是顺应时代发展、切实构建现代公共文化服务体系的必然要求，强化政府在公共文化服务建设中的主导作用，使政府、市场与社会各归其位、各得其所，有效地配置公共文化资源、实现公共文化基本服务和个性化服务相统一。海宁市在开展文化志愿服务、培育文化非营利性组织、向社会购买公共文化服务、引入第三方开展公共文化建设服务等发力，探索与社会力量共建"宏达书院"，每年与社会力量合作推出多项文化志愿服务，不断推动建设公共文化服务经费多元投入化机制，打造了公共文化服务现代化发展新纪元。

（三）公共文化服务现代化建设需要始终坚持"守正创新"原则

创新激发公共文化发展的内生动力，既要加大投入，重心下移，不断改善服务设施和服务环境，破解公共服务不均衡难题；又要效能提升、创

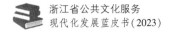

新阵地，瞄准群众日益增长的精神文化需求，丰富优质公共文化产品资源供给，不断增强人民群众的文化获得感、幸福感。海宁市持续开展公共文化利用的理论机制创新研究，全面形成海宁模式的公共文化服务创新成果，"文化馆企业分馆"模式、全民艺术普及、"艺村艺品"精神共富村建设、"文化共富卡"应用场景推广等为公共文化服务供给侧改革提供了合适的土壤、良好的氛围，营造了共建共享共赢的公共文化服务新格局。

四、群众反馈

(一)同频共振，活动参与热情空前高涨

2023年度，依托"10分钟品质文化生活圈"，市、镇(街道)、村(社区)三级共开展各类活动2.9万余场，惠及1800万群众，相较创建先行县前增加4倍参与人次。近两年累计开展阅读推广活动2100余场，服务读者170余万人次，城乡居民综合阅读率达93.7%。

(二)美育进阶，精神文化面貌焕然一新

中国美院美育实践基地入驻海宁"一岛三街区"，成功打造"艺村艺品"精神共富村60个，14个创建成为首批示范村(社区)。举办"全民艺术普及月"系列活动，培育全民艺术普及大使30余名，2023年海宁市全民艺术综合普及率达86%。

(三)文化惠民，文化获得有感日益明晰

市级公共文化场馆设施彰显城市特色，镇级文化活动中心大跃升服务人群超过百万，小而美的新型文化空间嵌入在生活的各个角落，各项文化设施、文化活动、文艺作品的可及度大大提高，2023年度，海宁市社会公众对公共文化服务满意率达88.92%。

夯基提能树立标识争创一流奋力谱写柯桥
文化高质量发展新篇章

浙江文化标识是赓续浙江文脉的重要载体，是传承浙江文化精神的重要体现，柯桥作为浙江文化精神的主要发源地之一，截至目前已整理出重要文化元素近 320 个，特别是"绍酒行天下，酱园遍全国，染匠出绍兴"。由此形成的三缸文化标识，是柯桥最具有代表性的品牌文化，也构成了越文化的重要内涵，成为越地文明的主要表征，成功入选首批"浙江文化标识"培育项目。同时，借力浙江省首批公共文化服务现代化先行县创建工作，切实把握文化标识这一精神富有的"关键变量"，脚踏实地地推进公共文化服务现代化先行县建设，让美好精神文化生活成为共富靓丽图景。2023 年年初，浙江省政府办公厅公布的 2022 年省政府督查激励名单，柯桥区成功上榜"全省文化事业和文旅产业高质量发展工作成效明显的县(市、区)"。并在 2023 全省各设区市、县(市、区)文化和旅游工作年度绩效评价排名中，文旅投资、文旅公共服务工作"双第一"，文旅深度融合工程、文旅产业与消费拓展双双闯入全省前五，顺利通过浙江省首批公共文化服务现代化先行县验收。

一、主要做法与成效

(一)赓续文脉，强化标识基础研究

1. 完成文化元素基因解码

在全面普查柯桥优秀传统文化、革命文化和社会主义先进文化资源的

161

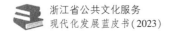
基础上，重点对区域特色鲜明、文化内涵丰富、传承活力显著的文化元素开展基因解码。截至目前，柯桥区完成了20个重点文化元素的解码工作，其中，柯桥区"稽山镜水"等6个项目上榜"优秀解码项目"，文化基因解码成果为"优秀"等次，位列全省第一梯队。

2. 开展文化标识学术研讨

在省内率先建立研究专班，第一时间启动了"稽山镜水"浙东唐诗之路"一图""一册""一故事"收集编纂工作，分"图经卷、唐诗卷、故事卷"进行汇编。目前，已完成图经卷、唐诗卷、故事卷收集评审工作，进入后续的编纂阶段。并将新书发布仪式与学术研讨会结合，提升"稽山鉴水：柯桥诗路"的宣传品质和传播效果。

3. 编纂完成柯桥区文化标识系列丛书

在对柯桥文化标识进行整体研究的基础上，进一步探索文化标识理论研究清单"颗粒化"管理，完成编撰《柯好·三缸》《稽山鉴水唐诗路》《中国茶饮第一品：平水日铸》《绍兴黄酒文化研究》《匠心酱制》《海丝之路"布"柯桥》等著作，其中《中国柯桥"三缸文化标识建设"的探索研究》在《文化与旅游研究（2022）》上进行刊发。

（二）凝练主题，加速标识成果落地转化

1. 精选成果转化利用项目

充分利用解码报告成果，围绕综合带动性、影响力、辨识度、产业开发（文艺创作）潜力、资源丰富程度等，科学提炼、广泛整合、精准命名一批重点成果转化利用项目。其中"三缸文化"文化标识已入选省文旅厅首批100项"浙江文化标识"培育项目。同时柯桥街道、湖塘街道、安昌街道、马鞍街道也集中力量，在尽可能充分体现三缸文化内涵的前提下，通过归

并整合、择优遴选，分别确定了 1 个以上具有代表性、根源性和区域特色的文化成果转化项目，重点打造本镇(街道)的文化基因转化活化创新项目。

2. 提升文化遗产保护水平

积极推进安昌古镇、柯桥古镇历史文化保护，编制柯桥区"三缸文化"标识建设高质量发展规划。实施绍兴黄酒与安昌酱园历史文化记忆传承工程，全面梳理辖区内相关省级非遗传承人项目档案，编制并实施濒危项目抢救性保护方案，推动非遗代表性项目入驻，争创省级非遗保护发展创新案例。围绕"三缸文化"等文化标识主题，因地制宜开展文物和非遗项目保护传承工作，共建成省级乡村博物馆 15 家，市级乡村文化博物馆 32 家。

3. 激活文旅产业发展动能

实施安昌古镇、湖塘黄酒博物馆、柯桥古镇微改造、精提升项目，其中安昌古镇一河两岸夜景灯光亮化工程被认定为 2022 年全市"微改造、精提升"示范(试点)项目。举办一年一届"安昌腊月风情节"与"湖塘黄酒开酿节"等系列活动，打造"安昌酱""湖塘塔牌黄酒"等酱文化与黄酒文化品牌，并组织柯桥区文创产品设计大赛和优秀作品展示展览，积极参加省级以上优秀旅游商品大赛。积极开展国家夜间文化和旅游消费集聚区创建工作，建设高品质文化和旅游消费集聚区，"夜鲁镇"围绕"三缸文化"标识，积极赋能景区开发，打造旅游线路产品，发展文创产业，培育文旅 IP，激发区域文旅产业发展潜力，成功创建第三批国家夜间文化和旅游消费集聚区。

(三)发掘内涵，提升公共文化服务能力

1. 打造特色主题文艺精品

赋能新时代文艺精品创作，创作越剧现代剧《云水渡》、越剧《回乡偶

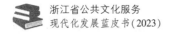
书》、绍兴摊簧舞台剧《恰似寻芳醉》等文艺作品。同时，积极承办浙江省群文美术写生作品展等省、市级大型文艺活动和主题巡演，组织开展以柯桥古镇、安昌古镇为目的地的音乐、书画、摄影主题采风和创作交流活动。

2. 丰富公共文化服务内容

以创建浙江省首批公共文化服务现代化先行县为契机，打造覆盖全区的"15分钟品质文化生活圈"，多跨整合1700个公共文化设施，构建222个文化圈，让群众走出家门步行15分钟即可享受高品质公共文化服务。同时，进一步拓展新型公共文化空间，建成44家城市书房、17家文化驿站和30个乡村书吧，实现全区"小而美"城市书房全覆盖。特别是创新打造湖塘街道叶家堰15分钟精品文化圈，开设"鉴湖里"文化创意区，完成"先锋书店"项目建设，成为柯桥新的文化网红打卡地。

3. 构建文化标识信息系统

加快文化标识数字化改革，梳理完善柯桥区20个重点文化元素的图文信息，对接和跟踪省市文旅信息系统数据平台，完善"三缸文化"基础信息数据的导入和提取应用，实现文化标识项目建设过程管理和统计评价。同时，大力加强区域文化交流，积极开展"山海合作"、柯桥—峨边等各类文化走亲活动，全年开展各类文化走亲活动40场次。

二、经验启示

(一)文旅产业提升的新抓手

柯桥旅游资源丰富，有国家级旅游度假区1个，省级旅游度假区1个，中国历史文化古镇1个，需要打造一个能够将这些资源进行高度整合，突出区域文旅融合发展优势，具有品牌凝聚力的标识。"三缸文化"标识是柯桥最突出、最能将柯桥厚重的历史文化底蕴与现代旅游产业结合在一起的标识性文化符号。"三缸文化"标识涵盖着丰富的文化资源和产业资源，拥有巨大的开发潜力，充分挖掘资源的价值，打造柯桥新的"三缸文化"IP，为高质量建设共同富裕示范区提供依托，是柯桥文旅产业提升的新抓手。

（二）全域旅游推进的新要求

全域旅游重点在着眼全区域，文化标识的打造重点在于突出重点。文化标识的打造要在标识上做文章，标识性越强，越具有号召力和影响力，越是能够以文彰旅。全域旅游开发必须与重点标识打造相结合。统筹安排，重点突出，有序推进，本身就是全域旅游的新要求。

（三）沉浸式体验模式的新发展

随着近年来沉浸式产业的兴起，与数字化、科技化相结合的沉浸式文商旅体验是未来整个文旅产业发展的制高点，沉浸式的文旅体验为"三缸文化"标识的文旅商深度融合创造了新机遇，"三缸文化"标识的多元化打造，如沉浸式展览、沉浸式娱乐、沉浸式影视等为代表的沉浸式体验产品的开发，为未来文旅产业的发展提供了新方向。利用"沉浸+"为"三缸文化"标识文旅商赋能，从而实现"以文兴旅、以旅促商、商旅融合"，是"三缸文化"标识建设项目新的发展方向。

三、群众反馈

（一）精神富起来了

自浙江省公共文化服务现代化先行县创建以来，柯桥区通过"文化标识+群众文化活动"的方式，满足群众精神文化需求。开展"柯桥好戏"活动，利用"省智慧文化云"小程序，精准制定派送清单，年均配送文化惠民

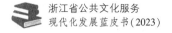
演出 800 余场次，参与人数达 20 万人次，做到全区农村文化礼堂全覆盖，让群众在丰富多彩的活动中享受文化带来的快乐，全民艺术普及率由之前的 71.6% 提升到现在的 87%。

(二)资源活起来了

深入挖掘文化资源，加强传统文化保护，大力传承弘扬优秀传统文化。实施乡村文化记忆工程，对安昌古镇、九板桥村、新桥村等村落进行保护、修缮和利用，形成乡村博物馆；组建本土文化专家"智囊团"，实施"行走乡村文化润乡"美育工程，公开招募三批共 25 位艺术家(团队)"点对点"开展驻村服务，分别结对 25 个柯桥乡村。

(三)产业火起来了

柯桥区紧盯"建成全省公共文化服务现代化先行县、全国全域旅游示范区"两大目标，积极探索"文化+"模式，已形成以稽山鉴水为核心的诗路文化、以平水日铸、平水珠茶为核心的茶文化、以安昌古镇仁昌酱园为核心的酱缸文化，以柯桥古镇和蓝印时尚小镇为核心的染缸文化等文化形态。打造了"越地繁花""织锦迷你靠""王星记扇—兰亭集序""珠联璧合"等市级以上文旅创意礼物 48 件，将文化标识项目落地转化为文旅经济项目，实现了"富脑袋"与"富口袋"、文化资源与社会效益双赢。

构建公共文化服务共同体，谱写东阳"三乡一城"新篇章

东阳自古为婺之望县，钟灵毓秀、人文风流。明代文学家宋濂创作的《送东阳马生序》诉说着这片土地耕读传家的人文底蕴，书院文化孕育的教育之乡、望族府第催生的建筑之乡、百工骈聚打造的工艺美术之乡在此发轫，穿越千年，流播至今。精神富裕，文化先行，自2021年入选浙江省公共文化服务现代化先行县培育对象名单以来，东阳逐步构建起一个政府搭台、社会参与、全民共建共享的公共文化生态圈。

一、机制保障，东阳公共文化先行先试

（一）创新制度研究，推进成果转化

结合东阳实际，邀请省、市两级专家，成立了成立东阳文化高质量发展专家咨询委员会。围绕《激活社会力量参与公共文化服务现代化先行的东阳模式》开展制度设计研究。根据制度设计研究成果转化，出台了《东阳市引导和鼓励特色文化等社会力量参与公共文化服务的实施意见》等系列文件。

（二）优化顶层设计，完善政策体系

围绕创建总目标和创建要求，按照"分工协作、共建共享"的原则，成立由市主要领导任组长、教育、总工会、团市委、文联、统战等41家部

门、乡镇参与的创建工作领导小组，建立起党委领导、政府主导、文化部门具体负责、部门积极配合的公共文化服务协调机制。创建期间召开1次全市文化工作会议、2次全市推进会、多次协调会议，为先行市创建工作提供机制保障。制定《东阳市创建浙江省公共文化服务现代化先行市规划(2022—2023年)》和《东阳市加快推进浙江省公共文化服务现代化先行县创建实施方案(2022—2023年)》，提出重点任务清单和责任单位，统筹推进创建工作，细化任务分工表，8大项目、24项工作任务、68项创建标准，相关指标均高于全省平均水平。通过两年创建，东阳市已基本完成规划内容，并达成省2025年公共文化服务现代化主要目标指标。

(三)做强要素保障，形成创新案例

强化财政投入，公共文化文物事业费占财政支出比重呈逐年上升趋势，2022年占比率位居全省前十。强化人才队伍，出台《关于加强镇乡街道专职文化干部队伍建设的若干意见》，每年组织开展乡镇"文化员"定向培养工作，全市18个镇乡街道"文化下派员"实现全覆盖。强化用地保障，近年来，全市共保障1639.53亩用于建设文化艺术中心、木雕小镇、市民中心、传统工艺工作站等公共文化设施。通过多措并举、政策引导社会力量参与公共文化服务体系建设，形成"政府主导、社会参与、多元融合、共建共享"的公共文化服务新模式。两年以来，通过社会力量共完成25家大师博物馆、7家马生书屋、2家文化驿站，2家美术馆等项目建设。指导横店影视城利用各景区闲置空间，精心打造清宫御膳、海上洋货等20余座小微专题博物馆，形成了集文化展示、研究交流等于一体的综合型文化空间。

二、品质提升，现代化先行县创建工作成效显著

(一)公共文化设施建设迭代升级

在现有"六馆一院"(江滨文化中心、文化馆、图书馆、美术馆、博物

馆、中国木雕博物馆、非遗展示馆、东阳剧院）的基础上，总投资15亿元、建筑面积达15万平方米的文化艺术中心已于2023年年底完成主体结顶，预计2025年启动并投入使用；东阳剧院投入2000万元已于2023年年底完成改造提升。镇级文化活动中心实现大跃升，已完成南马镇、马宅镇等文化站新建，推动巍山镇文体中心建设，建成后预计新增公共文化场馆面积3.8万平方米，省一级综合文化站占比达94.4%。预计到"十四五"末，市镇两级公共文化场馆面积可从1079.21平方米每万人增加至2070.2平方米每万人，增幅达91.8%。

（二）新型文化空间建设推进明显

精准解码东阳文化基因，建成一批群众身边小而美的新型文化空间，如围绕《送东阳马生序》的"勤学"核心，打造具有东阳文化元素的新型阅读空间"马生书屋"；将具有"父子双翰林"美誉的李品芳故居古建筑群打造成东皋文化驿站；联合北京"大米艺术"机构在横店镇官桥村打造乡村美术馆"晗美术馆"等。各类公共文化空间与154个"15分钟品质文化生活圈"实现深度融合。林栖·三十六院、木雕小镇等获评浙江省最美公共文化空间，公共文化服务可及度进一步增强。

（三）公共文化服务提质增效

以东阳传统文化为基底，立足群众文化需求，重点打造"百姓文化艺术节""文艺赋美·艺美东城""东城有戏"等一批品牌文化活动。开展非遗"三进"活动，"林栖·三十六院"打造了7个非遗手工作坊、2个非遗展示场馆、40间非遗主题民宿，组织开展"FUN势去野"田园文旅市集、梦外滩"国潮"美食市集、卢宅非遗集市、木雕小镇"造物奇市"等文旅市集。全市建成"文艺赋美"工程固定活动场地105个，开展文艺赋美演出2828场次、参演志愿者数10885人次。以特殊人群为重点，针对低收入群体、老年人、儿童和残疾人等重点人群，发放文化保障卡952人次，保障金额20万元。

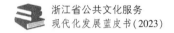
(四)数字化服务能力全面提级

从"线上"与"掌上"两端发力,加强"浙里文化圈"应用的推广,有效对接"智慧文化云"平台,创新推出"云直播""云阅读""云培训""云观展"等在线服务。通过用户精准画像,实时推送文化展览、图书借阅、文艺演出、艺术培训、文化志愿服务等内容,为群众打造丰富多彩的"一站式文化链接"。重大节假日期间,各公共文化场馆开启延时服务,2023年度活动报名人次和博物馆入馆预约人次等两项指标均列全省前列、金华首位,"浙里文化圈"实名注册量和访问量均位列全省第8名。

三、特色亮点,公共文化服务探索"东阳模式"

依托"三乡一城"的优势,东阳创新探索文化事业与文化产业融合发展,引导社会力量积极参与全市公共文化服务建设,走出了一条"融合+拓展"的成功路径,实现了公共文化服务与文化产业"双向奔赴"。

(一)公共文化+木雕,丰富公共文化内涵"新发展"

由政府投资55亿元建设占地面积共230亩的木雕小镇公共服务中心,聚集25家国家级、省级木雕大师艺术馆,累计举办文化展览、艺术沙龙、教育研学等活动逾百场,服务人次超60万人。举办非洲留学生"非常铸木"雕刻艺术作品展和"巧倕坊——2023中国和非洲木雕艺术家创作交流"项目,为中非文化交流互助拓宽了渠道。

(二)公共文化+旅游,培育文旅融合公共服务"新优势"

鼓励各类公共文化资源嵌入景区,文艺赋美、非遗市集、美术展览等文化活动带旺了卢宅景区人气,全年共吸引200多万游客。横店影视城泛博物馆群入选第一批省级公共文化国际交流基地,本年度举办各类文化活动共计 3000 余场，服务人次达 20 万人次。用艺术唤醒乡村、振兴乡村，通过"暗美术馆"的文化引领，横店镇官桥村成功创建文艺赋美·浙江省美育示范村。与中国国家话剧团达成战略合作，探索打造具有东阳辨识度的文旅 IP，进一步打响东阳文化和横店影视城的品牌形象，谱写"文化+影视+旅游"深度融合新篇章。

（三）公共文化+影视，搭建海内外文化交流"新平台"

立足横店影视特色，打造省内首家以"阅读+影视+艺术生活"为主题的横店电影城市书房。指导影视企业参与"一带一路"倡议，如欢娱影视带动昆曲、刺绣、绒花、缂丝、花丝镶嵌等 30 余项非遗项目发展，作品覆盖 120 多个国家和地区。2023 年春节在新加坡参与主办"欢乐春节霓裳之会"影视非遗文化展，致力于构建中国文化与世界文化的跨文化传播体系。2023 年东阳欢娱中华美学传播中心成功入选"浙江省国际人文交流基地"。

四、以"文"筑梦，浸润百姓文化生活

自东阳市全力推动浙江省公共文化服务现代化先行县创建工作以来，群众家门口的文化生活有了新看头，获得感与幸福感更多了，全民艺术普及率从 72.4% 提升至 82.8%，社会公众对公共文化服务满意率从 82.85% 提升至 86.9%，城乡居民综合阅读率从 87.5% 提升至 92%。两年来，通过探索服务人民群众的新渠道、增强文化实力的新优势、促进文化产业发展的新动力，助力优质精品文艺活动层出不穷，公共数字文化建设不断出新，构建起全域覆盖、布局均衡、服务民生、充满活力的现代化基层公共文化服务体系。

创新"三百联盟"，共谱龙游文化新篇

近年来，龙游县大力推进文化龙游建设，2021 年成功创成山区 26 县唯一的省级公共文化服务体系示范区，2023 年成功创成浙江省公共文化服务现代化先行县。龙游县根据先行县创建标准，对标对表补短板，打造特色创亮点，持续深化社会力量参与公共文化服务，创新搭建以百家站堂共建、百村赛事活动、百师培训服务为主要载体的"三百联盟"运作新体系，迭代基层文化阵地建管用育新模式，为塑造高效能、高品质、有温度的文化服务空间运营模式提供龙游实践样本。近两年，"三百联盟"运作新体系入选全国、省级基层公共文化服务高质量发展典型案例，多次得到省市领导批示，获得人民资讯、浙江日报等多家媒体专题报道，走出了一条在现代化先行中实现文化先行的探索之路，切实增加群众的文化获得感。

一、主要做法

（一）重抓项目建设，打造全域一体文化设施"圈"

龙游县高品质打造城市文化地标。大力推进公共文化服务中心项目建设，目前主体竣工，2024 年开展装修施工，为龙游公共文化开启更全面、更敞亮的未来。投资 1.6 亿元的龙游博物馆开放以来，已成为龙游人的最佳"城市会客厅"，15 个乡镇（街道）综合文化站全覆盖，建成农村文化礼堂 240 家，10 家文化家园·市民驿站。多样化推动新型公共文化空间建设，打造文化驿站 2 家，乡村博物馆 4 家，南孔书屋 20 家，全县已建成"15 分钟品质文化生活圈"178 个，为群众提供了更为便捷优质的公共文化服务。

（二）聚焦品质提升，健全公共文化服务供应"链"

"数字化"服务走深走实，开展文化馆、图书馆新馆智慧化设计，"浙里文化圈"线上服务扩面增效；文化惠民全地域覆盖，2023 年全县已举办各类活动 6000 余场，惠及群众 90 余万人次；大力推进全民艺术普及，打造龙游县水脉文化艺术节文旅融合 IP，开展文艺赋美工程，今年以来开展"文艺赋美"活动 1000 余场。积极推进全民阅读工作，打造了"书香龙游"全民阅读品牌，群众文化获得感不断提升；加快公共文化品牌创建步伐，成功创建"满意图书馆"，创成省级文化强镇 3 个，民间艺术之乡 1 个，推进"龙游商帮"文化标识建设，入选首批省级文化标识创新培育项目，举办"龙游石窟"基因解码研讨会，活动受到《人民日报》等媒体的关注，打造了"百村（社）赛事""魅力青年"才艺大赛等一批活动品牌，其中大街乡贺田"村晚"荣登大年初一央视《新闻联播》，2023 年龙游县湖镇镇希唐村入选全国秋季"村晚"示范展示点，顺利承办全市"村晚"，打响"橘香希唐"村晚品牌。

（三）加强队伍建设，构建全员参与文化人才"库"

培育"三团三社"文艺团队 600 余个，乡村文化能人 231 人、文化示范户 47 户。开展"文化村长"基层文化治理实践和文化志愿服务，培育"8090 新时代理论宣讲团""暑假来吧"等一批志愿服务品牌。实施艺术振兴乡村计划，培育了一批乡村文化策划师，如"一盒故乡"创始人姜鹏带动溪口镇文创产业发展，沐心文化传媒公司许良平推动沐尘畲族乡文旅共富，相关事例登上 CCTV2《乡村振兴中国行》栏目，瓷米文创主理人吴琴芬作为总策划人参与了龙游县水脉文化艺术节，活动被《光明日报》等多家国内外媒体宣传报道等，为乡村文化注入活力。

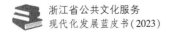
(四)引入社会力量，打造三百联盟新亮"点"

1. 以社会化为支撑，"百个站堂共建联盟"实现基层公共文化服务大提升

在乡镇(街道)综合文化站社会化运作基础上，进一步拓展社会化服务范围，开展农村文化礼堂"站堂联盟"社会化管理。以乡镇(街道)为主体，整合文化站、文化礼堂免费开放经费，按需购买场所日常管理运营、队伍组建培训、培训活动开展等服务项目，用有限的财政资金撬动专业公司的社会力量。截至目前，178 个"15 分钟品质文化生活圈"均通过"站堂联盟"配有文化管理员、流动辅导员等专业人才，切实提升运作效能。

2. 以精品化为准则，"百村（社）赛事联盟"实现基层公共文化品质大提升

通过竞赛机制推动全县各机关部门、各乡镇(街道)、各村(社)文体活动开展，让文化活动"闹"起来。在主体上，通过政府"搭台"、百姓"唱戏"，鼓励群众成为舞台的主角；在内容上，下沉文艺骨干力量，指导组建村社文艺小分队，精心编排具有地方特色的文艺节目，促使"送文化"向"种文化""创文化"转变；在机制上，聚焦节目创新力、群众参与度、活动覆盖面等维度，构建政府主导、媒体推动、社会支持、群众参与的文体赛事运作模式，通过赛事比拼精选出群众喜闻乐见的优秀作品，进一步提升基层群众文化生活品质。创建以来，龙游县围绕"月月有活动、季季有亮点、全年都火爆"目标，共举办各类百村赛事群众文化活动 180 余场，累计登台演出的基层群众和乡村文艺骨干 2.1 万人次，惠及现场观众 20 余万人次，线上点播量 300 多万人次，有效满足群众日益增长的精神文化需求。

3. 以多样化为核心，"百师千场培训联盟"实现基层公共文化供给大提升

凝聚全县域文化队伍，搭建艺术指导联盟，弥补乡镇"三团三社"专业化水平不高的短板；通过采购音乐等十大类别公益培训课 1000 课时进行"点单式"配送，对"三团三社"乡村文艺带头人、文化公司、基层群众实施"百师千场"大培训，丰富基层文化供给；积极鼓励社会文艺专业人才机构开展文化志愿服务，激发文化内生动力。引导校外非学科类培训机构组建行业协会并开展公益培训，推动社会化。目前已有 10 家非学科类文体培训机构加入志愿服务队伍，200 余名专业人才开展辅导授课。

二、取得成效

龙游县以省级公共文化服务现代化先行县创建为引领，推进全县域公共文化服务标准化、品质化、社会化提升。创设"三百联盟"运作机制，以有限资金撬动社会力量，达到"四两拨千斤"的服务成效，实现基层文化设施大门常开、活动常态、人员常在，掀起了一股内生性多元化的文化热潮，该案例入选由中央宣传部、文化和旅游部、国家发展改革委组织遴选的基层公共文化服务高质量发展典型案例，成为浙江省三个入选案例之一。得到时任浙江省委常委、宣传部部长王纲、宣传部副部长盛世豪批示肯定，并受江苏省文旅厅邀请做经验介绍。

三、经验启示

（一）为公共文化服务提质增效探索了新路径

龙游县通过"社会化"运营催生和培育了县域内文化产业的发展，激活

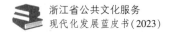

了群众办活动的"一池春水"，一批文化公司从小微企业向"规上"发展，构建了省域公共文化社会化服务的实践案例。

（二）为乡村文化振兴描绘了新图景

群众通过文化活动，倾听党的声音，领会党委政府政策，充分展现了"乡村会客厅"在基层治理、共同富裕建设等方面的重要意义和作用，为推动乡村振兴注入精气神。

（三）为山区 26 县实现精神共富提供了新样本

以机制创新为引领，实现"花小钱、办大事"，推动公共文化服务水平大提升，为全省经济欠发达地区推动公共文化服务提升提供实践样本，为以精神共富推动中国式现代化贡献龙游智慧和龙游力量。

四、群众反馈

（一）群众文化生活更加丰富

先行县创建以来，全县新增各类文体队伍 500 余支，累计开展各类活动 1.3 万余场，"我们的村晚""我们的村运""暑期来吧""8090 新时代理论宣讲"等活动在文化阵地大放异彩，连续举办 10 年的全县农村文化礼堂精品节目展演持续彰显品牌效应，涌现出越来越多的"草根明星"，文化阵地真正实现大门常开、群众常来、活动常态。

（二）群众文化选择更加多元

龙游县在先行县创建过程中注重特色文化传承与发展，形成各具特色的文化活动品牌。比如，湖镇镇推行"三百联盟+文化经纪"模式，依托文化礼堂组建 15 支非遗表演队伍，推出 25 个非遗展示节目，利用节庆假日在老街常态化开展非遗节目表演，既满足本地群众文化需求，又拓宽走出去演出市场，实现文化效益和经济效益双丰收。比如积极打造的"沐尘畲乡三月三""天池荷花文旅节"等"一乡一节会，一村一品牌"的文化活动，活动品牌效应不断彰显，成为龙游文旅融合新亮点，群众的文化选择更加丰富多元。

（三）群众文化需求更具品质

龙游县持续推进先行县建设，依托"智慧文化云"服务端开展"百师千场"培训，为群众提供非遗手工、民乐戏曲、音乐舞蹈等丰富多样的文化培训，通过"菜单式"服务供给的模式为基层群众配送课程，实现从"有什么就提供什么"向"群众需要什么就提供什么"转变，发展形成"曲艺戏舞影书画"等多元化、个性化的服务。并根据青年群体提出"文化夜校"的艺术普及需求，老年群体的"老年学堂"建设需求等开展更精准、更高质量的文化供给，群众的文化生活更具品质。

下一步，龙游县将以增强群众文化参与感、获得感、幸福感为出发点，锚定更高的品质文化生活目标，提供更精准的公共文化服务供给，深入推进"三百联盟"机制运行，加快实现成果转化，推动文化龙游发展再上新台阶，努力为全省公共文化服务现代化建设提供龙游示范样板。

聚焦社会力量参与，温岭创新打造公共文化运营管理"新机制"

温岭市作为首批浙江省公共文化服务现代化先行县创建单位，在创建期内不断深化公共文化服务先行理论研究，积极探索和创新社会力量参与公共文化服务的运营和管理机制，聚焦解决和突破个体、家庭等"第五级"主体参与公共文化服务，搭建形成以"家庭图书分馆、乡村艺校、乡村文化客厅"三大载体为基础的社会力量参与公共文化服务创新服务模式和运营机制，打通公共文化服务"最后最美一公里"。

一、主要做法

(一)全域覆盖，拓展社会力量参与的服务范围

1. 首创家庭图书分馆，完善阅读服务体系

创新探索"公共资源+社会资源"模式，通过将借阅册次从 8 本提高至 25 本免押金借阅的方式，鼓励支持群众在自家场地或工厂、商店等设立家庭图书分馆，对全社会或邻里、单位内部等免费开放，开展图书借阅、阅读推广等工作，把阅读服务的触角延伸至最小的单位，实现资源互补。

2. 深化"乡村艺校"工程，推进全民艺术普及

依托镇(街道)综合文化站、农村文化礼堂、社区文化家园等城乡公共

文化阵地，活用培训机构、企业、民宿等社会资源，因地制宜设置教学培训点位。着重在学校及机构教师、乡村文化能人、国字号专业协会会员、工艺美术大师、非遗传承人等队伍中选拔吸纳各领域社会专业师资人才，逐步健全乡村艺校专家库名录。建立群众点单机制，设置群众喜爱的培训课程，打造群众家门口的艺术培训平台。

3. 建设乡村文化客厅，打造文旅融合新空间

总结提炼文化场馆总分馆制"温岭模式"建设经验，将阅读功能作为必备要素，集成培训讲座、展览展示、文艺演出等功能，同时结合地域特色和民俗风情，打造一批文旅融合、主客共享、阅读自由的乡村文化客厅，定期举办主题文化活动，为城乡居民就近提供优质文化服务。

（二）多方保障，构建社会力量参与的支撑体系

1. 政策引导，制度先行

制定发布《关于构建温岭市城乡一体化市文化馆、图书馆总分馆服务体系的实施意见》《温岭市基层文化空间建设和资金补助办法》等一系列文件，支持和鼓励全社会各方力量开展文化空间设施建设，补足城市社区和农村基层公共文化设施短板。出台《温岭市扶持新文艺组织和群体工作方案》《温岭市新文艺组织和群体工作扶持暂行办法》，完善社会团体、民营企业等多主体参与文化建设的机制，从政策扶持引导、制度规范建设等角度营造社会力量参与的良好氛围。

2. 设定标准，规范先行

根据调查研究和实际建设经验，制定台州市地方标准《家庭图书馆建设与服务规范》和《乡村文化客厅建设与服务规范》，明确家庭图书馆、乡村文化客厅的建设标准和服务内容，进一步推进公共文化服务标准化、社会

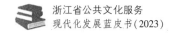
化发展，为全省社会力量参与公共文化建设提供了可借鉴、可复制、可推广的"台州经验"和"台州标准"。

3. 数字赋能，技术先行

首创镇（街道）基层公共文化动态评估系统，将社会力量参与公共文化服务纳入效能评估体系，通过群众反馈、主体评价等方式助推社会力量主体服务优化。同时，搭建"互联网+公共文化"服务平台，推动各级各类文化资源和服务共建共享、互联互通，逐步实现公共文化服务线上线下联动和一站式通行。

（三）品质导向，提升社会力量参与的服务效能

1. 强化指导，纳入服务体系

通过举办知识管理讲座，指导家庭图书管理员开展阅读专题活动，提升家庭图书分馆管理员的管理水平和业务能力。组织举办乡村文化客厅管理座谈会，根据乡村文化客厅所在地的地域特色、主题特点等来打造特色服务项目。同时，将家庭图书分馆纳入全市公共图书馆服务体系，"乡村艺校"、乡村文化客厅纳入"浙里文化圈"管理系统，实现统一管理。

2. 强化整合，鼓励特色发展

鼓励建设主体根据实际情况和兴趣爱好建设不同主题内涵的乡村文化客厅。不同于家庭图书馆的单一阅读推广功能，乡村文化客厅的功能更多元，涉及阅读、展览、研学、演出、非遗等，鼓励建设主体根据实际情况和兴趣爱好建设不同主题内涵的乡村文化客厅。鼓励特色发展，用差异化实现群众文化生活的多样性。其中较为成功的案例是在石塘等地推行的乡村文化客厅建设，不仅为当地民宿发展增添深厚文化底蕴，还能够为当地民众和外地游客提供分享、互动、交流、创业、交友、学习等多元化服务，

助力民宿服务品质不断提升，体现文旅融合。

3. 强化评估，引入退出机制

为激发乡村文化客厅建设者运营积极性，避免"三分钟热度"现象的出现，定期对乡村文化客厅进行开展评估，核查活动场次、活动质量、场所管理、服务质量、客流量等数据。根据评估结果，对乡村文化客厅进行等级评定，通过优胜劣汰的市场机制，推动乡村文化客厅的良性发展，真正发挥乡村文化客厅新地标、文化新空间的作用。

二、取得成效

(一)坚持共建共享，基层文化空间得到有效拓展

截至 2023 年，温岭建立了 400 余个家庭图书分馆，七成在农村，覆盖海岛、渔区和边远落后地区；成立"乡村艺校"317 所，实现所有村居全覆盖；建成乡村文化客厅 35 家，实现全市镇(街道)全覆盖，社会力量参与建设的文化空间有效完善了基层文化设施网络。

(二)延伸服务末梢，基层群众文化生活不断丰富

社会力量参与的广覆盖的图书分馆充分弥补了公共资源的不足，打破公共图书馆原有服务时间和地域的限制，大幅提高了公共图书馆的图书借阅量和总藏量，打通了全民阅读"最后一公里"。"乡村艺校"自 2020 年开办以来，4 年共开设公益文艺培训课程 2178 班次，招收学员 39314 人，惠及群众 94.4 万人次。乡村文化客厅建设以来，举办各类文化活动 500 余场次，内容涵盖讲座、展览、手工制作等多个类别。

(三)坚持以人为本，基层公共文化队伍日益壮大

温岭社会力量参与公共文化服务注重调动家庭、企业等主体的积极性，

吸纳乡村文化能人、文化示范户、文化志愿者等参与家庭图书分馆、乡村文化客厅的管理和服务,目前长期参与文化志愿者500余人。通过搭建"乡村艺校"培训成果展演平台,鼓励培训学员展示所学之长、发挥带动作用,培育了143支优秀乡村艺术团、3500余支文体团队、目前已有近10000名学员转化为文化志愿者,实现从"送文化"向"种文化""育文化"的有机转变。

三、经验启示

(一)机制创新是基础

打破体系的束缚,重构社会力量参与格局,是温岭能持续拓展社会力量参与公共文化服务内涵的坚实基础。从街道文化站的社会运营项目初探,到近年来家庭图书分馆、乡村艺校、乡村文化客厅的创建,离不开公共文化"政府主导、社会参与"的重要方针。在此过程中,充分发挥图书馆文化馆总分馆体系建设作用,将家庭、个体营业者、文化组织(社团)、文化企业等多方力量纳入公共文化建设体系,广泛吸纳基层文艺骨干、文化大使、文化能人、志愿者及艺术爱好者共同参与打造家门口的文化阵地,让公共文化融入城乡居民生活中。

(二)群众需求是根本

家庭图书分馆、乡村艺校、乡村文化客厅在建设初衷、网络布点、课程设置、服务项目等方面,统筹考虑群众需求,因地制宜配送服务资源,变送文化为种文化,在这个过程中,越来越多的社会力量自愿加入公共文化服务队伍,从单纯的公共文化接受者转变为公共文化的提供者,真正做到多方共建共享,温岭市在公共文化服务现代化建设中,也实现"满足人民精神文化需求"向"顺应群众美好生活新期待"的跃升。

（三）数字管理是关键

"数字化"是当代公共文化发展的技术保障，要将分散的社会力量统一到公共文化服务的大体系中来，必须借助便捷高效的数字化管理平台，温岭市的家庭图书分馆、乡村艺校、乡村文化客厅在高效运行的背后，都有总馆搭建的数字平台做支撑，负责图书配送/流转、活动发布、学员报名等事宜，这种自上而下的"数字化"管理，既减少了市级宏观决策层面的后续调研成本，又减轻了基层微观层面的重复管理麻烦，极大提升工作效率。

（四）政策支持是保障

自上而下的政策支持是引导和鼓励社会力量参与公共文化建设的有力保障。温岭相继出台了《关于进一步完善"乡村艺校"运行机制加强市镇两级文化艺术培训的通知》等各类政策文件，给予社会力量参与的充分支持。优化社会力量参与公共文化服务的顶层设计，规范政府采购，加强运营指导，建设标准化体系，优化运营管理；放宽社会力量准入门槛的同时，强化过程监督，健全评价考核。

四、群众反馈

温岭市民营经济发达，社会主体众多，参与文化建设意愿强烈，为社会力量参与公共文化服务机制创新打下了良好的基础。温岭家庭图书分馆建设荣获"中国首届公共图书馆创新创意推广案例最佳创新奖"。"乡村艺校"公益文艺培训入选2022年全国文化科技卫生"三下乡"活动示范项目，系全省文化领域唯一。乡村文化客厅建设工作得到文旅中国、中国日报中文网等多家媒体点赞。

以家庭图书分馆、乡村艺校、乡村文化客厅为载体的社会力量参与公共文化服务打通了公共文化服务"最后"和"最美"一公里，将公共文化服务植入居民日常生活，进而有效带动乡村文化生活的活跃与发展。

浙江省公共文化服务现代化领航项目
总结报告汇编

桐庐县艺术赋能乡村融合促进发展

近年来，在省厅、市局领导和专家的指导下，桐庐县紧紧围绕省公共文化服务现代化领航项目的宗旨，走艺术赋能乡村之路，拓展公共文化服务内容、创新公共文化服务形式、打造"嵌入式"新型公共文化空间、打响中国桐庐山水艺术季、中国桐庐富春江诗歌节等品牌文化IP，公共文化服务保障力、供给力、效能力不断提升。2021年《桐庐县激活文化力量助推乡村文艺复兴》在省委办公厅浙江信息上刊发；2022年《桐庐艺乡》入选浙江省公共文化服务高质量发展典型案例名单，《文化赋能乡村振兴的桐庐实践》入选全国基层公共文化服务高质量发展典型案例；2023年出台《桐庐县文旅深度融合工程实施方案》，入选省级文化产业赋能乡村振兴试点名单。2023年3—5月，举办的"桐庐山水艺术季：营造乡村旅游的艺术新空间"入选全国10个"艺术和旅游融合经典案例"，活动期间带动乡村旅游接待337.38万人次、旅游收入29.86亿元，分别同比增长169%、181%。

一、主要做法

(一)突出三个强化，不断提升公共文化服务保障力

1. 强化规划引领

制定《桐庐县艺术乡村建设实施方案》，从县域层面统筹谋划，从文化

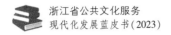
场馆建设、文化活动开展、文艺队伍培育等方面保障公共文化服务，重点打造梅蓉村、石舍村、芦茨村等艺术乡村，推动雕塑小品、音乐空间、书画色彩等艺术样式融入乡村特色民居、景观小品、文旅项目等。

2. 强化特色打造

确立 18 个艺术乡村试点村，按照"一村一策"进行特色化打造。如梅蓉村依托《富春山居图》实景地，打造寄情山水的艺术季活动；翙岗村结合现代潮流艺术，举办动漫艺术节和"洗街"非遗文化节；芦茨村青龙坞艺术谷则依托高端民宿聚集，常态化开展脱口秀、诵读之夜、国际音乐沙龙等特色活动。

3. 强化共建共享

充分调动社会力量参与艺术乡村建设，打造一批书香、茶香、墨香的"三香"民宿，建成一批乡村生活书吧，将村级亚分馆纳入桐庐图书馆总分馆体系，实行"通借通还"，拓展基层公共文化建设主体。

（二）实施四大工程，不断提升公共文化服务供给力

1. 实施文化基因解码工程

组建专家团队，加强对中医药文化、隐逸文化、富春山居文化等文化元素的挖掘，提供更加丰富和多样的公共文化服务产品。

2. 实施艺术村镇创建工程

加大乡村艺术场馆、人才队伍、产业项目建设，新建动漫艺术馆、民俗文化馆、乡村美术馆等，基层的文艺场馆更加多样化、更具特色化。

3. 实施品牌 IP 打造工程

以"全民艺术节"为统领,举办乡村音乐节、非遗文化节、农民丰收节等活动,优化"新合索面节""莪山开酒节""江南开渔节"等乡村文旅节庆,推动优质公共文化服务向乡村延伸。

4. 实施农民艺术提升工程

组建全民艺术普及联盟,引进文艺高校、艺术专业机构和文创达人、非遗达人同试点村建立结对关系,设立艺术工作室,深化"三团三社"文艺队伍建设。

(三)聚焦融合发展,不断提升公共文化服务效能力

1. 培育艺术乡村文化产业项目

举办乡村文旅相亲会,邀请各类投资商、青创客、乡村运营企业等群体参加,吸引本地村民、外来投资者等社会资本投资创业。

2. 打造"忆江南·富春山居游" IP 项目

抓住央视春晚推出的《忆江南》节目,谋划"忆江南·富春山居游",作为艺术乡村建设的重点工作,举办"忆江南·文化赋能共同富裕"研讨会、推出"忆江南·富春山居游"游线,人民日报、新华社等媒体相继报道,微博话题"忆江南富春山居在桐庐"阅读量达 9776.2 万。

3. 通过艺术活动拉动乡村文旅消费

常态化开展中国桐庐山水艺术季、富春江诗歌节、大奇山音乐节、稻田音乐节、"盲盒戏曲周"等大型艺术活动带动乡村旅游,让群众在家门口享受高质量的文化大餐,还获得实实在在的经济收入。

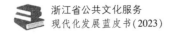
二、主要成效

(一)整合文旅资源,提升了乡村文艺气质

1. 夯实文艺创作基础

成立文化艺术发展基金,出台《桐庐县文化产业扶持资金实施细则》等政策,扶持越剧创作、文创项目等项目 13 个,使用资金 500 余万元。出版《诗说桐庐》《潇洒桐庐．富春山居文旅丛书》《结庐在桐庐》等 20 余套。编排《南堡壮歌》越剧大戏、实景山水戏剧场《还有富春山》等作品 50 余件。

2. 构建新型文旅空间

建成舒羽山房·国际写作中心、芦茨乡村美术馆等乡村艺术场馆 12 个,乡村民宿书吧 15 个,乡村青少年美育场所 50 个。每年送文化下乡 200 场次,开展书画、文物等展览 100 场次。

3. 引进优秀文旅人才

实施文旅人才驻村计划,通过项目合作、技术入股、岗位聘任等方式,引进黄保国、蓝银坤等 50 名书画家、作家、诗人、非遗工匠建立工作室、创作基地。聘请许江、朱海、舒羽为首批文化大使,实施"名人名家走进桐庐""潇洒桐庐中国画展"等 5 个文旅推广项目。

(二)打造文艺品牌,丰富了乡村文旅业态

1. 突出艺术村镇建设

建成动漫艺术翙岗村、梅蓉公共艺术村等 18 个艺术乡村,形成亲子体

验游、古村美食游等文旅产品。培训乡村文艺骨干 5000 余人次，培育文艺队伍 93 支，文化队伍更加充实和壮大。

2. 打造多元文旅 IP

以艺术体验点、非遗项目、文创集市等为重点，打造多元文旅 IP。富春江镇引进山野风物市集，成为游客周末打卡点。武盛村引进太炎国学书画院，打造集书法、茶文化于一体的文化体验点。

3. 培育乡村演艺品牌

培育更多接地气、叫得响、传得开、留得住的乡村演艺品牌，实现艺术精品创作和丰富旅游内容有机结合。培育《红街畲寨》《还有富春山》演出等 8 个乡村演艺品牌。

(三)强化文艺引流，带动了乡村文旅升级

1. 引进优质影视"营销"

艺术乡村吸引了优质综艺、剧组来桐，激发文艺赋能旅游产业发展活力。综艺《我们的客栈》、影视剧《时光正好》等来桐取景录制。其中《我们的客栈》12 期在莪山畲族乡录制，该综艺抖音合集播放量突破 34 亿次，全网热搜突破 7033 个，微博平台热搜达 3904 个。

2. 丰富节庆活动"引流"

开展大型乡村文化艺术活动 40 余场，带动乡村旅游收入 16.4 亿元。山水艺术季实现乡村旅游收入 6441 万元，其中第二届艺术季活动串联多个艺术村，仅开幕式 3 天梅蓉村民宿住宿率达 100%，吸引游客 6.3 万人次。富春江诗歌节持续三个月，举办的"任意东西"桐庐诗性艺术展，全国知名高校诗社桐庐联盟大型采风活动，让艺术乡村更添诗意。

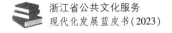
3. 吸引文旅项目"落地"

招引了一批优质文化企业参与艺术乡村建设运营,深澳村招引艺术大师、艺术工匠项目 20 余个,引进社会资本 3000 余万元,建设了集书画、茶艺、雕刻等 50 余处开放式的文化共享空间。梅蓉村吸引吉木丘林家庭手作农场、稻田咖啡馆等外来投资商入驻梅蓉、扎根乡村,也带动了本地村民建设精品民宿及农家乐。创建以来共签约乡村文旅投资项目 50 余个,投资总额约 60 亿元。

专 家 点 评

巫志南,国家文化和旅游公共服务专家委员会委员、上海社会科学院文学研究所研究员

桐庐县"文化艺术赋美乡村建设"领航项目,将乡村公共文化服务创新发展与艺术乡建、旅游开发紧密结合,采用社会化方式,深化乡村公共文化服务和旅游融合发展,在全面带动乡村振兴、刺激乡村文旅产业发展、促进乡村群众灵活就业等方面取得显著成效。项目确立梅蓉、翔岗、石舍、芦茨等 18 个特色艺术村为创建试点村,各村艺术内容、样式的选择由村民自主决定,不搞"一刀切"。如梅蓉村以《富春山居图》实景地为依托,重点打造寄情山水艺术季活动;翔岗村从引入现代潮流艺术入手,举办动漫艺术节和"洗街"非遗文化节;芦茨村结合青龙坞艺术谷高端民宿相对集中的特点,常态化开展脱口秀、诵读之夜、国际音乐沙龙等专题性特色化活动。创建过程中,县文旅部门主要从四个方面指导支持:一是做好宣传发动、统筹规划、引领指导,确保项目创建沿着正确方向推进;二是对各村资源

环境特点和群众意愿进行摸底调查，在此基础上顺势而为、因地制宜地推进"一村一策"特色化打造，避免"千篇一律、千村一面"；三是深度挖掘地方传统节庆资源，加以特色化、互动化、时尚化提升，使之既原汁原味、又鲜活灵动地嵌入融入创建试点村，如"新合索面节""茆山开酒节""江南开渔节"等；四是借举办"全民艺术节"之机，推动乡村音乐节、非遗文化节、农民丰收节特色活动延伸至试点村举办，丰富内容、扩大影响、集聚人气。实地验收看到，石舍、荻坪等原先交通不便、深处山中的乡村，如今面貌大为改观、游客络绎不绝、村民有业有乐。此情此景，无言讲述着桐庐领航项目创建的突出成就。

宁波市"一人一艺"全民艺术普及工程

近年来，宁波市"一人一艺"全民艺术普及工程，以提升人民群众艺术素养和探索文化场馆转型升级为"突破口"，以前瞻性的顶层设计、多部门的整体联动、社会化的运作机制、数字化的平台推广备受关注，成为全国公共文化服务改革的新亮点。

宁波市文化广电旅游局以浙江省现代化领航项目创建为契机，通过专班负责、专家引领、专题谋划为主线，扎实推进"一人一艺"再攀高峰。先后荣获：2021年度文化和旅游领域创新十佳案例、2022年中国城市旅游优秀案例20强、省"八八战略"实施20周年文旅典型案例等殊荣。

一、主要做法

以领航项目的创建工作为指引，积极转变公共文化服务供给模式和效能，促进全市公共文化服务高质量发展；优化"一人一艺"品牌建设，举办全国性赛事活动，助力青少年美育提质升级，通过组织保障、制度保障、宣传保障、经费保障等四大保障，全面深入推进领航项目创建工作。

（一）组织保障，主导联动显实效

局党组高度重视，成立创建工作领导小组，建立以局党组牵头，公共服务处具体负责，市文化馆落地实施的工作机制。同时联动教育局、文联、总工会等联席会议部门，形成艺普共建全市一盘棋。

(二)专家合作，规划布局站位高

与国家公共服务体系专家委员会首席专家李国新教授团队，联合开展"一人一艺"三年行动计划项目，前瞻规划、谋篇布局，确保"十四五"期间"一人一艺"工作持续深化提升。

(三)成果提炼，宣传影响再升级

围绕"一人一艺"创新亮点，提炼有高度、有热度、有温度的宣传内容。先后入选市委深改办《改革先锋》《浙江宣传》半月刊、省委宣传部专报等，并获省委宣传部常务副部长来颖杰批示。"一人一艺"精品团队宁波合唱团受邀参加央视七夕晚会表演。光明日报、中国文化报、团结报等媒体多次报道"一人一艺"。

(四)交流推广，示范展示成果丰

首创全国联动的青少年美育展演，获文化和旅游部、全国公共文化发展中心领导高度肯定。承办浙江省全民艺术普及工作推进会，宁波《艺术普及助共富"一人一艺"甬先行》实践经验在全省推广。连续两年开展宁波市全民艺术普及季，推出千场艺普活动、万节公益课程，服务群众40余万人次。同时，受北京、广州等文旅部门邀请，专题交流"一人一艺"全民艺术普及工作经验。

(五)经费投入，财政专项有保障

在创建周期内，财政投入逐年显著递增，2021年投入882.2万元，2022年投入1325.97万元，2023年增至1555万元，保障了创建工作的持续深化，扎实有效推动创建工作的落地实施。

二、取得成效

"一人一艺"全民艺术普及工程以创建领航项目为契机,主要在深化机制创新、着力效能提升、破解供需难题、探索服务延伸等方面取得了显著成效。

(一)政府主导与社会参与"双驱"推动

积极引导和鼓励社会力量、社会资源积极参与,深化跨部门、跨行业、跨区域合作。组建社会联盟、创新打造"一人一艺"新空间,出台《"一人一艺"社会联盟管理办法》《宁波市"一人一艺新空间"和"天一书房"创建工作的通知》等扶持政策,为市民提供更多的文化产品和服务,同时为社会机构、艺术团体、群众文艺团队和公民个人等提供场地、资金、政策扶持,极大地调动了社会力量的积极性,带动了公益性培训和文化消费双发展。社会力量参与公共文化服务更加普遍,服务领域内容逐步深入。社会联盟、新空间等涉及全民阅读、艺术普及、文旅融合等公共文化服务的重要领域,涵盖公共文化服务各工作环节,成为公共文化服务重要组成部分,在基层服务供给配送、设施空间建设运营、文化志愿服务方面成效明显。

(二)搭建平台与公益赋能"双效"提升

通过搭建艺术赛事平台、提供宣传推广渠道,实现艺术普及效能全面提升。连续两年举办"未来艺术家"系列艺术赛事活动,每年吸引了超过千人参与比赛,在线直播观看量超千万人次。其中,2022年青少年声乐大赛少儿声乐作品线上投票36万张、点击量超103万。艺培新形象培养计划,吸引全市344家社会艺术机构加入"一人一艺"社会联盟,超千名教师入驻全民艺术普及师资库。"一人一艺"云平台整合市文化馆和10个区县(市)

文化馆和 155 个文化站资源，吸纳社会联盟 123 家、非遗传习机构 16 家，推出学才艺"双减"示范课等慕课资源，提供线上资源服务。2023 年，创新打造"共享艺普空间"数字化管理项目，有效盘活公共文化空间资源，提高场馆的服务效能。

(三)美育专项与供需对接"双向"破题

"一人一艺"美育专项将我市全民艺术普及和"双减"创新实践有机结合，开展校园艺术普及需求专题调查，整理成"双减"后课后时段的艺术服务需求特色清单，同步联动社会机构推出"师资+课程"订单配送等内容，切实搭建起校园与机构的沟通渠道，从供给侧出发有效解决了校园艺术服务缺口与社会艺培服务不对接、不匹配难题。

(四)艺普文旅与乡艺振兴"双核"效应

通过"艺普+乡建"将艺术普及向乡村延展，通过"艺术家驻村"等形式，实现"村村有品牌，户户有特色"的繁荣景象。推出面向农村未成年人的"艺普+礼堂"项目，两年选派 50 多位艺术教师开讲 3000 多课时，线下 3.5 万人次，线上 20 多万人次接受艺术培训服务。2023 年推出了贯穿全年的乡村美育行动，其中"合唱赋能乡村计划"，以合唱训练为载体，派遣专家下乡对宁海象山两所偏远乡村、海岛小学的学生进行合唱教学和辅导，帮助学校建立合唱团队，提升合唱艺术水平，培养乡村合唱人才。"美育乡村援建计划"，与宁波对口援建的青海省海西州天峻县合作，搭建"一人一艺·云课堂"，选派老师为天峻民族小学培育鼓号乐队，组建天峻青少年艺术团参加全国美育展演，让"一人一艺"点亮高原山乡。

三、经验启示

宁波以提升人民群众艺术素养和探索公共文化服务转型升级为"突破

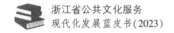
口"，创新实现"一人一艺"全民艺术普及四大亮点工作，为全民艺术普及工作提供了以下经验启示。

（一）艺术普及社会化服务出台规范

规范标准方面实现突破。宁波出台全国首个《"一人一艺"全民艺术普及社会化服务规范》，填补社会机构艺普规范的行业空白，有效凸显社会力量在公共文化服务领域的高净值服务。出台《"一人一艺"社会联盟管理办法》，引导社会机构在基层服务供给、设施空间运营、文化志愿服务方面发挥积极作用。

（二）"一人一艺新空间"推出服务样板

"一人一艺"在 344 家社会联盟矩阵基础上，推出《宁波市"一人一艺新空间"和"天一书房"创建工作的通知》，两年打造 45 家"一人一艺新空间"，成为全民艺术普及新样板。"趣文化馆"空间服务创新项目，入选 2023 中国文化馆年会案例榜。带梦胡同青年创意社区等三家新空间，荣获浙江省最美公共文化空间奖。

（三）艺术专家联动推广提升艺普品牌

以 10 位文化艺术界专家为带动，树立推广人品牌，遴选一批"一人一艺"实践带头人，通过系列短视频、深度报道等方式助力宁波全民艺术普及建设，掀起宁波全域高质量文化建设的新热潮。

（四）宁波首创全国展演奏响美育强音

宁波首创全民美育青少年声乐展演展示活动，举办美育公益大师班，吸引 31 个省、自治区、直辖市报名参赛，培训 20 多个省市的展演选手，央视频、抖音、文旅中国等联合推广，联动奏响美育最强音。

四、群众反馈

"一人一艺"全民艺术普及开展以来，人民群众的知晓率、参与率和满意度逐年上升，与艺术普及相关的新消费、新产业、新业态快速生长。八年来，群众能参加的普及项目越来越多，培训、讲座、活动、赛事活跃在城市每个角落；群众的选择越来越多，书法、戏曲、非遗、生活美学涵盖了数十个艺术门类；参加的人群越来越多，不同年龄，不同职业，不同国界；覆盖的层面越来越广，艺术普及走进场站、走进企业，走进校园，由城市到乡村，由山区到海岛，遍及全市。全民艺术普及也实现了市民艺术修养的提升，城市文明水平的提高，在推进群众精神富有、助力建设共同富裕先行市中充分彰显着文化力量。

专 家 点 评

吴理财，国家文化和旅游公共服务专家委员会委员，安徽大学二级教授，博士生导师，安徽大学社会与政治学院院长，安徽大学社会治理研究中心、安徽大学农村社会发展研究中心主任

宁波市文化广电旅游局高度重视"一人一艺"全民艺术普及工程领航项目的创建工作，通过建立组织机构、制订工作计划、宣传提炼总结、开展专题研讨等一系列举措，项目影响持续扩大，成果显著。

一是注重全民艺术普及的制度设计。先后形成了多个全民艺术普及规范性文件和地方标准，为宁波"一人一艺"全民艺术普及工程的持续实施，提供了强有力的制度支撑。

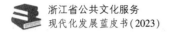
二是注重全民艺术普及新空间的打造。推出了一批"一人一艺新空间"，这些小而美新空间的孵化与培育，成为宁波全民艺术普及工程探索的样板。

三是注重全民艺术普及社会化发展。成立了"'一人一艺'全民艺术普及社会联盟"，政府采取一系列举措，广泛吸引社会力量参与"一人一艺"全民艺术普及培训，有效促进了社会艺术培训业的发展和繁荣，同时拉动了文化艺术市场的新消费、新业态。从而有效促进了全民艺术普及活动的品质发展、创新发展、持续发展。

鹿城区"艺享夜游"公共文化服务促文旅消费

一、主要做法

(一)健全机制抓统筹

1. 实行专班运行

成立区级创建公共文化服务现代化领航项目工作领导小组,落实创建责任,强化资源整合,形成部门协调联动、重点会商研判的高效运行机制。

2. 加大专项拨款

设立领航项目专项资金和文化旅游产业发展专项资金,区财政每年安排 3000 万元专项资金,探索实施文旅资源区域性整合。制定《鹿城区文化驿站运行管理暂行办法》《鹿城区城市书房(百姓书屋)管理办法》,每年拨款 240 万元用于补助文化驿站和城市书房运营。

(二)规划引领促长效

1. 加强顶层设计

出台《鹿城区"艺享夜游"公共文化服务模式建设规划》《鹿城区"艺享夜

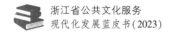
游"公共文化服务模式深化建设的实施方案》等系列文件。并将领航项目与温州城市建设项目有机结合，纳入鹿城区域经济发展总体规划，多轴线、多中心、多层次推进夜间文化发展。

2. 强化区块联动

以"点、线、面"方式，在五马—墨池坊历史街区、九山—松台山、瓯江沿线、南塘景区等项目建设中，植入公共文化服务设施和功能，形成公共文化"艺享夜游图"。

3. 推动社会共建

鼓励文化艺术类培训机构、文化驿站、乡村艺术团等社会力量参与领航项目建设，创作优质作品参与夜间全民艺术普及大联欢、书画夜间展览等活动，定期进行考核与激励并予以奖励，建立优质艺术节目项目库。

（三）筑牢阵地强基础

1. 开展专业培训

针对项目负责工作人员、公共文化公共人才、业余文艺骨干、文化志愿者等先后开展3次培训。组织创建工作小组成员单位人员前往西安学习夜间文化服务经验，吸纳"大唐不夜城"的夜间文旅新模式，拓宽思路。

2. 提升业务能力

委托专业院团对民营表演团队进行业务指导，着力提升表演者业务素养，为"艺享夜游"项目提供服务和储备人才。

3. 培养公益人才

大力发展文化志愿者队伍，累计招募近2.1万文化志愿者参与文艺赋美工程、阅读推广等文化活动开展。

二、取得成效

鹿城以领航项目带动创成省文旅产业融合试验区、省全域旅游示范区，打造 2 个国家级夜间文旅消费集聚区；举办夜间文旅活动 5000 余场，426.43 万人次参与；居民阅读率、公共文化满意率分别居全省、全市前列；接待过夜游客 782.7 万人次，实现过夜游收入 130.4 亿元。2022 年旅游演艺游客同比增长 357.71%，居全市第一，实现"艺享夜游"赋能经济发展目标。

（一）以文化空间融入城市肌理

将公共文化建设纳入五马墨池历史街区、江心屿等工程前期规划，让"文化剧本"成为"工程蓝本"。新建城市岛屿等 5 大街区园区，打造墨池坊民间活态博物馆集群、郑曼青文化艺术中心等文化空间，扩大"艺享夜游"版图。

（二）以多元主体投入文化建设

引入 2.7 亿元社会资本打造塘河夜画等文旅项目。双井坊运营小剧场等文化业态，吸引民间投资 6160 万元。小坝坊植入文化驿站，开展音乐会、手作等活动，月均人流量 15 万人次，月均营业额 610 万元。

（三）以数字创新提升服务品质

在公共文化数字平台动态录入 1090 个公共文化场馆，滚动发布 1.44 万场活动，实现场馆"一键查询"、活动"一键点单"。建成永嘉学派馆、童谣馆等智慧场馆，投用城市书房数字化服务应用，在历史街区首推"智慧大脑"，动态监测人流、演出等情况。

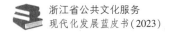
三、经验启示

鹿城以文化植入带动旅游收入 153.4 亿元，全国各地近 3000 人前来参观学习交流，带动温州形成系列演艺产品。"艺享夜游"被新华网、中国文化报等十余家媒体报道，其中新华网阅读量超 99 万人次，优质项目在杭州等多地文化走亲中广受好评。"夜学""夜读""夜演""夜游""夜赏""夜市"等六大文化矩阵，形成可借鉴可复制可推广的"鹿城经验"。

（一）丰富夜学夜读形式内容，形成公共文化和夜游双向促进局面

在南戏城市书房植入文化展示、戏服体验等功能，打造可玩、可游、可体验的场馆。发展商贸文旅，联合康奈鞋文化馆打造五大企业读书联盟，联动开展夜间阅读、研学旅游活动。文化馆、展览馆等提供延时服务，文化驿站推出"一站一品"，城市书房 24 小时开放。

（二）提升夜演场景感官效果，让沉浸式文化体验为旅游铸魂

全面升级"瓯江夜游"场景，"塘河夜画"演艺创成全省首批旅游演艺精品、十佳旅游演艺项目。打造没有围墙的剧院，在街区、景点举办国际踢踏舞之夜、音乐分享会等演出 671 场，超 106 万人观看。在五马历史街区推出"穿越嘉年华"互动表演，国庆期间接待游客超 150 万人次，其中外地游客超 1/3，显著提高；日均营业额超千万元，同比增长约 10%，创历史新高。

（三）做大夜游文化 IP，用文化的影响力打响了旅游品牌

打造九山书会南戏文化高地，央视戏曲春晚和网络等各大媒介浏览量超 3.45 亿人次。以"烟火气+文化气"打造"夜温州"文旅品牌，串联美术

馆、城市书房等文化点位，开通都市漫游巴士，打造夜间文旅线路4条。

(四)优化夜赏点位布局，多元化文化展呈增加了夜游景观厚度

按照"一馆一主题"思路，打造东山书院等11个文化展示精品项目，植入演出、分享会等活动。年代美术馆、墨池坊等提供多样化夜间展览项目，连点成线，开拓文化"夜空间"。

(五)打造夜市消费集群，夜游与文化产业融合焕发了城市活力

深挖千年瓯越文化，打造十大特色文旅市集、呦呦鹿鸣等三个市集入选全省首批重点培育文旅市集。"九山书会大宋戏仓"戏曲生活市集作为全国首个戏曲生活市集，吸引近60万人次到访，创造460万营业额。

四、群众反馈

"艺享夜游"项目自开展以来，受到市民游客欢迎和一致好评。2022年以来，举办夜间文化培训288课次、夜间阅读活动893次，30.9万人参与。五马历史街区、小坝坊音乐慢生活区、城市阳台等景区、街区成为市民游客夜间文化"打卡地"。"艺享夜游"项目品牌影响持续扩大。

专 家 点 评

来其发，国家公共文化服务体系示范区指导专家，武汉大学博士生导师，上海格物文化发展研究院特聘专家。

鹿城区"艺享夜游"领航项目，构建了城市夜间文旅互促互融新场景，

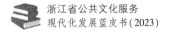
拓展了文旅融合新赛道，让"含新量"与"含金量"兼得，"领航"项目可圈可点。

文旅融合破圈服务，探索共建共享新模式。文旅融合服务应当紧跟时代步伐，引领时代风尚，满足群众需求，这是文旅融合创新发展应当把握的方向。鹿城区"艺享夜游"领航项目，破圈聚集组合文旅服务元素，探索多元化共建共享新模式，形成领航示范，值得点赞。鹿城区将文化内容、文化符号、文化故事融入文化街区、旅游景区、夜间经济，形成了文旅融合百花争艳新场景。

文旅融合跨界联手，实现"大文化"服务新格局。文旅融合应当实现跨界联手，政府引导、市场运作、社会参与，由文旅部门"独舞"变社会各界"共舞"，形成"大文化"服务格局。鹿城区引入社会资本打造瓯江夜游、白鹿市集非遗体验馆等文旅设施，发挥文化驿站、文化志愿服务组织等社会力量主体作用，打造九山书会·大宋戏仓等十大文化夜市，用"文化IP"扮靓夜间文旅线路，变"流量"为"增量"，实现服务主体多元"大合唱"。

文旅融合承古惠今，搭建穿越时空新通道。鹿城区盯紧"领航"目标，以文塑旅、以旅彰文，深植历史文化，传承优秀非物质文化，以新型文化创意元素培育特色文化"创客"，擦亮穿越时空、记住乡愁的文旅服务品牌，让"网红"变"长红"，让"流量"为"留量"，让"游客"变"常客"，让优秀文化成为穿越时光和记住乡愁的新名片。鹿城区"穿越嘉年华"沉浸式体验区，让"王羲之""谢灵运""郭璞"带市民开启穿越之旅，在修复朔门古港遗址公园建设中，打造古港遗址博物馆、宋韵文化展示区等文旅新场景，打造集历史、建筑、文创等于一体的多元文化空间。

"他山之石，可以攻玉"，鹿城模式可供借鉴。

秀洲区"三馆"公共文化共同体建设

2021年12月，秀洲区图书馆、秀洲区农民画艺术馆、秀洲区非遗馆（以下简称"三馆"）公共文化共同体建设项目列入浙江省首批公共文化服务现代化领航项目创建名单。领航项目实施以来，秀洲区积极深化"三馆"公共文化共同体建设模式创新，形成了"多场馆融合、社会化运营、专业化管理、智慧化服务"的公共文化服务"秀洲模式"，提升了营商环境，深化了政企合作，大幅提升了社会力量参与的有效性，为共同富裕和公共文化服务现代化建设探索路径、积累经验。

一、主要做法

以"政府主导、市场运作、统筹兼顾、科学管理"作为"三馆"公共文化共同体建设的原则思路，通过社会化运营方式，在组织架构、管理机制、场馆功能、业务内容、服务资源等方面借势借力，实现多场馆功能、服务和运营深度融合，共建共享共用。

（一）一个团队，实现一体化管理

在运营主体上，突破了传统意义上一个市场主体运营一个公共文化场馆的局限，将"三馆"整体打包委托，提供专业化服务，降低了运营成本，做到了"小政府、大服务"。在组织架构上，突破了传统框架上一个团队管理一个场馆的局限，设置"一室三中心"架构，组建由总馆长、分馆长、中

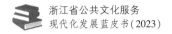
心主任等组成的管理团队统一管理。在人员管理上，突破了传统设置上一个岗位固定一个人员的局限，以"定岗不定人、多岗位轮换"的方式对人员进行统一招聘、统一培训、统一使用、统一考核。

（二）一个标准，实现规范化流程

制度体系化。拟定《政府购买公共文化服务管理指南》，分别从政府购买内容、承接主体、采购方式、购买服务工作过程与要求、服务质量评价与改进等 5 个层面进行规范，为社会力量参与公共文化服务供给营造良好的政策环境。流程标准化。制定《秀洲"三馆"运营服务标准化流程》，形成124 项标准化管理与服务流程，涵盖岗位流程、服务流程、信息设备使用流程、业务流程四大板块，实现基础业务可复制、可推广。业务规范化。制定《秀洲"三馆"业务规范》，依据公共文化行业法律规范，建立"三馆"业务开展与管理规范体系，确保"三馆"融合社会化运营的规范化和科学性。

（三）一个品牌，实现集成化供给

通过多馆融合，激发跨界融合发展新活力，塑造秀洲"三馆"整合运营品牌和公共文化活动品牌。资源统合，将三馆有限的人力、物力、财力等资源整合优化，实现资源利用最大化和文化品牌的集成输出，群众在跨馆体验中，将看书、看演出、看展览、非遗体验等串联起来，形成兼具知识获取与艺术熏陶的复合型多元化体验。活动统筹，针对不同人群，结合多样化的活动理念，组织开展多主题文化活动，打造贯穿全时间段、覆盖全生命周期的"竹垞有约""秀图课堂""大运通衢"三大活动品牌。执行统一，构建活动策划、筹备、执行、反馈的闭环管理机制，统一流程、统一标准、统一品牌。开展各级各类活动 860 场，参与活动 93 万余人次，有效提高"三馆"服务效能和品牌影响力。

（四）一个平台，实现数字化赋能

搭建横向多跨、纵向贯通的秀洲"三馆"融合运营管理平台，统一服务入口和路径,推动数据交互共享。群众服务上,实现活动查询、报名签到、场馆预约、在线学习、文化娱乐等人、媒、数据互动的"一站式"服务。团队运营上,打破物理空间限制,实现管理服务高效协同、线上线下深度融合,通过平台发布、推广文化活动,接受群众评价、意见反馈,并据此作出优化回应。政府管理上,建立"大数据智慧化监管+线下日常监测"的社会化运营绩效评价机制,加强政府监管,提升社会力量参与的有效性。

二、取得成效

(一)创新性

通过调研、专题研讨等多种方式推进理论创新性研究工作,形成了四项创新理论成果:秀洲区哲学社会科学规划立项课题《公共文化场馆文旅融合新模式探索研究——以秀洲区四馆融合为例》、论文《嘉兴市秀洲区图书馆:领航先行,"三馆"融合运营推动公共文化服务高质量发展》、研究报告《公共文化场馆社会化运营的"秀洲模式"》及《秀洲区向社会力量购买公共文化服务指南》。出台了《秀洲区推动公共文化服务高质量发展若干政策意见》《秀洲区向社会力量购买公共文化服务指南》等政策文件。

(二)导向性

建立《秀洲"三馆"标准化流程体系》,制订包括岗位流程、服务流程、信息设备使用流程及业务流程四大类共124项工作流程。建设"三馆"融合智慧化运营管理平台,实现公众服务、管理决策和监督评价一体化。建立"三馆"数字化智能化服务产品供给体系,提高公共文化服务数智化水平。举办多元化主题文化活动,结合"三馆"新媒体矩阵塑造秀洲"三馆"整合运营品牌和公共文化活动品牌。体现了公共文化服务领航项目的标准化、社会化、数智化、品牌化、一体化发展导向。

（三）带动性

"三馆"公共文化共同体建设项目实践，形成了较为系统全面、具有可复制性和推广价值的经验做法，体现了较强的示范带动意义。该项目做法得到国内权威部门的肯定，在文化和旅游部主题教育大调研材料汇编上刊登；参加了中共浙江省委社会建设委员会开展的第五批共同富裕机制性制度性创新模式路演；承办国家公共文化服务体系示范区城市公共图书馆创新发展研讨会，探讨浙江高质量发展建设共同富裕示范区背景下的公共文化服务创新发展；承办浙江省社会科学联合会第六届学术年会分论坛暨浙江省图书馆学会第十七次学术年会；承办中国农民画艺术展、中国历代绘画大系展、中国歌剧节、中国儿童戏剧节等国家级文化活动，承办了中国歌剧研究会第四届会员代表大会。与浙江龙泉、四川屏山等开展跨区域交流。被央视《新闻联播》、人民日报、"学习强国"、浙江卫视等各级媒体宣传报道400余次。

（四）科学性

以《浙江省县（市、区）公共文化服务现代化标准（2021—2025年）》为基础，保障秀洲"三馆"公共文化共同体项目创建的科学性。出台了《秀洲区推动公共文化服务高质量发展若干政策意见》和《秀洲区公共文化三馆社会化运营指南》，制订了《秀洲"三馆"服务标准化流程》，建立科学监管评价和运营管理体系。成立理事会并完善年报制度，深入推动法人治理改革和信息公开。贯彻优先发展、品质发展、均衡发展、以人为本和创新发展等现代化要求，取得了实质效果，获评首届浙江省最美公共文化空间奖、浙江省第二批满意图书馆、长三角最美公共文化空间奖、浙江省文旅厅公共文化服务高质量发展典型案例，秀洲区图书馆荣获2019—2023年度浙江省图书馆学会优秀会员单位、2018—2022年度秀洲区先进集体等荣誉。

三、经验启示

(一)首创"秀洲模式",提升营商环境

秀洲"三馆"引入社会力量进行运营,通过系列优惠的助企政策,发挥社会力量在提供公共文化服务、改善社会文化治理方面的作用,激发整个社会的文化活力和文化创造力,实行多场馆社会化运营的全国首创。这也是多个公共文化场馆共建共享融合运营的首次尝试。最终形成"多场馆融合、社会化运营、专业化管理、智慧化服务"的公共文化服务秀洲模式。

(二)突破传统模式,优化人员架构

秀洲"三馆"运营规模大、类型多,同时面临编制不足、人员专业度不强等问题,秀洲区政府通过突破传统管理模式,简政放权,改变政府大包大揽的传统做法,调动各种市场主体和各种社会力量的积极性,参与公共文化服务体系建设,促进了政府自身运作方式的改革。三个公共场馆的融合运营,打破资源、场馆的孤岛现象,大幅度提升服务效能及运营效率,整体提升服务积极性、创造性。目前秀洲"三馆"设"一室三中心",统一绩效考核,实现三馆真正意义上的融合。

(三)深化政企合作,创新项目共同推进

秀洲区与第三方运营主体通过"三馆"深度社会化运营,完善了购买服务规则标准,提升合同管理能力,建立监管规章制度,创新政府供给理念,形成与全省经济社会发展水平相适应、与人民群众精神文化需求相符合、具有浙江特色的公共文化服务资源配置机制、供给机制和公众评价机制。区政府制定出台《秀洲区推动公共文化服务高质量发展若干政策意见》,培育更多符合市场竞争力的社会力量参与到公共文化服务中。以打造县区级

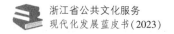
公共文化场馆"秀洲模式"为目标，为全国县区级公共文化场馆社会化运营领航探路。

四、群众反馈

秀洲"三馆"公共文化共同体项目创建以来，进馆人数超 85 万人次，文献流通 150 余万册次，打造了"竹垞有约""秀图课堂""大运通衢"三大活动品牌，开展 860 场活动，参与人次近百万。秀洲"三馆"公共文化共同体已经成为市民的公共书房、城市的文化客厅和游客的打卡胜地，高峰时期甚至出现阅览一座难求、活动一票难求的盛况。

领航项目的创建，是新时代公共文化高质量发展和现代化建设的生动实践，也对公共文化服务建设提出了新的目标和任务。秀洲区将以创建工作为契机，持续完善公共文化共同体建设和公共文化场馆社会化运营机制，加强理论研究和制度建设，推动公共文化服务"秀洲模式"的总结和推广，为嘉兴打造共同富裕示范区典范城市贡献力量，为全省公共文化服务现代化先行提供秀洲方案。

专 家 点 评

嵇亚林，中国群众文化学会常务理事，中国美术家协会会员、江苏省群众文化学会会长、江苏省中国画学会学术委员会委员、江苏省当代书画院副院长

2021 年，为了让当地人民群众享有高质量的公共文化服务，秀洲区委、区政府决定将新建成的图书馆、文化馆、非遗馆"三馆"实施社会化运营。

同年秀洲"三馆"公共文化共同体建设被列入浙江省公共文化服务现代化领航项目创建名单。

该项目实施以来，紧紧抓住智慧化、特色化、人性化、便利化的标准，大胆实践勇于创新，形成了"制度化保障、多场馆融合、社会化运营、专业化管理、智慧化服务"的公共文化服务"秀洲模式"，并由此产生强劲的溢出效应。通过研学线路的设计，串联起秀洲各地的传统文化景点，实现在更大空间里的场馆融合，提供更有品质的文化体验。目前，图书馆实行数字智慧运营管理，拥有高效、专业、精干的运行团队，遵循严谨、科学、标准的服务流程，加上多场馆有机融合和数字技术的赋能，让公众感受到现代公共文化服务体系给读者带来的巨大便利。如今秀洲"三馆"已成为市民倾心的打卡地。

秀洲"三馆"整体打包委托运营，突破了传统意义上一个市场主体运营一个公共文化场馆的局限，有效降低运营成本；突破了公共文化资源供给单一限制，社会资源得到整合与优化；突破了长期困扰公共文化机构人员编制紧，事业单位机制不灵、人浮于事的窘境。应当说秀洲"三馆"公共文化共同体建设领航项目，为新时期公共文化服务现代化建设探索出一个可借鉴、可推广的典型案例。

嵊州市打造越剧文化圈，高质量推进公共文化服务城乡一体化建设

嵊州市"打造越剧文化圈，高质量推进公共文化服务城乡一体化建设"项目，自 2021 年 12 月被列入全省公共文化服务现代化领航项目创建名单后，嵊州市委、市政府高度重视，按照《中共浙江省委办公厅浙江省人民政府办公厅关于高质量建设公共文化服务现代化先行省的实施意见》（浙委办发〔2021〕64 号）和《浙江省文化和旅游厅关于开展浙江省公共文化服务现代化先行县（领航项目）创建工作的通知》（浙文旅公共〔2021〕32 号）文件精神，积极开展创建工作，经过近两年的努力，不仅进展顺利，并在创新性、导向性、带动性、科学性等方面取得显著成效。现将有关情况汇报如下。

一、创建基本做法

2021 年 12 月，该项目列入全省公共文化服务现代化领航项目创建名单后，嵊州市从加强组织领导、落实资金保障、健全活动队伍等方面抓好创建工作。首先，于 2022 年 3 月，成立由市主要领导任组长，有关局办负责人任副组长，各乡镇街道分管领导为成员的"打造越剧文化圈，高质量推进公共文化服务城乡一体化建设"创建工作领导小组；全面启动创建工作，并设立工作专班，由市委常委、宣传部部长兼任专班负责人，健全由发改、文旅、财政、教育、自然资源等多部门和各乡镇（街道）共同参与联动协作的联席会议机制，制定实施方案，细分责任清单，切实推动越剧文化圈的

打造，形成公共文化服务城乡一体、区域协同创建的工作机制，确保创建工作有序开展。其次，积极争取国家、省、绍兴市对越剧文化传承保护的支持力度。每年统筹市级财政各类资金超 2000 万元，把打造越剧文化圈纳入市本级财政预算。各乡镇（街道）根据功能定位、建设任务等因素，每年落实相应的专项资金。鼓励社会资金参与越剧文化圈打造，高质量推进公共文化服务城乡一体化建设。最后，出台打造越剧文化圈的人才新政，支持文艺团队发展和民营剧团升级，积极引进越剧、公共文化等相关研究、管理、运营等方面的专业人才，激发本土人才建设活力。充实嵊州市越剧文化研究中心等机构，组建由本土专家、外聘专家等组成的越剧文化传承保护研究队伍。以开展大型活动为实践平台，推进实践锻炼培养模式，通过以老带新、外请指导、外出学习等方式，培养活动策划、宣传传播等方面的人才。推进越剧文化志愿者队伍建设，打造一批在省内外有一定知名度的"名家""名师""名匠"等。加快越剧等非遗管理、经营人才队伍培养，以市场实践为导向，努力提供发展平台，提升管理运营水平，带动文旅融合产业发展。

同时，在创建过程中，着重抓了创新性、导向性、带动性、科学性等四个方面工作。

（一）在创新性方面

发挥越剧文化优势，创新公共文化服务城乡一体化模式、公共文化产品多元供给模式，创新文旅融合发展模式。

1. 拓展了城乡公共文化服务城乡一体化发展的新空间

形成了以市区为核心，覆盖全市的 120 多个戏迷组织、26 个越剧文化示范村、25 个示范戏迷角、3 个村级越剧之乡，"村村有戏、村村有星、天天有戏、校校有戏"的"越剧天天演"已成为嵊州公共文化的最美风景。

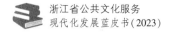
2. 推进了文化演艺产品创作新繁荣

越剧现代戏《核桃树之恋》、越剧版《没有共产党就没有新中国》《祖国啊，我和你一起奔跑》《我和我的祖国》和《我宣誓》、越剧《村村都有俏花旦》、越剧小戏《"一把手"上门》等反映时代特色、满足群众需求的新作品不断涌现。

3. 推进了文旅融合新发展

打造嵊州越剧艺术学校、越剧博物馆、越剧小镇、越剧发源地东王村、女子越剧诞生地施家岙村打造"越剧+"精品旅游线。推出"越剧+"研学游系列产品。2020年，嵊州市被省文化和旅游厅列入浙江省文旅产业融合试验区。同时，完成《绍兴市越剧保护传承发展条例》立法调研报告，出版《百年越剧图说》《越剧大家唱》专著。

4. 提出了推进公共文化服务城乡一体化建设的新理念

发表了《嵊州与越剧》《越剧对当地文化的影响》《关于越剧产业化发展的几点思考》等专题文章，明确提出将越剧演出纳入公共文化服务内容、鼓励越剧开拓市场、鼓励合理的越剧消费、支持越剧开展新媒体融合传播、加强宣传普及等有关推进公共文化服务城乡一体化建设的理念。

（二）在导向性方面

市委、市政府在推进公共文化服务城乡一体化建设中，始终坚持以人民为中心，以群众文化需求为导向，强调规划引领。在出台实施《关于改革创新推进越剧事业传承发展的意见》的基础上，制定了《嵊州市推进越剧繁荣发展五年行动计划（2023—2027）》。

一是对打造越剧文化圈，高质量推进公共文化服务城乡一体化建设的标准化、均等化、社会化、数智化、品牌化、效能化、法治化、一体化等发展导向作出明确规定。使推进公共文化服务建设，推进公共文化产品的质量与水平提升有了明确导向。

二是对越剧文化的创造性转化创新性发展，推进传统文化的传承与传播提出了"三化三型"保护模式（全域化保护、立体化培育、活态化传承，品牌型提升、融合型推进、开放型发展），以"整个嵊州是一座开放式越剧文化博物馆"理念推动越剧文化生态保护，提出了力争到2025年，创建成为国家级文化生态保护区的具体目标。

三是对越剧演唱活动是嵊州市人民群众最欢迎的文化需求的内涵进行了系统梳理，明确了通过打造越剧文化圈，是高质量推进公共文化服务城乡一体化建设的最佳选择，丰富和满足了人民群众"在富起来的同时乐起来"的需求，为"富乐嵊州，越来越好"增添光彩。

（三）在带动性方面

通过打造越剧文化圈：

一是带动了越剧文化的发展，在全市形成了越剧繁荣发展的"一团一校一馆一节一区一镇一会一网一业一角"的"十个一"新格局。

二是带动了越剧进校园、进剧场、进社区、进礼堂、进广场、进景区"六进"活动和"文化走亲"活动，以及"文耕艺作"群众文化活动品牌，推出空中剧院、云阅读、空中艺术课堂，让广大群众足不出户在家也能享受文化熏陶。

三是带动了乡土文化进校园、人本文化进企业、孝悌文化进农村文化"三走进"活动的新繁荣。

四是带动了全域化传播越剧艺术的新路子，创建了中国越剧戏迷网，通过互联网，在全球创新建立线下传越组织——爱越小站，已建成的210个爱越小站。

五是带动了"越剧+"特色产业的发展，推动乡村休闲旅游与越剧文旅产业交叉融合、互促互融，助力打造共同富裕"县域样板"。

（四）在科学性方面

从越剧文化生态的整体保护入手，加强工作基础、专业发展、艺术普及、文旅融合、生态涵养等方面的建设，提升完善了《嵊州市越剧文化传承生态保护区总体规划》，有针对性地提出越剧文化圈的硬件软件要求，以及运用越剧文化圈，高质量推进公共文化服务城乡一体化建设的有关制度设计、经验总结，开展理论研究，为其他地区如何利用当地特色文化资源和优势，高质量推进公共文化服务城乡一体化建设提供可复制可推广的经验。2023 年 6 月越剧文化生态传承保护区入选省级文化传承生态保护区名单。

二、创建特色亮点

在打造越剧文化圈，高质量推进公共文化服务城乡一体化建设的进程中，嵊州市坚持做强做精做实"越剧+"的文章，做出了更高质量、更有效率、更加公平、更可持续的公共文化服务。

（一）夯实"越剧+"服务基础，打响了"嵊州·全国越剧朝圣地"品牌

总投入 2.3 亿元的越剧博物馆新馆建成开馆，内含《剡溪蕴秀》嵊州历史馆、越博体验文化驿站。完善东王村男班越博馆、施家岙村早期女子越博馆。新开设越剧戏迷角，打造集竹编馆、紫砂馆等于一体的越剧小镇非遗街，修复袁雪芬、傅全香等越剧名人故居，让越剧文化深入融入嵊州市城乡居民的生产生活，没有围墙的越剧文化博物馆声名鹊起。

（二）丰富"越剧+"服务供给，打响了"越嵊州·越有戏"城市品牌

以越剧文化创作为平台，整理传统剧目 30 多个，创作新剧目 4 个，其

中越剧现代戏《核桃树之恋》为全国唯一晋京演出的庆祝建党一百周年越剧舞台作品，在全国 12 个省市开展巡演，并获得省精神文明建设"五个一工程"奖；越剧小戏《"一把手"上门》获中国戏剧家协会主办的"李渔杯"首届全国清廉戏曲优秀作品展演活动"优秀剧目"奖；越剧《村村都有俏花旦》在央视 11 频道《一鸣惊人》栏目播出，并入围第十九届全国"群星奖"浙江省备选节目。同时，圆满拍摄首部越剧电影《汉文皇后》。创作、传唱越剧版《没有共产党就没有新中国》《我和我的祖国》《领航》《我宣誓》《一起向未来》，在云上推出《我们在一起·相约越乡梅花吟》，开展"富乐嵊州·天天有戏"越剧天天演百姓大舞台和越剧故里"共富"新味等活动，助力全市精神共富。

(三) 增强"越剧+"服务功能，打响了"嵊州·越剧产业致富"品牌

串联嵊州越剧艺术学校、越剧博物馆、越剧小镇、越剧发源地东王村、女子越剧诞生地施家岙村打造"越剧+"精品旅游线。加强融合型发展，加快越剧与科技、与竞技、与旅游等其他领域的融合，推动越剧的全面发展。开放型发展是吸引民间力量来推动越剧发展，重点是推动越剧演艺、戏剧服装、越剧综合文化产业等相关产业发展。

(四) 出圈"越剧+"服务领域，打响"嵊州·越剧节会效应"品牌

"中国民间越剧节""全国越剧戏迷大会""相约越乡越剧票友擂台赛""中国越剧艺术节""中国少儿戏曲小梅花荟萃活动"等全国性越剧节会品牌，举办"纪念袁雪芬诞辰 100 周年暨致敬越剧改革 80 周年"活动、第五届中国越剧艺术节闭幕式、越唱越有戏——第六届全国越剧戏迷大会等大型活动，吸引国内外戏迷参与，举办各类越剧论坛和越剧艺术展示交流；运用中国越剧戏迷网，通过"越剧+互联网"，为广大戏迷提供类别丰富、内容权威、专业度高、认同感强、互动活跃的新媒体服务。举办"中国好声

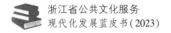
音·越剧特别季"引爆全网，大幅提升了嵊州越剧的影响力，推动了越剧文化在新时代的持续繁荣。此外，推出"越剧+"研学游系列产品，推进越剧元素动漫形象创作，被省文化和旅游厅列入浙江省文旅产业融合试验区，2022年7月嵊州市成功上榜"中国文旅融合创新典范城市"。2022年10月越剧小镇入选第二批浙江省示范级文化和旅游IP名单。

专 家 点 评

吴理财，国家文化和旅游公共服务专家委员会委员，安徽大学二级教授，博士生导师，安徽大学社会与政治学院院长，安徽大学社会治理研究中心、安徽大学农村社会发展研究中心主任

嵊州市高度重视"越剧文化圈"领航项目的创新探索。在短短的两年时间内，就组建了120多个戏迷组织、26个越剧示范村、25个示范戏迷角、3个村级越剧之乡，建成210个"爱越小站"，实现"村村有戏、村村有星、天天有戏、校校有戏"的"越剧天天演"，探索构建了以越剧为地方特色文化内涵的城乡一体化公共文化服务圈，打造了以"保护全域化、培育立体化、传承活态化"和"品牌型发展、融合型发展、开放型发展"的现代公共文化发展模式。

这一创新做法，不仅推动了越剧等传统地方戏曲的传承研学和创新发展，而且将人民喜闻乐见的地方戏曲文化积极转化为公共文化服务的本土性资源，逐渐建成城乡一体化公共文化服务体系。它对于结合地方特色文化、推动形成城乡一体化公共文化服务体系具有示范意义。

永康市聚焦非公企业阅读服务助力营商环境优化提升

永康市根据民营经济发达、非公企业众多的特点，创新性构建"非公企业阅读服务体系"，推动公共文化服务向非公企业延伸，满足产业工人群体追求高品质文化生活的需求，助力企业提升人文环境，增强企业留人吸引力、治理能力，为营商环境提供文化支持。

一、主要做法

（一）重塑服务脉络，畅通推广链路

1. 形成了阅读服务新体系

永康市非公企业阅读服务体系建设项目在现有公共文化服务体系基础上，将服务面从农村社区拓展到企业，公共文化服务在标准化基础上增加地域特色，建设"市—镇—企"特色阅读服务网络，建立了市图书馆指导员、乡镇分馆联络员、非公企业阅读推广员"三员"队伍。

2. 组建了服务新力量

申请建设阅读阵地的企业有分管文化建设的领导，由企业内部产生阅读推广员，在企业内部形成一支对内服务引导、对外沟通合作的阅读推广

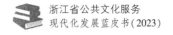
队伍，目前已有阅读推广员 100 余名。

3. 建立了服务新机制

制定《非公企业阅读阵地管理办法》，探索阵地发展与管理"四个一"机制，即配备一位阅读推广员、一个阅读阵地、一个符合职工需求的阅读服务主题、一套行之有效的宣传管理方式；实行对企沟通"四个一"联络机制，即：每月一次沟通、每年一次上门、每一场活动有通知、每一次申请有反馈，深化"品质文化惠享"入企，强化"15 分钟品质文化生活圈"对企覆盖，保障广大非公企业职工的阅读权益，确保基本公共文化服务的精准输送。

（二）建设因地制宜，融合创新发展

1. 分级实施阵地建设

根据区域内非公企业聚集情况、非公企业自身规模情况，因地制宜开展企业分馆、图书流通站、书架式图书流通箱进企业的三级阅读阵地建设模式。目前，已建成图书分馆 6 家、图书流通站 66 家、送图书流通箱 30 家。

2. 规范实施阵地管理

制定《永康市非公企业阅读阵地管理办法与服务规范》，通过对场地、设施配置、人员配置等进行量化，规范非公企业服务阵地的建设。

3. 创新打造入企设施

针对部分企业缺少阅读空间、阅览设施，图书进车间难等特点，创新性设计定制 100 只标准化书架式图书流通箱，将图书流转和小型书架的功能合二为一。专设非公企业中心书库，由非公企业员工自主选书 6 万余册，精准满足非公企业员工的阅读需求。

4. 融合建设模式探索

根据企业集群情况、企业发展模式差异，在企业总部集群区、城镇工业区、文旅产业发展区建设非公企业图书分馆，打造商务文化服务融合发展、村企文化服务融合发展、文旅企融合助力乡村振兴建设模式，在扩大基本公共文化服务覆盖面的同时为各类区域发展提供高品质文化支撑。通过"1+12"模式在永康 CBD 总部中心建设 1 家高品质悦读吧、12 个图书流通站；联合花川村、花川工业区企业、农行永康支行建设高品质村企"金穗悦读吧"；在"3A"级景区大陈村，与金华舨隐农业开发有限公司联合打造"汲古书房"，服务辐射企业职工、周边居民(村民)及游客。

(三)深化社会合作，资源精准输送

1. 组建非公企业阅读服务联盟

建立"1+N"服务模式，即成立非公企业阅读服务联盟，以 1 个联盟为平台，N 个部门单位、服务机构及企业成员为服务媒介，多跨协同，打通文广旅体局、图书馆、各非公企业、社会阅读机构、对企服务机构之间信息壁垒，形成沟通桥梁，实现阅读文化资源共建共享，由以往单一部门为企业提供基本公共文化服务，向多机构协同为非公企业提供多种文化服务转变；由基本公共文化服务的单项输送，向文化服务内容双向沟通转变。

2. 发挥联盟成员优势

制定了联盟章程，实施联盟主席轮值制度，发挥轮值主席资源优势，实施季度阅读主题服务模式，每季联盟会议推优整合主题资源，促进对企服务多元化发展。非公企业联盟单位成员通力合作，金融机构、政府服务部门发挥其资金、场地优势力量，开展对企阅读网点建设、阅读服务。如与农行永康支行联合共建"金穗阅读圈"，打造花川工业区"金穗悦读吧"；

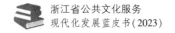

同多部门单位合作,形成"非公企业小候鸟阅读""百企共读""传统文化活态阅读""新永康人阅享"等一系列活动品牌。

3. 搭建联盟线上服务平台

建设线上资源平台,对企服务机构可在线发布对企服务信息,上线各类资源数据;社会文化机构可在线发布对企文化活动资源,供企业报名点单;各非公企业可在线发布企业介绍,发送企业文化需求,宣传企业文化建设情况等。

(四)两线供给服务,打造文化品牌

1. 建立非公企业线上阅读服务平台

在"书香永康"数字阅读平台 App 上设置了"非公企业阅读"专栏,专栏总共包含工业技术类书籍上千余种,目前收藏浏览量达 60 万次,数字资源服务更精准、高效、便民,打通了专业性数字资源服务广大非公企业职工的"最后一公里"。

2. 开展非公企业线下文化活动

组织"全民阅读节"开幕式系列活动走进尤奈特公司;"丽州之夏·非公企业文化节"让企业职工走上舞台;非公企业"你选书·我买单"走进哈尔斯等 20 余家非公企业;"非公企业小候鸟阅读"为星月集团等 20 余家企业职工子女带去温暖;"传统文化活态阅读"将剪纸、香包制作、花灯活动、春联活动送入千家职工家庭;"党建+民间文化"品牌活动走进 30 余家企业,让阅读成为企业党建文化的鲜明特色,受到了广大非公企业职工的热烈欢迎。近两年,共举办线上线下活动 700 余场,非公企业职工参与达 20 余万人次。

（五）建立提优机制，培养内生力量

1. 开展素质提升工程

通过培训、组织专家授课、学习观摩等方式开展队伍建设，全面提升阅读推广员队伍思想与业务素质。永康市已举办三届永康市非公企业文旅体员培训班，近 100 家非公企业的阅读推广员参加了培训。

2. 建立非公企业阅读服务评优机制

制定《星级非公企业阅读阵地评选办法》，在 2023 年全民阅读节开幕式上，对五星、四星、三星级共 33 家非公企业阅读阵地进行了授牌表彰。制定《永康市非公企业阅读推广员管理办法》，开展非公企业阅读优秀案例评选及优秀非公企业阅读推广员评选，2023 年表彰了 10 个优秀案例和 10 名优秀阅读推广员。

二、取得成效

截至目前，已建成企业图书流通站 102 家，高品质企业图书分馆 6 个，送书入企 8 万余册，开展活动 700 多场，辐射企业 6000 余家，服务企业员工超 20 万人次。2023 年 11 月《中国文化报》以《浙江永康构非公企业阅读服务联盟汇社会之力绘文化蓝图》为题，介绍永康市的经验做法。《文旅中国》、浙江省委宣传部主办的《宣传半月刊》以及"学习强国"平台等媒体上发布了相关宣传推广报道 15 篇，在《金华日报》与永康县级融媒体上发布宣传推广报道近 50 篇，获得了广泛的社会关注，形成了政企合作深化"文化共富"良好氛围。项目获评金华市营商环境优化提升第二批"最佳实践案例"。

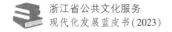
三、经验启示

永康市根据地区经济社会发展情况,通过深挖基本公共文化服务薄弱点,面向非公企业及广大产业工人群体,实施有队伍、有联盟、有标准、有规范、有平台"五有"服务体系建设。并将建设成果与理论研究相结合,出台全国首个非公企业阅读发展指数,不仅为永康本地企业阅读服务的发展提供指导,也为其他非公企业经济发达地区提供了可借鉴可复制的发展模式。通过"农文旅""文商企"多元融合发展,探索了"企业反哺"高质量文化服务的路径。永康不断为企业与企业职工提供精准、便捷、优质的基本公共文化服务,助力营商环境优化提升,力争成为浙江省在现代化先行中实现文化先行的重要服务标签。

四、群众反馈

永康市非公企业阅读服务体系辐射 6000 多家企业,服务企业员工超 20 万人次。"你选书我买单"阅读资源精准满足了企业职工的阅读需求,个性化对企职工子女阅读服务缓解了企业职工教育压力,品牌文化活动入企丰富了企业职工文化生活。永康市非公企业阅读服务影响广泛,群众反响热烈,活动资源需求旺盛,目前已形成了企业自发建设阵地,企业员工热烈参与文化活动的良好氛围。申请在 2024 年建设非公企业阅读阵地的企业已达到了 58 家。

专 家 点 评

巫志南，国家文化和旅游公共服务专家委员会委员、上海社会科学院文学研究所研究员

永康市"非公企业阅读服务体系建设"领航项目，紧密结合民营经济强市特点，切实回应浙江省、金华市关于优化营商环境的工作部署和要求，找准了现实条件下推动公共文化服务工作创新的发力点。该领航项目实现了四大创新亮点：一是选点创新，项目选取以往公共文化服务的确存在诸多盲区的"非公企业"作为创新突破"靶点"，这一选点角度在全国制造业较发达地区和城市具有现实性和普遍性，从而凸显出创建探索及成果和经验具有广阔的示范性。二是形态创新，项目以在非公企业因地制宜设置图书馆、书房、书吧为主要方式，以市公共图书馆按企业特点和应员工需求提供阅读资源并定期更新为基本保障，以积微成著的方式稳步推动公共阅读服务向非公企业延伸，逐步建成立意高远、保障有力、服务优质、职工满意的"非公企业现代阅读体系"新形态。三是机制创新，为了确保非公企业阅读服务长期稳定健康可持续，项目在宏观架构上建立非公企业阅读联盟，搭建联盟平台，实现资源共建共享，创新建立非公企业阅读服务共同体；在微观服务层面，形成指导员、联络员、推广员"三员"队伍，上下联通、无缝衔接、各司其职，着力丰富阅读活动的内容和形式。四是制度创新，率先在全国出台和发布"非公企业阅读发展指数"。实地验收看到，众多非公企业图书馆、书房、书吧阅读点，成为企业员工的学习点、企业小组的活动点。该领航项目充分体现出公共文化服务创新"敢想敢干、善作善成"的鲜明特征，其立意、理念、做法、成效得到永康市非公企业的普遍赞颂。在现阶段党和国家大力发展实体经济、推动现代制造业升级的当下，此案具有普遍的推广示范意义。

定海区打造"文艺社工"公共文化服务品牌

"文艺社工"是定海区文旅部门充分依托全区公共文化资源，以群众文化需求和基层社会治理为导向而创建的公共文化服务品牌项目，它以具有文化特长、热心公共文化事业和公益事业的业余文体团队、文体骨干为主体，线上线下同步运营、互为补充，全天候、全方位、全覆盖参与公共文化服务和基层社会治理的公益性服务平台。

"文艺社工"由区文旅部门、镇人民政府、街道办事处和村、社区在所辖范围内通过公开招募或自愿申请的具有文化特长，且热心公共文化事业和公益事业的业余文体社团、文体骨干等各类文化志愿者，简称为"艺工"。

一、主要做法

(一)构建"纵向接力、横向给力"组织格局

为了促进项目顺利运营并成功创建，定海区文化和广电旅游体育局成立了由局长任组长、所有副局长任副组长的创建工作领导小组。下设工作实施组和镇(街)工作组，工作实施组由分管副局长牵头，镇(街)工作组由各镇(街)分管领导牵头，并主动与政法委、民政局、农业农村局、文明办、工青妇等部门联系协调，得到了各单位高度配合与支持，形成了"纵向接力，横向给力"的创建工作局面。

(二)建立"导向明确、激励科学"的保障机制

1.《规范》保障

2023年5月起草完成了《文艺社工服务规范》，并获得了市质量技术监督局立项，为项目规范化、标准化运营奠定了基础。

2. 机制保障

2022年，在梳理相关政策文件的基础上，重新出台了一系列文件，如：区委区府办《关于高质量建设公共文化服务现代化先行区的实施方案》《定海区社区文体活动专项资金奖励办法》《舟山市定海区文艺团队专项资金补助实施细则(试行)》《舟山市定海区公共文化服务领航能人评选及补助实施细则(试行)》等，涵盖评价机制、激励机制、宣传推广机制等方面。

3. 资金保障

项目创建两年来，共投入资金459.6万元，包括项目运营经费、村(社区)工作经费、文化社团补助经费和艺工奖励经费等，调动了各方积极性，奠定了项目运营的物质基础。

(三)做精"覆盖面广、品质卓越"的文化内循环

两年来，全区共建成艺工驿站11家，注册团队536支，艺工3.8万，累计开展各类艺工服务近万次，受惠群众达30余万人次。新增文化人口万余人，新建团队168支，新增艺工5202人。

文艺社工品牌依托社会文艺团队建设和数字服务智能化建设，以群众需求为导向，编制了文化服务菜单，并汇集各类优质资源丰富基层文化供给，把文化服务、志愿服务送到群众家门口，使渔农村群众的文化获得感不断增强。深入文化末梢，运用"品牌+平台"模式拓展"文艺社工"传播空

间，串联起"百姓课堂""艺享空间""遇见定海·文艺赋美""海岛艺骑进百村""海岛驿站"等系列品牌文化活动近 3000 场，涵盖文艺演出、文艺传薪、文艺课堂、文化服务等多个层面，打通服务群众精神生活的"最后一公里"。依托智慧文化云、"15 分钟品质文化生活圈"小程序、数字文化馆公众号等数字平台，开展文化点单并同步录入三级活动数据，吸引 10 余万群众共建共享。精心选取声乐、舞蹈、小品等群众基础深厚的艺术门类，引导艺工以传、帮、带的形式促进农村文化发展，创作了《拆迁风波》《小岛·你好》《老娘舅》等十余个脍炙人口的节目，营造了城乡群众"自编、自导、自演、自评、自赏、自教、自学"共享基层文化的浓厚氛围。

（四）拓展"参与面广、载体新颖"的公益大循环

1. 以爱心帮扶为重点的"暖心行动"

深化集文艺表演、生活照料、心理疗愈于一体的"小岛·你好""海岛文艺轻骑兵"等文化公益品牌，年均开展慈善、敬老、救助等各类公益志愿服务活动 600 次以上，参与志愿服务的"艺工"近万人次。

2. 以党政中心工作为重点攻坚行动

全区发动 100 余支"艺工"团队积极投入"抗疫""创城"重点工作志愿服务活动 5689 次，参与东海云廊、百里东海文廊等全区重点项目宣传，布袋木偶戏剧目《定海三总兵》、翁州走书《刘鸿生传》、歌曲《东海云廊》等具有代表性的海岛群众精神文化共富成果应运而生。

3. 以社会治理为重点的善治行动

项目实施两年来，全区 536 支文化社团 3.8 万名"艺工"参与村民自治活动近万次，人数达到 10 万人次，创建了"一把扫帚大家扫""众家水井众家筹""志愿助老·阳光递暖"等 11 个基层自治品牌，如表 6 所示。

表6 定海区基层自治品牌

序号	单位	自治品牌
1	城东街道	服务破圈美之行
2		老旧小区大家改
3	马岙街道	一把扫帚大家扫
4		众家水井众家筹
5	盐仓街道	军嫂驿站放光芒
6		共治共享守护岗
7	小沙街道	渔嫂当家自治有招
8	金塘镇	志愿助老"阳光"递暖
9		自家小区自家管
10	昌国街道	"红钥匙"开启幸福门
11	岑港街道	居家颐养有"约定"

(五)营造"塑造品牌、倡导风尚"的创建氛围

为吸引更多"艺工"参与，高度重视宣传推广，在各类活动中弘扬正能量、唱响主旋律，营造了浓厚的创建舆论氛围，提升了"文艺社工"品牌知名度。两年来，国家级、省级、市级各类媒体宣传报道"文艺社工"创建活动23篇次，其中国家级1篇次、省级3篇次。

二、主要成效

(一)推进国家治理体系和治理能力现代化

坚持和完善中国特色社会主义制度、推进国家治理体系和治理能力现代化，是关系党和国家事业兴旺发达、国家长治久安、人民幸福安康的重

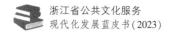
大问题。只有推进基层治理现代化，国家治理体系和治理能力现代化才有稳固的基础。"文艺社工"以基层治理为突破口，动员并组织"艺工"以公益志愿的形式建立基层治理各类组织并开展的各类活动，将公共文化服务与社会治理有机融合，有力地推动了善治局面的形成。

(二)创新公共文化发挥社会作用的模式

"文艺社工"项目既依托公共文化发展的现实基础和基层治理的现状，充分利用并发挥"艺工"作用，探索两者融合的内容、形式、路径、载体、机制等内容，推动基层治理向纵深发展，又在基层治理中进一步繁荣公共文化，基层公共文化设施进一步完善，文化人口迅速扩张，以基层治理为内容的文艺精品不断涌现，实现"在发展中治理，在治理中发展"的良性互动模式。

(三)引领公共文化服务发展新方向

在习近平新时代中国特色社会主义思想指引下，让文化的功能与作用得到更好的发挥，有力地促进政治、经济、社会、生态发展，是文化部门必须破解的时代课题。"文艺社工"不仅探索出了一条公共文化与基层治理的融合发展的路径，而且为公共文化与政治、经济、生态等领域的融合并为之提供支撑给予了启示与借鉴，引领了公共文化在新的历史方位中新的发展方向。

(四)领航社会志愿服务新风尚

经过十多年的耕耘，公共文化持续发展繁荣，文化社团如雨后春笋遍地开花，有力地促进了公共文化服务内容、形式、品质的提升，文化社团从文化"内循环"延伸拓展公益"大循环"，引领公益志愿活动的深入发展。"文艺社工"项目不仅发挥了文化在社会建设中的作用，还围绕基层治理延伸拓展服务项目，推动了基层善治实践，营造了志愿服务的良好氛围。从而实现文化功能作用的发挥从"隐性"向"显性"转变，从"自在"向"自为"转变，在深入推进人民群众精神富有的道路上迈出了新步伐，引领了新风尚。

三、经验启示

（一）文化赋能基层治理，必须注重营造制度环境

定海区在推进"文艺社工"公共文化服务项目中，始终坚持高站位定位、系统性思考、全域化打造的原则，在组织建设中打破纵向行政层级壁垒，全域整合公共文化资源，形成全区"一盘棋"工作格局；在机制建设中，通过出台服务规范为文体志愿者、团队、骨干等主体参与公共文化服务以及基层治理活动提供通路指导，通过制定优化系列奖补激励机制，有效凝聚"文艺社工"参与公共文化服务及基层治理的最大合力，推动志愿服务队伍不断壮大。

（二）文化赋能基层治理，必须注重发挥以文化人作用

文化是基层"软治理"的现代模式，以柔性的方式滋养人心、凝聚向上向善价值取向。"文艺社工"公共文化服务项目依托 500 余支文艺团队这一"文化干细胞"及 24 小时不打烊数字文化平台激活公共文化服务体系"神经末梢"，以文化内生性"造血"功能丰富基层群众精神文化生活、倡导健康文明生活方式，用文化的力量推动"最后一公里"向"最美一公里"转变。同时，重"送文化"，更重"种文化"，通过传帮带形式帮助基层培养从群众中来、常驻群众身边的文艺人才，并以基层群众自治为蓝本创作文艺节目，身边人、身边事更利于巩固基层治理的共同思想基础。

（三）文化赋能基层治理，必须注重强化群众参与内生动力

党的二十大报告明确提出"健全共建共治共享的社会治理制度"，并

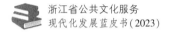
再次强调"建设人人有责、人人尽责、人人享有的社会治理共同体"。建立共建共治共享的社会治理共同体需要培育公共性，而"文艺社工"采用项目化开展的形式统一身份认识、统一服务规范、统一参与渠道，将文化志愿者以共同体成员的方式组织起来，个体性行为变公共性行动，更能激发文化志愿者的参与热情，并强化为服务党委政府重点任务、基层治理的实践动力。与此同时，把有共同兴趣爱好的文艺爱好者集结起来更能形成价值认同，开展高密度、高频次的公共文化服务也能培育新的文艺爱好者，变被服务者为服务参与者，并逐步由文化志愿服务拓展到社会公益服务。

四、群众反馈

（一）"人人都是'艺工'"成为基层最美景象

"只要拿起公益扫帚，人人都是'艺工'，都能美化村里的环境，我们'艺工'还特意编了音乐快板《一把扫帚大家扫》，招呼大家都来维护环境卫生。这快板呀，村里人人都会几句呢！"就这样，艺工志愿者把文明和谐"种"进了农民的心田，让马岙人的家园不仅干净美丽，而且充满温度、各具韵味、富有活力。村里从此"多了歌声，少了麻将；多了演出，少了纠纷"，越来越多的马岙人感知到了文明和谐的温度，生活更加舒心美好。

"一把扫帚大家扫""众家水井众家筹""红色协管美家园""共治共享守护岗""渔嫂当家，自治有招"等一批典型的善治案例纷纷涌现，"艺工在线"平台动员并组织"艺工"以公益志愿的形式参与基层社会治理各类活动，推动基层善治成效明显。

（二）"定期服务上岛"筑起海岛最美风景

说起海岛老人的"好女儿"、戍边军人的"好妈妈"曹杏娣，岛上的群众纷纷竖起大拇指。作为舟山定海"艺工在线"美之声演唱团团长，自 2008 年以来，曹杏娣带领团队坚持奋战在志愿服务战线的第一线，开展志愿服务 2950 余次，服务时长达 3.5 万小时，累计服务居民 8 万余人次。

14 个小岛，"艺工"定期光临，或为独居老人理发洗澡，或将文艺表演送到老人的家门口，于曹杏娣而言，"这样的服务很辛苦，但很快乐"。她的快乐来源于老人们一声声"感谢"，也来源于"艺工在线"项目给她提供了有力的支持，"有经费支持，我们就有更好的设备、服装，还能请专业老师给我们排节目。之前老人只能坐在屋檐下看看大海，现在能在家门口看有品质的表演了"。

专 家 点 评

吴理财，国家文化和旅游公共服务专家委员会委员，安徽大学二级教授，博士生导师，安徽大学社会与政治学院院长，安徽大学社会治理研究中心、安徽大学农村社会发展研究中心主任

舟山市定海区文化和广电旅游体育局高度重视"文艺社工"领航项目的创建工作。建立了区领导挂帅、文旅部门牵头、各镇街道负责实施、村社区具体落实的四级管理架构和区级总台、乡镇分台、社区工作台的运营架构和区文化馆、镇街综合文化站、村(社区)文化员分级管理运营体制。制定了相关文件和服务标准规范。充分调动了各级各类文化性组织参与"文艺社工"的积极性，整合了各种社会资源，在基层公共文化服务和社会治理方面发挥了显著作用。

"文艺社工"领航项目具有鲜明特色和时代性，值得推广。"文艺社工"不再是传统意义上的文化志愿服务，而是文化性组织或团队，运用自身文

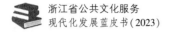
化艺术的优势和专业特长，以文化性社会工作的形式开展公共文化服务，从而促进社会治理，达到以文化人、以文促治的目的。这一创新做法，不仅超越了传统意义上的文化志愿服务形式，甚至超越了一般性的公共文化服务的内容范畴，是新时代基层文明实践的重要创举。

台州市全力构建全生命周期阅读服务体系

"构建全生命周期阅读服务体系"顺利通过第一批浙江省公共文化服务现代化领航项目终期验收。创建过程中，台州市深化以"政府主导、公共图书馆主体承载、社会优质资源参与"的建设模式，以制度设计为引领，完善政策措施，强化品牌培育，构建形成包含各类阅读资源、空间设施、人才队伍的全民阅读服务体系。

一、打好组合拳，构建全生命周期阅读服务体系

（一）组织制度有保障

一方面，成立创建工作领导小组，市文旅局党组书记、局长任组长，分管局长任副组长，各县市区文旅局为成员单位，落实配套经费312万元。同时，邀请相关专家来台指导，相继召开6期全生命周期阅读服务体系建设培训班，推动理论与实际相结合、相促进。

另一方面，将领航项目纳入国家公共文化服务体系示范区创新发展整体规划，制定《浙江省公共文化服务现代化领航项目"全生命周期阅读服务体系"实施方案》《台州市推进全生命周期阅读服务体系高质量发展的实施意见》，并形成《首届台州市阅读市集工作方案》《和合e书吧推广方案》等一系列文件，助推了示范区后续发展。

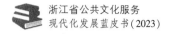
（二）分龄阅读树品牌

1. 创新婴幼儿阅读服务

科学开展婴幼儿阅读理论研究，成功研制新生儿书香礼包，目前已发放 1583 份，促进早期阅读服务覆盖面扩大和实效性提升。

2. 构建少儿多元活动

培育青少年阶梯式阅读品牌，开展创意阅读、编程手工、课本演绎。同时助力"双减"，在全市推广班级书香驿站，累计 30 所学校、229 个班级参与。

3. 拓展成人品牌

结合市民进阶阅读和多元需求，创新培育高清直播、高雅音乐、非遗体验、研学旅游等一批特色活动。

4. 深入实施"银发阅读"

开展场馆"适老化"改造，推出代际关联的亲情阅读卡，开设老年读者信息课堂，结合自编特色教材，提升老年群体信息素养，老有所乐。

5. 关怀特殊人群

开展关爱孤残儿童的"阳光微笑：守护折翼儿童"行动，为残疾人举办国际盲人节主题活动，推出"爱心邮书站""悦耳计划"服务，传递社会温暖。

（三）服务体系有维度

1. 加强重点文化设施建设

创建期内，黄岩、玉环图书馆新馆建成运行，温岭、天台、仙居新馆开放在即。

2. 探索推出特色文化工程

突出易于选址、投入节约、功能齐备和管理智慧原则，打造纸电一体的阅读微设施"和合 e 书吧"，构建"云上约书+数字阅读+旅游特色应用"的服务新业态，通过市县联建，实现阅读资源连线成网。

3. 创新"阅读+"文旅融合模式

打造 42 家最美公共文化空间、25 家品质民宿图书馆，路桥水心草堂等4 家单位上榜"全省最美公共文化空间"。

4. 促进文化场域与戏剧演艺相融合

推动图书馆场馆功能拓展，常态化举办台州民乐和台州乱弹戏剧驻场演出，营造文化体验新场景。

(四) 社会合作有力度

1. 创新开展馆校合作

打破壁垒，全省率先实现公共图书馆与高校图书馆文献通借通还，目前台州学院、台州职业技术学院、台州开放大学图书馆已纳入馆际互借平台，筹建中的台州技师学院图书馆已完成系统层面对接。

2. 集合社会组织力量

组建台州环市民广场公共文化服务联盟和馆店阅读联盟，建立合作机制，整合各类资源，推出"台州阅读市集"活动品牌。

3. 强化阅读推广队伍建设

每年举办全市阅读志愿者纳新和培训活动，促使专业队伍比例合理，

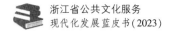
依托"志愿汇"平台，实现每周有主题，管理更系统，服务更规范，目前全市公共图书馆系统有注册阅读推广人3282名。

二、再创新高度，推进台州全民阅读高质量发展

（一）基础服务大提升

经过两年时间的创建，至2023年，领航项目创建规划得到了全面落实，2022年，全市每万人拥有公共文化设施面积突破4600平方米，较2021年增长15.6%，位居全省第三，县级图书馆分馆覆盖率100%；每万人拥有文化志愿者数量268人；全市公共图书馆全部获评国家一级馆，公共图书馆藏书量超1033万册，人均藏书量1.66册，增长9.2%。

（二）阅读推广显成效

填补了早期阅读空白，服务人群进一步从新生儿家庭涵盖到老年群体，全市公共图书馆阅读品牌矩阵进一步丰富。成功培育针对新生儿的"书香礼包""初生书香礼"品牌；针对低幼儿童的"童萌汇小书坊""童心同阅""小Y课堂"等；针对青少年的"小橘灯阅读联盟""嗨皮小书坊""双语小剧场"；针对成年读者的"宋韵音乐会""游学先锋""艺术之门"，以及特定读者的"女子图书馆""小羽毛课堂""路图有约"，还有受年轻读者追捧的"宋韵点茶""篆刻""香文化"系列课程——台图课堂；针对老年读者的"乐龄E课堂""乐夕之旅"等。目前全市拥有各类一级阅读品牌30余个，2022年全年举办阅读活动5530场次，居全省第四，参与活动1482.25万人次，居全省第三。

（三）示范引领有看头

全生命周期阅读服务体系在市本级取得成功后，以试点形式分期分批

在全市进行推广，并推动阅读服务资源嵌入教育、卫生等领域，构建了全域阅读融合发展生态圈。相关经验在第十五届全民阅读论坛、中国图书馆年会首届图书馆"双三角"主题论坛、2023 年长三角公共图书馆年会等作推广介绍，山西、四川等地文旅局、图书馆同仁多次前来交流互动。主流媒体聚焦项目经验，在《浙江日报》《中国文化报》《新华每日电讯》等刊文报道。

三、启迪新思路，擦亮现代化领航项目标志名片

（一）新生儿阅读专项推广

国际图联在《公共图书馆宣言》指出："培养和加强儿童从出生到成年的阅读习惯"，台州创建领航项目正是秉持现代图书馆精神的生动实践，通过构建以群众需求为导向阅读模式，为个人从出生到成长每个生命周期提供专属阅读活动。编撰完成《学做父母：0—3 岁亲子导读手册》，从理论、实践为家长提供专业指引；结合婴儿身心定制的书香礼包，促进更多家庭参与到早期阅读中。

（二）和合 e 书吧再创新绩

通过在旅游景区、专科医院、交通枢纽等一系列人流密集、年轻人集聚的公共场所便捷布局，成为延伸基层服务网络的"神经末梢"。2023 年 8 月 5 日，台州市域铁路 S1 线 15 个站点"和合 e 书吧"开放，成为全国首个城市轨道阅读设施全覆盖案例，并为国家即将实施的城市社区嵌入式服务设施建设提供了先行先试样本。

（三）市域品牌崭露头角

首届台州阅读市集是以公共馆、高校馆、书店为主体，策划涵盖全生

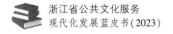
命周期人群的创意集市，两天内接待6.2万市民，共开展图书展示、阅读交流、作家分享等读书活动58场，现场参与活动1.5万人次，成为文旅融合背景下"以文彰旅"的有效范例。

四、聚焦群众心，推动公共文化领航项目再向前

领航项目终期验收前后，台州市采用第三方测评、问卷调查和电话访谈等多种方式，对台州市各县(市、区)不同年龄、职业的群众进行了需求反馈收集，从而更加全面地了解群众对我市全生命周期阅读服务体系创建过程中的感受体验。群众反馈情况如下：总体上，绝大部分群众对我市创建的全生命周期阅读服务体系表示非常满意，认为这项举措不仅满足了个性化阅读需求，而且提供了舒适友好的阅读资源和环境。

群众满意是一条走不完的路，市民服务是一本翻不完的书。通过对不同年龄段的市民读者建议收集，未来为领航项目创新发展进一步明确了方向：一是推动全民阅读活动再优化。为爸爸妈妈、爷爷奶奶层级市民培育婴儿家庭阅读品牌，探索0~3岁阅读指导课堂，开展阅读跟踪，建立档案。迎合年轻人社交特点，开展"旅图、城市漫游等室外行阅的时尚型活动。二是推动全市联动活动再提升。进一步打造以阅读市集为特色的大型活动，每年在固定时间、在不同县市、呈现不同主题，让更多市民参与全民阅读文化盛宴。三是推动公共阅读空间更完善。完善和合书吧建设，让阅读环境更加舒适、安静、便捷，以及加快"和合e书吧"建设，县市推广，让群众在家门口感受阅读魅力。

春风浩荡满目新，击鼓催征正当时。展望未来，台州市将坚持"一张蓝图干到底"，不断助力台州市国家公共文化服务体系示范区创新发展。

专家点评

来其发，国家公共文化服务体系示范区指导专家，武汉大学博士生导师，上海格物文化发展研究院特聘专家

台州市"构建全生命周期阅读服务体系"领航项目，以创新的思维和视觉，紧紧把握生命周期阅读历程，打造全生命周期阅读时空隧道，领航示范，堪称范式。

分生命周期打造阅读品牌，让阅读陪伴人生。随着社会经济高质量发展，人民群众在获得物质生活满足的同时，对精神生活的要求越来越高，阅读是其中之一。把人生周期按照年龄阶段定位，提供适宜阅读产品，让不同年龄阶段人群享受阅读之快乐，这是现代图书馆"靶向"服务的创新先例。台州领航项目在全生命周期服务中填补"婴幼儿阅读服务"空缺，引导年轻妈妈用"母亲的阅读声"陪伴新生命认知新世界，创新之举可嘉。

构建多维度阅读服务体系，让阅读润泽时尚。图书馆作为个性化服务产品，"便捷性"是服务的基本要求，我们的时代是一个多彩的时代，阅读作为国家重点文化服务项目，在"政府主导"的基础上，要引导社会力量参与公共文化服务，构建多维度阅读服务体系，让阅读成为时尚生活"打卡地"。台州领航项目构建市县乡村和家庭五级阅读体系，阅读阵地全覆盖。黄岩、温岭、天台、仙居等地图书馆、42家最美公共文化空间、25家民宿图书馆、数字阅读等服务模式，成为阅读体验新场景。

聚集集结各种服务资源，让阅读美美其美。图书馆服务创新应当在强化主阵地同时，聚集各种社会资源，形成"集约化"服务模式，在服务产品供给及具象服务人群等方面，发挥资源优势，形成特色，形成品牌。这种服务特点既体现了集约化服务的效能，又体现了各阅读服务机构个性化特色，各美其美，美美与共。台州领航项目一张服务地图，多点开花结果，

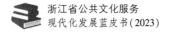
公共图书馆、高校图书馆与民间图书馆资源共享,"图书馆(店)阅读联盟"创新不断,或城乡,或儿童,或老人,完美覆盖,特色服务,全生命周期阅读之美,美美与共。

让阅读陪伴人生,让生活充满快乐!

第四部分

公共文化服务现代化发展调研
课题成果汇编

"15分钟品质文化生活圈"星级评定体系研究

杭州市西湖区文化和广电旅游体育局

一、"15分钟品质文化生活圈"的创新缘起

(一)政策支撑

1. 城乡均衡发展与公共文化服务设施网络建设

2021年6月文化和旅游部发布《"十四五"公共文化服务体系建设规划》,指出经济发展方式转变、产业结构调整优化,对公共文化服务促进文化消费,拉动内需等方面提出了新要求,现代科技发展为公共文化服务发展提供了更加强劲的动能。但同时,由于经济社会发展水平的制约,城乡之间、区域之间的公共文化服务发展水平还存在较大差距、公共文化产品和服务品质还有待提升、改革创新力度有待加强。为有效提升公共文化服务体系均衡性的目标,《浙江省公共文化服务保障条例》强调建立公共文化服务综合协调机制,实现跨部门、跨行业、跨区域公共文化服务资源的整合,公共文化服务网络互联互通、资源共建共享。

2. 高质量发展与"15分钟品质文化生活圈"建设

2021年8月文化和旅游部国家发展改革委财政部出台《关于推动公共

文化服务高质量发展的意见》明确指出深入推进公共文化服务标准化建设。充分发挥县、乡、村公共文化设施、资源、组织体系等方面的优势，强化文明实践功能，推进与新时代文明实践中心融合发展。《浙江高质量发展建设共同富裕示范区实施方案(2021—2025年)》提出，进一步将打造新时代文化高地，丰富人民精神文化生活，提到新的高度。持续迭代政策扶持和融资保障体系，为高质量市场主体提供高品质公共文化服务。《关于高质量建设公共文化服务现代化先行省的实施意见》的通知为公共文化服务现代化搭起了四梁八柱，指引了全省公共文化服务现代化建设和品质化提升的方向。

(二)现实基础

"八八战略"实施20年来，浙江建设文化强省、加快打造新时代文化高地，始终让文化成为实现共同富裕的"关键变量"，指引浙江走出了以人为本、利民为先的公共文化服务之路。2021年5月，《中共中央、国务院关于支持浙江高质量发展建设共同富裕示范区的意见》(以下简称《意见》)印发实施。《意见》聚焦共同富裕示范区建设亟须突破和创新的重要方向和关键领域，明确了浙江省示范区建设的四个战略定位，即高质量发展高品质生活先行区、城乡区域协调发展引领区、收入分配制度改革试验区和文明和谐美丽家园展示区。

西湖区瞄准需求，助力文化服务更精准，不断完善公共文化服务体系，深入实施文化惠民工程。2019年，西湖区编制出台本区首个文化类地方标准《公共文化跨区域服务规范》，并升级为省级标准。2022年，西湖区编制出台《高质量推进西湖区公共文化服务现代化建设工作的实施意见》和《西湖区公共文化服务现代化标准(2023—2025年)》，持续推动基本公共文化服务标准化、均等化发展。截至目前，西湖区主动推进对辖区内文体资源挖掘、整合、梳理，经各镇街申报，西湖区文广旅体局组织审核认定，11个镇街共建成"15分钟品质文化生活圈"162个，西湖书房 11 家，文化驿站 11 家，实现西湖区文化驿站、西湖书房、品质文化生活圈全覆盖。

二、"15 分钟品质文化生活圈"星级创建的西湖探索

(一)典型创建案例

1. 上保社区"双 15 文旅融合圈"

一是"文旅融合"的高品质设施。深挖圈内文化特质，搭建布局合理，融入特色的文化设施网络。目前圈内包含百越蝴蝶剧场、浙江歌舞剧院、法雨庵(城市书房)、弥陀寺石刻(省级文保单位)、弥陀寺文化公园等，其中弥陀寺文化公园为"3A"级景区。路线人文底蕴深厚，创新建成了文旅融合的"双 15 品质文化生活圈"。二是"晓风模式"高品质运行。聚力"新文化空间"理念，在圈内引入晓风书屋，打造清雅、时尚、宜人的文化空间，开展读书交流、非遗体验、名家沙龙等常态化活动。"往来皆名仕，荟聚均才人"的文化氛围日益浓厚。三是"共建共享"的高品质服务。聚力"高品质"，挖掘辖区内专业院团、文化骨干、非遗传承人、文艺团队等高品质文化资源，采用购买服务、品牌共建、志愿服务、艺术快闪等形式提供多样化、差异化服务，为群众呈上丰富多彩的"文化盛宴"。

2. 外桐坞村"特色风情文化圈"

一是红色基因传承。突出"全村打造"的定位，按照"两堂""五廊""朱德纪念室""聚贤堂"提升打造，特色创意作坊展示，打造全村文化礼堂概念，丰富文化礼堂内涵及外延，将红色文化理念贯穿文化圈。二是乡风民俗振兴。将年糕坊、上泗地区婚庆礼仪民俗等承载乡风民俗的展厅串珠成链，挖掘孝文化、年糕文化、创意文化、红色文化等特色，梳理村落文脉，

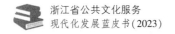

助推乡风民俗振兴。三是艺术浸润乡村。吸引了油画、国画、雕塑、陶瓷、摄影等约 90 家艺术工作室入驻,"艺术村"初具规模,成为生态环境优良,民风民俗淳朴,艺术风韵浓厚的田园文艺范小镇。

3. 吉鸿社区"数智提升康养幸福圈"

一是传承传统文化。吉鸿社区文化家园配备了健身房、吉鸿讲堂等多个功能区域,分别以"走近吉鸿""溯源吉鸿""传承吉鸿""未来吉鸿"为主题。将婚嫁、农耕、名人、风俗文化等特色板块融入其中。以吉鸿六座古桥为精神纽带,传承发扬吉鸿"仁义礼智信"精神。二是发挥名人效应。引入"西湖印社吉鸿艺术交流中心""颜旭知瑜伽工作室""徐满英太极拳工作室"等名人工作室,"吉鸿民乐队""吉鸿少儿艺术团""吉鸿乒乓球队"等群团组织,通过各个社团活动的开展,拉近了社区与群众的距离,凝聚民心、团结力量。三是数智运营,创建新型康养模式。集成现有数字化系统,以数智运营"桥承吉鸿"小程序为纽带,串联数字化驾驶舱和华数电视系统,实现数字化系统三合一。在华数 4K 智能电视平台定制"未来吉鸿"专区,打造"吉鸿人的一天"服务理念,进行全场景的数字化改造,专区重点开设"一键式"服务:一键订餐、一键找医生、一键购物、一键物业等四项便捷服务。

4. 府苑社区"邻里乡情和美圈"

一是深挖特色资源。作为杭州市唯一一个坐拥湿地国家公园的城市社区,府苑社区以"聚、雅、美、和、享"为创建特色,在文化设施升级、文化资源提档、文化服务扩容等方面深入实践,全力提升居民获得感、归属感和幸福感,打造家门口的邻里乡情。二是培育文化社团自治。以群众需求为原点,突出自发、自主、自治的创建理念,组建常青越剧队、莫乐园书法队、调色盘绘画队、四季摄影队、芳华舞蹈队、时光舞队、西子手风琴乐团等社团,逐步形成了团队自治,和美共融的邻里乡情圈。

（二）创建路径探索

两年来，西湖区以"15 分钟品质文化生活圈"建设为契机，深挖资源，串联特色，持续提升，搭建便捷可达、特色彰显、运行有效、广受欢迎的品质文化生活圈，夯实基层公共文化服务基石，织密丰富多元的公共文化网络，激活公共文化服务末梢。至今，西湖区 80 个文化圈完成省文化和旅游厅认定，并逐步探索出"优秀文化凝聚力、优质资源表现力、专业组织运行力、群众团体自驱力"四力联动的星级文化圈创建模式。

1. 优秀文化凝聚力，圈住人心

深挖优秀文化资源，将红色文化、孝文化、农耕文化融入文化圈创建。持续推进非遗传承活动，将辖区内的雕版印刷、西湖龙井、九曲红梅、西湖小竹篮技艺生动传承，提升同圈同心的文化归属感。

2. 优质资源表现力，圈住人影

深挖辖区内的自然、文化、金融、社会资源，搭建布局合理，融入特色的文化设施网络。上保社区"双 15 文旅融合圈"，闹中取静，书香沁人。曲院社区白沙泉并购金融街区和浙江图书馆相得益彰，风韵独具。葛衙庄社区的龙坞茶镇、茶博馆处处飘出茶香。外桐坞村的朱德纪念室、文化礼堂红色基因，艺术特质彰显。

3. 专业组织运行力，圈住人流

发挥辖区内省级文化机构众多的优势，创新探索文化机构共建联建的模式，与小百花越剧院党建共建，持续活跃文化氛围。引进晓风书屋入驻明远书房，设计文创产品、策划文化活动、引领文化名人，文化氛围持续向好。

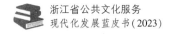
4. 群众团体自驱力，圈住人气

深挖广受群众喜爱的特色文化活动，采用团队培育和团队自治双路径，引育结合，双向赋能，群众团体的自治氛围浓厚，使文化圈成为文化育人，精神共富的重要载体。双浦街道"男篮女排"以培训育兴趣、以兴趣促比赛，形成充满生命力的群众文化活动氛围。

三、"15 分钟品质文化生活圈"星级评价指标设计

（一）总体思路

以习近平新时代中国特色社会主义思想为指导，深入贯彻落实党的二十大精神，以建设全域文化繁荣全民精神富有的一流历史文化名城为发展目标，坚持需求导向、品质引领，以优质文化服务提高城乡人民精神文化素养；坚持便利实用、融入生活，营造向上向善的社会文化氛围；坚持盘活存量、整合资源，以微改造、广协作、大联通激活文化氛围。

以现有文化圈存量和运行现状为基础，以"文化圈"星级评定为抓手，形成一套理念先进、指标科学、操作可行的指标体系；评选一些资源禀赋优异、文化氛围浓厚、运行模式创新、示范效应显著的五星级文化圈，复制推广典型经验，有效提升基层设施网络服务效能；认定一批办圈条件良好，服务扎实有效的三星级文化圈；以评促建、以评促改，切实推进"文化圈高质量发展"，提高就近就便、线上线下、实用适用、常态化生活化智慧化品质化文化服务水平，使之成为改善文化民生、促进城乡均衡、助力精神富有的重要平台和载体。

（二）指标依据

以《浙江高质量发展建设共同富裕示范区实施方案（2021—2025 年）》

《浙江省关于高质量建设公共文化服务现代化先行省的实施意见》《"15分钟品质文化生活圈"建设指南》《公共文化现代化效能评估指标(CMDI)》《"15分钟品质文化生活圈"认定表》《"15分钟品质生活圈"服务指数》《浙江省"15分钟公共服务圈"建设方案》等文件为依据,设计文化圈星级指标评估体系。指标设计遵循以下几个原则。

1. 补齐设施短板

注重"设施"基础,鼓励各地系统梳理圈内文化设施,结合老旧小区、闲置厂房、城中村及其他"微改造"项目,创新打造一批具有鲜明特色和人文品质的新型公共文化空间。

2. 培育专业主体

注重"圈主"培育,鼓励创新探索业余文艺社团共治、文化能人/文化示范户共建、社会组织共育等模式,扩大社会力量参与公共文化服务管理模式,形成协同共治格局,提高公共文化服务效能。

3. 优化服务品质

注重"服务"优化,夯实基本公共文化服务保障,推进三级联动,推动优质公共文化资源向基层延伸,进一步优化城乡均衡发展。服务探索圈圈联动,结对共建等方式,丰富优质资源供给,促进圈圈生态繁荣。

4. 推进特色引领

注重"创新"示范,挖掘本地优秀传统文化,探索建设具有地域特色的文化圈品牌,鼓励在运行模式、人才培养、品牌创新、特色服务等方面的创新成效。

(三)指标选取

以文化圈运行现状为基础,重视制约文化圈高质量发展的困境,发挥

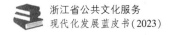

星级评估的导向性，强化文化圈在城乡均衡和赋能共富方面的重要作用，项目组明确了"五化引领"的发展路径，设计了设施品质化、队伍专业化、活动常态化、服务品牌化、运行特色化五类指标，具体见表7。

表7 "15分钟品质文化生活圈"星级评定指标分类

指标分类	指 标 说 明
设施品质化	指"15分钟品质文化生活圈"设施品质情况，包括年度业务经费、公共文化场馆(空间)数、必备设施面积、可供预约的公共文化场馆功能室数、无障碍设施、圈内环境6个指标。
队伍专业化	指"15分钟品质文化圈"文化队伍和人员培训情况，包括管理队伍建设、业余文艺团队数、文化骨干、文化志愿者、人员培训5个指标。
活动常态化	指"15分钟品质文化圈"公共文化服务、运行指数、数字服务情况，包括免费开放、图书借阅、文化圈年人均接受线下服务次数、文化圈服务指数、数字文化服务5个指标。
服务品牌化	指"15分钟品质文化圈"群众满意、创新项目创建等情况，包括社会公众对公共文化服务满意率、文化品牌打造、省级示范村(社区)、其他圈内省级创新项目4个指标。
运行特色化	指"15分钟品质文化圈"在经费保障、运行模式、人才培养、品牌创新、特色服务等方面的成效，包括服务特色、经验示范、宣传推广3个指标。

进一步细化抓实"五化引领"，重视指标的可操作性和导向性，充分发挥《"15分钟品质文化生活圈"服务指数》在评估中作用，细化设计"15分钟品质文化生活圈"星级评定指标。共设置了23项指标，总分100分。1项扣

分项，1 项加分项。浙江省"15 分钟品质文化生活圈"星级评定指标见表8。

表 8　"浙江省 15 分钟品质文化生活圈"星级评定指标

指标分类	序号	指标名称	单位	指标分值	指标说明
设施品质化	1	公共文化场馆(空间)数	个	3	圈内设施数量，包括必备设施和可选设施
	2	必备设施面积	m²	6	圈内必备设施的面积总量
	3	可供预约的公共文化场馆功能室数	个	2	"15 分钟品质文化生活圈"内各公共文化场馆的功能室，在智慧文化云上发布并可供群众预约使用的数量
	4	无障碍设施	/	2	圈内设施对特殊群体友好，无障碍设施配置情况
	5	圈内环境	/	5	圈内设施空间布局合理，环境布置温馨，整体品质较高
队伍专业化	6	管理队伍建设	人	4	实现三级人员联动，村(社区)配备文化员专人专职负责辖区内"15 分钟品质文化生活圈"建设和管理工作
	7	业余文艺团队数	个	4	圈内在智慧文化云注册登记的群众文艺团队数量
	8	文化骨干	人	4	圈内有拥有县级及以上文化行政部门认定的文化示范户、乡村文化能人、非遗传承人且常态化参与圈内活动的情况
	9	文化志愿者	人	3	在"智慧文化云"组建文化圈志愿队，拥有志愿者的数量及志愿者参与圈内工作的情况
	10	人员培训	天	3	服务队伍参与各级文化行政部门举办的人员培训情况

续表

指标分类	序号	指标名称	单位	指标分值	指标说明
活动常态化	11	免费开放	/	4	必备设施开放的时间，及错时、延时开放情况
	12	图书借阅	/	4	圈内实现自助借阅，年度人均借阅册次
	13	年人均参与文化圈活动次数	次/人	8	常态化开展演出、培训、讲座、阅读推广、非遗活化利用等各类文化活动的次数/文化圈内常住人口数
	14	数字文化服务	/	3	圈内采用数字化技术提高公共文化服务水平的情况
	15	文化圈服务指数	%	8	近半年文化圈服务指数得分平均值的排序
服务品牌化	16	社会公众对公共文化服务满意率	%	5	应用场景中群众对该"15分钟品质文化生活圈"内文化活动的评价
	17	活动品牌打造	个	3	按"一圈一品"的要求，打造具有地域特色、有品质的公共文化品牌活动情况
	18	省级示范村	/	5	文化圈所在社区获评省级示范村（社区）情况
	19	其他省级创建项目	/	5	文化圈内设施获评省级最美空间、省级先行先试功能拓展试点、省级民俗文化村等项目的情况
运行特色化	20	服务特色	项	5	文化圈在运行模式创新、特色服务创新、团队培育创新等方面的典型经验情况
	21	经验示范	/	5	形成做法、经验或案例总结情况，且具有可复制性和可推广性情况
	22	宣传推广	/	4	在各级媒体进行宣传推广的情况
	23	年度业务经费	元	5	文化圈内各设施年度投入的资金总额

(四)评分标准及计分方式

1. 星级必备指标

为进一步体现必备条件和创新发展相结合的原则,将指标区分为必备指标和评分指标两类。各文化圈必须达到或超过相应星级必备指标的要求,才可评定为相应星级。

五星级(精品型)应当满足较高服务标准和综合评价水平,能充分展现全省"15分钟品质文化生活圈"较高水平,并起到示范带动作用。

四星级(优享型)应当满足相应的服务标准,达到一定的综合评价水平,在市级范围内达到较高水平和示范带动作用。

三星级(标准型)应当满足基本的服务标准,达到一定的综合评价水平,在区域内能够起到示范带动作用。

星级(达标型)应当满足文化圈建设的必备条件。具体见表9。

表9 星级必备指标

序号	指标名称	标　　准	等级必备
1	年度业务经费	圈内各设施年度投入的资金总额不少于5万元	星级必备
2	公共文化场馆(空间)数	圈内设施总量达到3个。至少有1个必备公共文化场馆,2个其他公共文化场馆(空间)	星级必备
		圈内设施总量达到5个。至少有1个必备公共文化场馆	三星级必备
		圈内设施总量达到5个。至少有1个必备公共文化场馆,并且圈内有城市书房、文化驿站、乡村自然博物馆等新型公共文化空间	五星级必备
3	必备设施面积	圈内必备设施的面积总量不少于200平方米	三星级必备
		圈内必备设施的面积总量不少于300平方米	四星级必备
		圈内必备设施的面积总量不少于500平方米	五星级必备

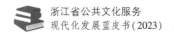
续表

序号	指标名称	标　　准	等级必备
4	可供预约的公共文化场馆功能室数	圈内各公共文化场馆中至少有 1 个功能室实现预约功能	星级必备
		圈内各公共文化场馆中至少有 3 个功能室实现预约功能	三星级必备
5	无障碍设施	有无障碍设施（包括无障碍通道、无障碍提示牌、联系牌、轮椅或拐杖等）	星级必备
7	管理队伍建设	由村（社区）文化员专人专职负责辖区内"15 分钟品质文化生活圈"建设和管理工作	三星级必备
9	文化骨干	圈内有拥有县级及以上文化行政部门认定的文化示范户、乡村文化能人、非遗传承人等不少于 1 人，并常态化开展活动	三星级必备
12	免费开放	必备公共文化场馆需满足相关设施开放的时间要求，并实现错时开放，节假日延时开放，每周开放时间不少于 40 小时	星级必备
17	文化圈服务指数	近半年文化圈服务指数得分平均值达到全省前 50%	四星级必备
		近半年文化圈服务指数得分平均值达到全省前 30%	五星级必备
18	社会公众对公共文化服务满意率	应用场景中群众对该"15 分钟品质文化生活圈"内文化活动满意度不低于 85%	三星级必备
21	服务特色	文化圈在运行模式创新、特色服务创新、团队培育创新等方面有特色化服务的凝练和创新	四星级、五星级必备
22	经验示范	形成做法、经验或案例总结情况，在市级以上推广	五星级必备

2. 指标计分

星级必备指标根据计分规则与其他指标同样计分，指标分级评分标准见表10。

表 10 "15 分钟品质文化生活圈"星级评定指标

指标分类	序号	指标名称	指标分值	评分标准	赋分方式	数据来源
设施品质化（24分）	1	公共文化场馆（空间）数	3分	空间总数少于3个的不得分；3~5个得2分；5个及以上设施，且圈内有城市书房、文化驿站、乡村博物馆等新型公共文化空间的得3分	分段法	智慧文化云
	2	必备设施面积	6分	圈内必备设施面积小于200m²得2分；200m²（含）~300m²得3分；300m²~500m²得5分；500m²以上得6分	分段法	智慧文化云
	3	可供预约的公共文化场馆功能室数	2分	可供预约的公共文化场馆功能室少于3个得1分，大于等于3个得2分	分段法	浙里文化圈
	4	无障碍设施	2分	没有无障碍设施得0分；有无障碍设施（包括无障碍通道、无障碍提示牌、联系牌、轮椅或拐杖等）得2分	层差法	各地提供
	5	圈内环境	5分	圈内文化氛围不浓厚，其他业务条线挂牌较多得2分；圈内文化氛围较浓厚，环境干净整洁得4分；圈内文化氛围浓厚，环境温馨舒适得5分	层差法	各地提供

续表

指标分类	序号	指标名称	指标分值	评分标准	赋分方式	数据来源
队伍专业化（18分）	6	管理队伍建设	4分	村（社区）设有专职文化员，并配备不少于1人公益性工位的得2分；乡镇（街道）主要负责人推进文化圈建设，村（社区）设有专职文化员，并配备不少于1人公益性工位的得4分	层差法	智慧文化云
	7	业余文艺团队数	4分	圈内有1支业余文艺团队，且经常性开展活动得2分；圈内有3支及以上文艺团队，且经常性开展活动的得4分	分段法	智慧文化云
	8	文化骨干	4分	县级以上文化示范户、乡村文化能人、非遗传承人等文化骨干1名得1分，2名及以上得2分；文化骨干每年在圈内开展活动不少于6次的得2分，不足的得0分	分段法	智慧文化云
	9	文化志愿者	3分	圈内文化志愿者少于18人的得1分，18（含）人及以上的得2分；志愿者常态化开展文化志愿服务的，得1分	分段法	智慧文化云
	10	人员培训	3分	村（社区）基层文化专兼职人员平均每人每年参加集中培训时间少于3天的得1分，3（含）～5天的得2分；5天及以上的得3分	分段法	各地提供

续表

指标分类	序号	指标名称	指标分值	评分标准	赋分方式	数据来源
活动常态化（28分）	11	免费开放	4分	圈内有开放时间公示牌并按时开放；必备公共文化场馆，开放时间少于40小时得0分，开放时间40（含）～42小时得2分，42（含）小时以上得3分；错时开放得1分	分段法	智慧文化云
	12	图书借阅	4分	未配备自助借还机得0分，配有自助借还机得2分；年图书借阅量少于1000册得1分，1000册（含）以上得2分	否决法/分段法	各地提供
	13	年人均参与文化圈活动次数	8分	人均活动次数少于0.3次的，不得分；人均活动次数等于或高于1次得满分，不足的按比率扣分	比率法	智慧文化云
	14	数字文化服务	3分	智慧文化云平台上及时完成信息和活动录入得2分；开展点单送单得1分。	否决法	智慧文化云
服务品牌化（18分）	15	文化圈服务指数	8分	近半年服务指数为后30%的得2分，后30%～50%的得4分；上50%～30%的得6分；上30%的得8分	分段法	智慧文化云
	16	社会公众对公共文化服务满意率	5分	公众对圈内活动的满意度高于90%（含）得5分，不足的按比例扣分	比率法	智慧文化云

续表

指标分类	序号	指标名称	指标分值	评分标准	赋分方式	数据来源
服务品牌化（18分）	17	活动品牌打造	3分	公共文化品牌活动不少于1个，每年至少举办1次（已连续举办办3届），得2分；品牌能够体现当地文化特色，形成一定的文化生态得2分	否决法	智慧文化云
	18	省级示范村	5分	文化圈所在村（社区）创建为省级示范村（社区）的加5分；否则不加分	否决法	智慧文化云
	19	其他省级示范项目	5分	文化圈内设施获评省级最美空间，省级功能拓展试点等项目的加5分；否则不加分	否决法	智慧文化云
运行特色化（14分）	20	服务特色	5分	在运行机制、特色服务、人员培育，文化品牌建设等方面取得典型经验的，每次加3分，封顶5分	否决法	各地提供
	21	经验示范	5分	形成做法、经验或案例总结情况，且具有可复制性和可推广性，在全省范围内推广的加5分；在全市范围内推广的加4分；在全区范围内推广的加3分；没有不加分	否决法	各地提供
	22	宣传推广	4分	在省级及以上媒体上宣传推广的得4分；在市级媒体上宣传推广的得3分；在区级媒体上宣传推广的得2分	否决法	各地提供
	23	年度业务经费	5分	文化圈年度投入资金总额（包括设施维护和活动开展）大于5万元或高于10万元的得5分，不足的相应扣分	否决法	各地提供

续表

指标分类	序号	指标名称	指标分值	评分标准	赋分方式	数据来源
减分项	24	文化设施挪用	/	文化设施挪用，造成负面影响的，一票否决	/	随机抽查
加分项	25	荣誉奖项		圈内文艺团队、文化骨干，文艺比赛等获市级及以上荣誉的得4分，获区级以上荣誉得2分。最高不超过6分。（同一节目就高，不同节目获奖可累计。）	/	各地提供

注：五星级（精品型）文化圈评定总分不低于90分，且符合五星级必备条件；
四星级（优享型）文化圈评定总分不低于80分，且符合四星级必备条件；
三星级（标准型）文化圈评定总分不低于70分，且符合三星级必备条件；
星级（达标型）文化圈总分不低于60分，且符合星级必备条件

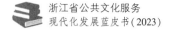
赋分方式:"15分钟品质文化生活圈"星级评定采取的赋分方式共有比率法、否决法、层差法、分段法4类。

比率法:指用实际完成值除以标准值,然后乘以指标的权重分数,得到该指标的实际考核分数。

否决法:指设置一个目标值,超过目标值得分,未达到目标值不得分。

层差法:将考核结果分为几个层次,实际执行结果落在哪个层次内,该层次内对应的分数为考核的分数。

分段法:指完成值在某一段区间内,则按当区间对应得分。

(五)评定体系与运行机制

1. 项目申报

申请"星级文化圈"的村(社区)根据文化圈建设标准(指南)完成建设,工作基础较好,并运行不少于一年的,可向当地县(市、区)文化行政主管部门提出认定申请。由当地主管部门向上级传递。其中,申请三星级及以下的文化圈上报至县(市、区)级主管单位,四星级文化圈向市级主管单位申请,五星级向省级主管单位申请。申报周期为二年一次。

2. 评估程序

根据申报情况,各级文化行政主管部门对文化圈进行星级评定。

统一选定。各级文化行政主管部门对照星级文化圈申请条件和工作要求,将符合条件的文化圈列入名单,并组织专家进行评分。

评分评级。根据申报等级,除必备星级条件需全部达标之外,其他指标得分达到特定星级标准即可认定,确定"星级文化圈"荣誉。

动态管理。对已评定完成的星级文化圈进行抽调、抽检。为保证星级文化圈建设的有效性,根据星级评定平台的录入情况,在省、市两级范围内对四、五星级的文化圈按比例进行动态监督,定期复查,并视情委托第三方进行抽查。对后续运行不到位或不达标的星级文化圈进行降级处理，并向社会公布。

3. 工作保障

强化组织领导。由省级文化和旅游部门成立星级文化圈评估工作领导小组，统筹指导文化圈评星工作。市、县(市、区)级文化行政主管部门做好统筹协调工作，切实推进星级评定工作有序开展。

建立监测平台。充分智慧文化云、浙里文化圈等数字平台，实现数据的共享共用，提高数据的准确性和有效性，"15分钟品质文化圈"服务指数月度更新，作为星级评定的重要依据。

加强宣传推广。积极宣传推广本地区的创新案例、创建经验。促进高星级文化圈之间联动交流，总结、推广典型经验，通过互看互学互评、召开经验交流会等方式加强文化宣传、学习优秀文化圈运行机制，推动星级文化圈的示范引领。

文化保障卡的应用模式和发展策略研究

杭州市临平区文化和广电旅游体育局

为推动公共文化服务现代化先行区建设，积极探索数字文化"文艺惠民"方向，优化个体的文化感受，降低不公平感，激活分散的社会资源，实现目标与效能直接对应的资源分配。2022 年 6 月，临平区启动"临享·文化保障卡"应用建设，突破户籍、年龄限制，鼓励本地市民、外来游客领取电子虚拟保障卡，通过打卡临平区内文、旅、体场馆和活动获取积分，使用积分可在文旅超市兑换文旅体产品。该文化保障卡兼具福利型与普惠型双重功能，旨在以数智赋能公共文化服务精准供给，实现文化保障"零门槛"、线上线下"一卡通"、文化服务"一键享"，形成市民游客有需求、政府企业有反馈的公共文化服务保障新模式，进一步提升人民群众的文化获得感和整体满意度。

一、文化保障卡应用的背景

临平区公共文化服务体系建设始终走在全省前列，首批 58 个"15 分钟品质文化生活圈"已建成投用，每万人公共文化设施达 5096 平方米。但公共文化服务与老百姓多层次精神文化需求还有距离，公共文化服务总体上还存在以下问题：一是公共文化服务阵地冷热不均。有的场馆一座难求，有的场馆少人问津，美术馆、科技馆等专业性服务阵地尚未统筹管理、底数不清。二是公共文化服务供给主体单一。目前公共文化服务仍以政府投入为主，社会力量参与有限。三是公共文化服务供需不平衡。高品质公共文化活动供不应求，富有特色的个性化文化服务非常不足。四是公共文化服务绩效评估机制不完善。现行公共文化服务相关补助政策，以场馆补助为主、运营补助为辅，场馆补助按照面积大小计算，运营补助则以台账资料结合专家评审为主，缺少数据支撑与用户评价。

"临享·文化保障卡"的应用，可以有效缓解以上公共文化发展中的困难。以项目为渠道来配置公共资源，既能动员社会力量参与公共文化服务供给，又能保持基本公共文化服务公益、惠民的本质属性。既能"精准扶贫"又能带动整体文化消费，成为文化服务职能转换的一个新起点。

二、文化保障卡应用的目标

临享·文化保障卡项目的规划设计原则，是通过"政府激励引导、专业机构运作、整合利用资源、促进供需对接"，利用现代信息技术等手段，搭建具备宣传引导、消费促进、数据挖掘、信息服务等衍生功能于一体的综合性服务平台系统，同时也为文化消费服务企业和文化消费者搭建起一个"互通互惠、互利共赢"的文化消费平台；将文化产品的企业销售端与消费者购买端衔接起来，把经济实惠又符合大众文化需求的文化产品，以最优质的服务形式推荐给广大消费者。

临平区文化保障卡项目的总体目标是，以临享·文化保障卡为载体，利用1~2年时间，做到文化保障卡临平区人民基本持有，实现公共文化领域"线上线下一卡通"。同时根据系统沉淀数据，探索分析不同地区、不同人群、不同层次的文化需求，推进跨部门、跨领域信息共享，从而实现对不同用户的精准服务、对公共文化资源的科学管理调度和服务评价监测，全面提升临平区公共文化服务质量。具体目标包括以下几项。

(一)基于公共文化服务多源数据聚合，实现精准服务数据基座构建目标

公共文化资源数据是新型的文化生产要素，现已融入社会生产、分配、

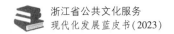
流通、消费和服务等各个环节，但目前还存在各类场所的种类、数量、分布等情况底数不清晰等问题，本项目基于此问题，通过进一步整合公共文化数字资源，打通文化领域内原有的各种不同应用系统和资源系统，建立起标准统一、多跨协同、数据共享的公共文化数据库。

本项目建立一种整合多元文化资源的公共文化数据体系，对内归集全区体育场所、博物馆、文化馆、美术馆、非遗、文保等文化场所数据资源和文化动态、用户信息、权益使用、活动打卡、评价反馈等文化服务数据资源，对外横向统筹宣传部、人社局、工会等 25 个部门数据，纵向实现省、市、区、镇街应用场景数据贯通共享，实现多元数据融合，建立数据中心和基础数据库等在内的统一支撑体系，提供网络、计算、存储、灾备，以及统一、准确的基础数据等服务。数据中台构建于基础设施之上，为应用中台层与业务应用层提供各种信息资源及数据服务。

(二)基于学术大数据的用户画像算法研究，实现以分众化主动服务促进文化消费目标

"用户画像"即用户信息的标签化，是指云服务平台基于对用户社会属性、生活习惯、消费行为等多维信息数据的深度分析，提炼出能完美概括用户商业全貌的关键词以便精准定位和挖掘用户需求与痛点，大幅提升服务品质的一种技术。然而受限于 2021 年国家颁布的《中华人民共和国个人信息保护法》及用户对个人隐私重视程度的不断提升，公共文化云服务平台往往不具备用户单位、学术能力、专业方向等能提升文化精准服务的属性特征信息采集能力。本项目基于此问题，提出从开放的国内外学术大数据中提取作者个体属性及学术属性信息，并基于此信息从公共文化云服务平台中挖掘出分众用户，给予精准主动文化服务内容推送，从而促进文化消费，提升社会多元主体参与公共文化建设的积极性。

(三)基于文化属性的情感分析算法研究，实现大众文化需求感知与精准推荐服务目标

基于用户评论数据进行情感分析以挖掘数据背后的知识，是目前互联网行业极其普遍的一种做法。情感分析技术也从最初的篇章级情感分析和句子级情感分析向更精细的属性级情感分析，甚至是观点三元组分析的方向发展，然而精细的情感分析技术带来的是分析准确性与行业或业务场景的高依赖性。本项目基于此问题，针对公共文化服务场景构建情感分析的文化属性词典及情感词规则知识库，以高准确率、高覆盖率基于文化属性的情感分析算法研发，推动广大人民群众文化需求感知与精准推荐服务的实现。

(四)基于高品质公共文化服务平台的建设要求，实现研发成果示范应用目标

基于《浙江省公共文化服务现代化标准(2021—2025)》和《浙江省公共文化服务现代化先行县创建标准》等文件精神，结合临平区公共文体设施建设情况，目前还存在着文化数据资源底数不清，文化服务功能单一，缺乏数字化赋能场地管理，对场地的预约等场景缺少全流程信息化管控。本项目基于此问题，立足公共文化服务领域堵点难点，围绕文化服务、文化活动、文化资源共享、文化惠民等核心场景，打造手机端"一卡通"惠享模式，搭建人人可便捷共享的公共文化数智化平台，持续提升公共文化数智服务能力，建设符合当地公共文化服务实际、受老百姓欢迎的多跨应用场景。

三、文化保障卡应用的模式

(一)文化保障卡基本情况

临享·文化保障卡为电子虚拟卡，领取激活后产生个人账户，持卡人通过打卡文旅体场馆、参加文旅活动等方式获取积分，凭借积分兑换文旅体产品，享受基础权益(消费折扣)。

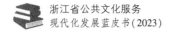
(二)文化保障卡发放对象

临享·文化保障卡对全社会公开发放,不论职业身份、性别、年龄、户籍等均可领取,共分为"悦悦卡、临临卡、平平卡"三种类型,均可享受保障卡基础权益(消费折扣)。其中,悦悦卡面向低保户、特困供养对象、劳动模范等特定人群,激活即可获得200积分;临临卡面向普通市民,激活后可获得20积分;平平卡面向外来临平的游客,主要享受保障卡基础权益(消费折扣)。

(三)文化保障卡领取方式

智能手机用户可通过悦临平App搜索"文化保障卡"应用,或登录"文旅临平"微信公众号"文化保障卡"栏目,点击申领文化保障卡,即可激活使用。无智能手机用户,可凭身份证在首次现场打卡时由管理人员代为激活。

(四)文化保障卡使用流程

1. 在指定文旅体企业消费时出示文化保障卡,可享受指定折扣

2. 获取文化积分兑换享受文化权益

(1)获取文化积分:持卡人通过打卡全区文旅体场馆(设施)、参加文旅体活动均可获取文化积分。智能手机用户打卡基于手机定位,采用电子围栏技术直接判别是否到达现场;无智能手机的用户可凭身份证号码,在场馆或活动现场到管理员处登记打卡获取积分。场馆或活动打卡成功,获得文化积分1分,一张保障卡一天内在同一场所、同一活动只能打卡一次,每天最高封顶积分为4分。

(2)文化积分兑换:文化保障卡智能手机用户自主在文旅超市使用积分

兑换文旅体产品，兑换后积分自动扣除并产生核验二维码，体验结束后完成核销。无智能手机用户凭身份证原件到区级或镇街综合文化站文化保障卡中心查询积分并兑换文化产品。上架产品涵盖门票、体验名额、场馆使用、产品兑换、个性定制等五大类，包括临平大剧院门票、书店优惠券、"圆梦舞台"演出名额、百县千碗临平味道体验券等。文旅超市内产品定期更新，部分产品限量供应，先到先得，兑完为止。

（五）文化保障卡应用场景

临享·文化保障卡在浙里办、微信公众号、悦临平 App 均有应用，核心场景包括：（1）文旅地图。首批推出区、镇街、村三级文体场所、农村文化礼堂、社区文化家园、文博场馆、旅游景区、嵌入式体育场地等 1549 个打卡场馆。使用过程中，以用户位置为圆心，推荐 1 千米范围内公共文化场所，一屏呈现 15 分钟品质文化生活圈、10 分钟体育健身圈。（2）文化活动。推出 430 余场文旅体打卡活动，涵盖区级艺术节、运动会，藕花洲系列品牌活动，镇街艺术节、运动会及其他大型活动，用户可根据类别喜好、选择偏好等进行组合筛选，一键优享丰富活动。（3）基础权益。80 家文旅体企业入驻保障卡平台，提供临平大剧院、书店、影院、体育中心、"百县千碗"体验折扣等基础权益 80 余项，用户凭保障卡二维码即可享受各类优惠。（4）积分商城。入驻商家已上架 300 余款、17000 余件文旅体产品，涵盖文化、体育、旅游、非遗、文博等多个类别，包括话剧观影券、体育场馆门票、旅游饭店餐住体验券等，还设有亚运产品特辑。用户兑换体验并进行满意度评价，还可通过"我的心愿单"发起产品需求。

（六）文化保障卡应用保障

1. 经费保障

逐步加大临享·文化保障卡经费投入，持续保障文化消费的经费额度，

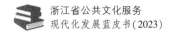
不断扩大覆盖人群，最终实现全民参与、全民受益。

3. 宣传保障

持续加大宣传力度，充分组织发动企业、社会团体和个人参与临享·文化保障卡建设，不断凝聚社会力量，扩大群众文化消费覆盖面和社会受益面。

4. 协同保障

强化"以条为主、条块结合"的管理模式，建立文化、财政、市场、宣传等部门协调联动机制，通过项目规划、资金保障、操作实施、项目宣传、理论研究、项目监督等工作环节，整合各职能部门、镇街资源，各司其职，协同推进，确保临享·文化保障卡的组织效能和执行力度。

四、文化保障卡应用的成效

（一）拓展场馆功能，促进文旅融合

为了推进临享·文化保障卡的应用，临平区结合当地人文特色，在公共文化场馆内增加当地旅游资源展示、资讯发布等服务功能，实现公共文化设施和旅游公共服务共建共享。围绕当地经济社会发展特色产业，建立完善专题数据库、主题书房和展陈等。延伸公共文化场馆服务空间，创新公共文化场馆服务方式，推动公共文化场馆数智化发展，实现公共文化场馆与旅游服务的深度融合。

（二）扩大服务圈层，激发文化消费

通过加大政府购买公共文化服务力度和入驻补贴的形式，鼓励临平区域范围内的图书馆、文化馆、博物馆等公共文化服务机构和个体经营企业、

社会组织入驻平台，整合全区文化、体育、文创、旅游等文旅体企业，迭代升级文旅惠民，形成高质量文旅产品供给链，通过文化消费折扣，大众可享受购书、看剧、观影、健身、旅游、文化活动参与等优质、多元福利，文旅消费意愿、文化市场活力被激发，文化消费潜力得到释放。

文化消费折扣给消费者带来了实惠，也给文化企业提供了未来的无限可能，文化保障卡有助于培养更多的人养成文化消费的习惯，激活触手可及的潜在文化市场。

自 2022 年 8 月 1 日临享·文化保障卡公测版本上线，9 月 9 日正式上线，截至 2023 年 10 月，临享·文化保障卡有注册人员 340897 人次，可打卡场馆 1300 个，打卡次数 1730071 次，提供四大类 500 余种商品供选择兑换，为用户提供产品兑换累积 17529 个。有 80 家文旅体企业入驻积分商城，为平台用户提供 80 余项文化权益，推动文旅权益核销新增 6711 次，吸引用户参与平台评论 44292 条。

积分兑换活动，共开展了 557 次积分兑换活动和 80 次积分秒杀活动。积分兑换产品包括亚运周边文创产品、大剧院演出入场券、藕花洲大舞台演出票、非遗食品等 500 余种商品，累计为百姓提供兑换服务 17529 次。

（三）建立传播矩阵，提高品牌影响力

建立临平文化保障卡"公域新媒体平台"营销传播矩阵和"私域新媒体平台"专业运营矩阵，精准红利渠道传播，打造"内外自循环"运营模式。综合运营公域私域媒体矩阵，更全面地覆盖用户群体，增强品牌影响力和用户忠诚度。

1. 公域新媒体平台传播矩阵

（1）官方自媒体矩阵。以打造临平区文化保障卡宣传内容矩阵和官方自媒体平台矩阵为切入点，结合当下热门新媒体玩法，在微信公众号、视频号、微博、小红书、抖音号建立临享·文化保障卡自有账号体系，针对不

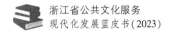

同类型的平台，通过内容创作进行不同用户的精准营销推送。截至 2023 年 10 月，各大新媒体平台已完成 297 篇内容发布，累积关注人数 87840 人，累计阅读量 6654710 次。

（2）公域新媒体合作矩阵。依托临平本地、杭州本地热门文旅和生活相关公众号，例如"文旅临平"公众号、"临平发布"公众号、"杭州本地宝"公众号等，进行合作推广，提升平台信息传播度。与文旅 KOL/KOC 合作，进行达人合作投放，共同推广品牌和内容，扩大影响力和受众范围。

2. 私域新媒体平台运营矩阵

在公域媒体上引导用户进入私域媒体，通过企业微信、社区和小程序来建立和管理的"临享文化保障卡"私域流量，与粉丝或客户进行直接的沟通和互动，为用户提供独特的内容和服务，吸引用户注册和订阅，在平台实现流量转化。

（1）微信企业号。依托企业微信号，建立"临享·文化保障卡"官方号。充分利用企业微信平台的功能和特点，完成粉丝关系管理、个性化内容推送、互动和参与、用户满意度调研等运营。

（2）微信社群。在企业微信平台上面向用户创建了 3 个用户福利社群，目前用户福利群人数已达到 450 余人。以及面向商家和供应商的沟通协调群。

文化保障卡项目搭建了文化消费的供需平台。通过各类活动的开展，进一步拉近了保障卡与消费者的距离，提升了保障卡的社会认知度和公众形象。

对于消费者来说，保障卡发布的各类文化消费指南以及策划执行的各类线上线下活动，为百姓享受文化消费实惠创造了条件。对于商户来说，借助保障卡平台，扩大企业影响和提高效益成为加盟商户意愿。依托平台开展联合营销，利用自媒体平台和线上线下活动，整合推介商户信息，打造出线上线下文化消费生态圈。

五、文化保障卡应用的价值

(一)实现公共文化服务精准供给

临平文化保障卡项目在管理端建设了文化保障卡驾驶舱,动态监测文化保障卡使用情况,实现六大主题分析,为公共文化服务精准供给提供了详实依据。一是综合分析,一屏呈现三类保障卡申领、积分分布、场馆打卡、活动参与、基础权益使用及商品兑换累计情况,并可按日、周、月查询。二是场馆分析,以区、镇街两级维度,展示场馆总体情况、类别、打卡情况等。以地图形式直观了解场馆分布及详情,设置服务圈、热力图一图呈现设施建设薄弱环节,指导民生实事项目建设、动态监测新建项目。2022 年改建、新建多功能运动场、24 小时自助图书馆等新型文体+空间 100个;新开工嵌入式体育场地项目 32 个。三是活动分析,一方面以活动提供者为分析维度,对镇街、社会团体、经营单位的活动组织开展情况进行监测;另一方面以活动场所为分析维度,绘制场馆活动图谱,为"冷门"场馆提供"体检报告",靶向引导场馆活动转型升级。四是消费分析,展示入驻商家、基础权益、商城产品上架情况与兑换情况,指导政府、企业根据用户需求偏好提供相应产品。五是资金分析,开展保障卡资金池动态预警,确保积分商城商品充足,用户权益有效保障。同时根据不同主体资金投入情况,分析社会力量参与公共文化程度。六是评价反馈,一方面汇总用户评价情况,指导保障卡项目运营;另一方面构建评价指数体系。

(二)实现公共文化服务多元互动

从公共文化服务需求者角度看,临平文化保障卡项目鼓励用户通过参与文体活动获取积分,从而兑换更高品质的文旅产品,形成了需求者主动丰富精神文化生活的内生动力。从公共文化服务供给者角度,立足用户实

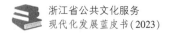
际需求与评价，倒逼政府、社会团体、市场主体提供更多符合群众需求的文化产品和服务，实现供给侧改革。

（三）实现公共文化服务统筹推进

临享·文化保障卡突破小"文化"概念，统筹文化、旅游、体育、文博文保、非物质文化遗产、美术、科技等多部门阵地，形成大"文化"格局，并以覆盖人群数、使用绩效指导后续阵地建设。同时积极推进文化保障卡与省级智慧文化云、市级文化优享等平台的纵向贯通，以标准化数据归集实现文化活动一端发布、三端共享，减轻基层数据上报负担。文化保障卡制度探索了一种政府多部门"联合办文化"的工作模式。

（四）重塑公共文化服务评价体系

依托驾驶舱，就综合场馆建设、活动运营、资金投入、队伍建设、用户评价等五大维度，构建公共文化服务镇街评价指数和社会力量参与公共文化服务评价指数，为镇街评价考核、书店补贴评价、社团等级评定、社会力量参与公共文化服务补助等提供数据支撑。

（五）优化公共文化服务资源配置

通过文化保障卡与积分商城建设，改变以公共文化服务财政预算为主体的模式，充分调动镇街、社会力量积极性，形成"区镇两级+社会组织+市场经营主体"广泛参与的资金保障模式。在鼓励社会力量参与公共文化服务时，改变原有的场馆补贴加运营补贴模式，变为以绩效评估为导向的精准补助模式，提高资金配置效率。

文化保障卡制度充分发挥了财政资金的杠杆作用，提高了财政资金的使用效率。政府财政投入资金直接补助社会经济困难和特殊人群进行文化消费。同时，又作为政府政策导向的标杆，引导文化企业参与文化产品的提供与服务，并吸引社会资本进入，从而达到用少量财政资金撬动大量社会资金投入的目的。

临平文化保障卡制度，注重发挥政府的政策引导与财政杠杆作用，以调动整合各类行政资源和社会资源。

(六)激发人民群众文化消费热情

文化保障卡制度，弥补了传统公共文化单方面"给予式"服务的不足，推进了公共文化服务方式的创新。临享·文化保障卡制度，让持卡人面对众多文化企业提供的丰富文化"菜单"，自由选择，自主消费，这无疑能够更好地满足群众的个性化需求、差异化消费。

文化保障卡制度，通过促进人民群众进行文化消费，扩大了文化消费市场，为文化企业和文化商户等社会经济组织创造了商机，成为社会经济组织、社会资本参与公共文化建设的有效路径。

随着文化保障卡制度的实施，以及文化保障卡服务平台的构建，各类持卡消费人群大量增加，文化消费市场将迎来繁荣局面。文化保障卡服务平台将成为企业一个有效销售的大通道、一个营销推广的大舞台。因此，文化产品和服务提供商，无论从其社会责任出发，还是从巩固和扩大消费者的目的出发，都可以利用文化惠民卡服务平台，低价促销产品，优惠提供服务，从而极大地激发人民群众进行文化消费的热情。

六、文化保障卡发展的策略

临享·文化保障卡应用，在公共文化服务供给侧改革等方面取得了明显成效，但仍然存在部门数据贯通不够、社会力量参与不足等问题。下一步，需要致力于深化拓展文化保障卡的功能属性与服务模式，在以下几个方面发展提升。

一是迭代升级场景进一步贯通部门数据资源，优化应用场景和数字驾驶舱，提升数据分析、指挥决策效能。二是强化扩面推广。通过线上线下相结合方式，鼓励本地市民、来临游客使用临享·文化保障卡，增强用户黏性，进一步打造游居共享、优质均衡的公共文化服务。三是激发消费潜能。在积分商城上架折扣券、抵价券等兑换产品，吸引更多文旅体企业入驻，并通过积分抵价的方式刺激消费，助力产业复苏。四是拓宽资金来源。进一步健全文化消费补贴机制，形成以财政补贴为主的多元化、多渠道的补贴资金投入模式。探索拓宽文化保障卡的资金来源与投入渠道，以便有能力扩大受益群体覆盖面，惠及更多文化消费弱势人群。着力发挥政府财政资金投入的引导和示范作用，带动更多社会资本进入文化保障卡相关领域。五是创新激励机制。探索激励更多文化商户加入的方式，大力引导、发动各类文化企业加入文化保障卡的特约商户行列，形成供给规模。通过加强文化市场产品供给，满足不同爱好、不同层次人群的文化需求。政府对文化商户采取"以奖代补"等多种参与激励机制，加大文化市场产品供给，有效拉动文化消费，形成惠民惠企的多赢局面。

临享·文化保障卡应用，在力求矫正市场向文化消费弱势群体提供公共文化服务"失灵"、提高基本公共文化服务均等化水平的同时，能够通过扩大消费人群与企业优惠让利的互动共促，推动社会力量、社会资本积极参与公共文化服务体系建设，形成以政府主导、社会参与、全民共享、数字管理为基础，以保障文化权益、提升服务效能、激发文化消费、推进精准施策为旨归的公共文化服务模式，打造数字文化服务"新高地"，快速增进人民群众文化获得感和幸福感，具有极大的公共文化服务示范意义。

文化和旅游融合发展的创新探索和路径研究

宁波市鄞州区文化和广电旅游体育局

一、调研背景

推动文旅深度融合发展是习近平总书记关于文化和旅游工作重要论述的核心要义。习近平总书记高度重视文化和旅游工作，深刻指出人文资源是发展旅游的基础，旅游集物质消费与精神享受于一体，旅游与文化密不可分；强调在发展旅游业过程中，要坚持物质文明与精神文明建设并重的方针。党中央推动文化旅游部门合并，为文化和旅游融合发展完成了顶层设计，创造了重要机遇。在加快推动鄞州文旅深度融合的工作中要深刻认识把握这一战略举措的重大意义，切实增强推动文旅融合发展的使命感、责任感。

推动文旅深度融合发展是实现文旅高质量发展的必由之路。文化旅游融合是"诗与远方携手"，二者相互依托、共促共兴。文化对旅游具有导向作用，为旅游业发展全过程注入"美"的表达和"诗"的灵动。旅游对文化具有载体作用，可以将文化遗产、文化创意、文化产品等带向"远方"，带给人们美好的表达和体验。文旅融合不仅能够提高文旅资源利用效率和产业附加值、繁荣社会主义文化事业，还能够创新文化表达方式、提升旅游服务质量，更好满足人民群众日益增长的精神文化需求，提升社会文明程度、

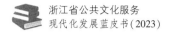
全面提高国民素质。因此，推动鄞州文旅深度融合有利于满足全区人民日益增长的美好生活需要，是民心之所向。

推动文旅深度融合发展是把鄞州得天独厚的文旅资源优势转化为发展优势的内在要求。鄞州历史底蕴深厚，文化遗存璀璨，旅游资源丰富。在漫长的历史中，鄞州孕育出内容丰富、形式多样的地域文化，留下了大量历史价值高、文化内涵深刻、地域特点鲜明的文化遗产；生态优渥、山海旖旎，风景处处留香，独特的资源禀赋，使鄞州集聚了丰富的观光价值高、旅游内容多、休闲去处佳的风景。这些为鄞州文化和旅游深度融合提供了坚实之基。近年来，鄞州区本级文化和旅游产业增加值占 GDP 比重已超过10%，成为全区重要支柱产业之一。实践证明，党中央作出文旅融合发展战略决策是完全正确的，鄞州将站在更高的起点上推进文旅融合、促进文旅高质量发展。

二、做法

（一）文旅融合典型案例之宁波文化广场

宁波文化广场是鄞州大型公共文化综合体，集聚宁波科学探索中心、宁波文化广场大剧院等市级重要文化项目，另有 U 空间展览厅、朗豪酒店、枣梨书店等各类文化企业。广场始终秉持"引领城市美好生活"主题，打造水景秀、灯光节、香橙音乐节、跨年晚会、橙邑集市、户外交响乐等夜间品牌活动，引进科普展演、舞台剧、音乐会、沙龙交流等国内外优秀的文化活动，年均活动 3800 余场，年均吸引客流量 300 余万余人次。2022 年获评首批夜间文化和旅游消费集聚区。

（二）金融"活水"助力文旅消费复苏

在疫情的影响下，文化和旅游领域面临生存与发展的现实矛盾，尤其是资金问题，亟须政府、银行等多主体的共同助力。2022 年以来，鄞州区推出帮扶文旅体企业纾困减负 16 条举措，加大文旅产业政策撬动力度。同时，借力投融资专题对接会，帮助文旅企业突破融资困境。如鄞州银行"文旅易贷"团队荣获"十佳文旅金融创新团队"，作为宁波首家融合科技及文旅特色的支行，向文旅企业推出了"文旅易贷""税银通""十年贷"等金融创新产品，以及延期还本付息、外汇优惠等助企优惠政策，全方位地为文旅企业提供优质、专业的金融服务。又如中国建设银行宁波鄞州分行与宁波爱珂文旅集团有限公司现场达成 3000 万元的授信。

（三）文旅融合项目投融资模式创新

文旅融合项目投融资可以充分利用股权融资、债权融资、融资租赁、PPP 融资、ABS 资产证券化等多种方式。

1. 资产证券化手段盘活文旅资产

ABS 发行规模相对较大，作为文旅资产证券化的主要方式，而类 REITs 和 CMBS 发行规模相对较小，作为其辅助方式。

2. ABS 运作模式

通过经营性资产的预期现金流，实现资产证券化 ABS。产业园区，营地、乐园、酒店，康养公寓、写字楼、商街商铺等物业形成的经营性资产可整体打包设立文旅资产管理计划(2~5 年)，经营性资产产生的现金流收入作为还款来源，实现资产证券化。

3. CMBS 运作模式

未来文旅融合项目核心业务板块中有稳定现金流的特色商铺、商街等物业，抵押通过发行 CMBS 资产专项计划。

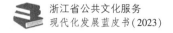
4. 类 REITs 运作模式

未来文旅融合项目核心业务板块中有稳定现金流的经营性资产,通过股权结构设计,实现投资退出。如度假酒店项目公司持有酒店物业 100% 股通过发行类 REITs 资产专项计划,将股权转让给投资人,实现资产的转让(财务出表),获得现金回报。

5. PPP+REITs 融资模式

从项目范畴角度来看:PPP 项目中有相当一部分属于市政基础设施项目,以及保障性住、养老地产等地产类民生工程项目,属于"不动产物业"大的范畴,具体可以分为两类:一是经济基础设施,包括交通运输、能源、公用事业和通信设施等;二是社会基础设施,包括医疗、养老机构,住房和保障性住房、体育场馆、产业园区等,这些资产都属于 REITs 投资的资产范围。从运营理念角度来看:PPP 模式不同于地方政府发债等传统融资模式,更加强调对项目的运营,对资产的维护和保值增值,而 REITs 正是依托于资产本身而非主体信用,并在资产的良好运营中获得合理回报。因此,PPP 与 REITs 具有天然联系,并且有相同的目标。

(四) 文旅融合典型案例之非遗助力共富示范区

鄞州区拥有国家级非遗保护项目 4 个、省级 22 个、市级 59 个、区级 111 个;区级以上非遗代表性传承人 116 人,其中国家级 3 人、省级 20 人、市级 67 人;非遗传承基地 129 个,非遗专题展示馆 33 个。2023 年,鄞州区全面启动"非遗助力共同富裕"试点工作,计划到 2023 年,力争基本建成全省有影响力的非遗强区;到 2024 年,力争全面打造建设全省非物质文化遗产传承发展示范区和样板地。

1. "非遗+时尚"，骨木镶嵌跨界融合

国家级非遗项目骨木镶嵌传承人陈明伟，将其对生活美学的理解融入传统技艺中，提升产品核心竞争力，设计制作的盛世流光、风华流沙紫檀嵌黄杨系列箱包，亮相 2022 北京冬奥系列文化活动——中华瑰宝展和非遗博览会，将"非遗+时尚"做到极致。鄞州区将持续推进非遗产品跨界融合，将传统元素与现代生活美学相结合，做深、做精"非遗+时尚"文章。

2. "非遗+文创"，金银彩绣火热出圈

宁波金银彩绣项目不断拓展文创设计深度和产业链广度，开发各类工艺品 100 余种，创建"锦绣一生""御锦绣娘"等品牌，构建"线下体验+线上采购"销售模式，年销售额 500 余万元。利用数字化手段和人工智能技术，鄞州区将加快传统工艺产品推陈出新，塑造非遗文创 IP，变非遗为品牌、潮牌。

3. "非遗+艺术赋能"，传统工艺成为网红

东钱湖城杨村采用艺术赋能的创新形式，组织当地手艺人参与家乡建设，把根植于乡村的鄞州竹编、木雕、民间刺绣等众多非遗传统工艺与艺术结合，打造标志性景观，新增精品民宿、小众咖啡、农家餐饮、巧匠门店等业态，成为文旅融合村和年轻人争相打卡的网红地，为村集体增收近 40 万元，2022 年获评浙江省美丽宜居示范村。创新打造天童老街、韩岭老街 2 条非遗街市，引入 13 个非遗实景展示项目，举办"温故"非遗创意精品展，民俗游艺和传统技艺吸引大量市民参与其中，年总收益可达 250 万元。

(五)文旅融合典型案例之咸祥太白蓝湾"山海振兴"线

太白蓝湾"山海振兴"线建设以来，咸祥镇坚持党委主抓、专班推进，

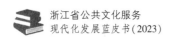
以前瞻思维与战略眼光，打通乡村产业发展"任督二脉"，在精品线建设中融入产业发展，为乡村振兴不断注入新活力，让精品线建设成果普惠人民群众。

1. 三改一拆整治沿线环境，腾笼换鸟打造样板工程

中国宁波（咸祥）航空飞行营地原是东方船厂地块，违法搭建拆除后闲置，沦为偷倒建筑垃圾之地。咸祥镇结合"太白蓝湾"精品风景线建设的要求，投资约300万元，改造成百亩花海，让得天独厚的咸祥滨海区块成为新的休闲旅游"打卡地"，吸引百万游客到此游玩。2020年，该地块建成了集运动、休闲、旅游、休养、户外体验为综合体的航空飞行营地，总场地面积约9万平方米，停车场面积1300平方米，飞行地块面积5.8万平方米。2021年国庆前夕，该航空飞行营地成为宁波首家获得国家空管部门空域审批的航空飞行营地，也是长三角地区唯一专业用于航空体育（动力悬挂滑翔机）运动培训、无人机驾照培训考核、航空教育研学及承办航空赛事等综合性活动基地。

2. 变废为宝践行两山理念，整合资源打响专属品牌

象山港大桥通车后，横山码头的轮渡航线逐渐停运，但是横山码头并没有因此退出历史舞台，取而代之的，是更宁静祥和的海岸线美景，停航后的横山码头成为了旅游"网红打卡点"。渡轮码头上的"横山站"已经变身成为咸祥滨海旅游集散中心，咸祥镇还根据海水咸淡度的2°差和咸祥2°的地理位置优势组成"鲜2°"理念，打出了"鲜2°"品牌为蓝海增色，在横山码头打造全市首家全落地透视蓝海咖啡馆"鲜2°"生活馆，成为一家集展示、销售、体验和服务为一体的现代化品牌体验的生活馆。为顾客提供休息、喝茶聊天、看书、就餐等服务，并通过"线下体验+线上销售"模式扩大"鲜2°"产品和咸祥文旅产品的销售，放大"鲜2°"公共品牌效应推动咸祥农文旅产业发展。

（六）文旅融合典型案例之俞塘实景打造宋韵名画

俞塘村深度营造农耕场景，深度融入宋韵文化，打造集农业科普、农事体验、田园观光于一体的宋韵耕织园项目，再现二十四节气宋时耕织图景，激发游客内心深处的乡土情怀，通过资源发包实现了村集体每年 30 万元的稳定租赁收益，同时享有项目营业额 8% 的固定分红，还可以开展停车、摊位等物业服务，获得一定的服务收益，也为项目运营提供了良好的基础保证，形成了互利共生的良性生态。自 2022 年 8 月开园后，日接待量最高达 3000 人次。

1. 以人为核，激发内生动力

俞塘村积极发动村民，推动"一人一技""一人一艺"为村庄发展发挥建设性作用。俞塘村依靠村民技艺，发挥工匠价值，参与村庄多处景点微改造、参与亭溪竹筏制作、灰汁团等糕点加工。组建龙舟队、腰鼓队、舞蹈队等各类文体团队，让村民在文体表演活动中发掘自身价值、探寻集体认同。

2. 以文化人，探索深层潜力

俞塘村结合本村实际情况，积极挖掘村内历史文化资源，以本村俞氏族谱编制凝聚村民同心力量，以修缮村口裴君庙维系村庄价值体系。同时，根据南宋画家楼璹所作的《耕织图》，通过图像实景化，以农耕蚕织文化为主题，以再现南宋田园生活场景为手段，以非物质文化遗产为元素，展示乡村宋韵耕织图景，结合"两相两图两街"工程联动实施，打造东钱湖宋韵文化 IP，达到脚步所至、行车所过、目光所及皆是风景，构建乡村生活九大图景，让村民和游客"望得见山、看得见水、记得住乡愁"。

3. 以农为本，保持乡村原力

俞塘村根植乡村定位，以农为本，深化和探索农旅、农学、农文、农科、农产融合，全力促进农耕与各方面活力元素相结合。在不破坏农田环境和自然风光的基础上，依托亭溪南侧田地资源，打造宋韵农耕文化园。并以宋韵耕织园为基地，打造沿山二十四节气节点，展现农耕生活图景，将旅游、研学、文化、科技和产业全方位围绕在农耕这一中心点。围绕"打造东钱湖宋韵文化圈"建设目标，打造好东钱湖全域旅游的俞塘节点。发展聚焦学生研学市场，广泛开展"田间课堂"，有效发挥农耕文化科普基地、农耕文化科普带头人的作用。搭建与农科院合作平台，积极吸纳和团结助农技术人员和专家学者，用新理念、新技术、新装备改造提升传统农业。

4. 以旅促兴，带动发展活力

俞塘村依托东钱湖独有的山水自然禀赋和"东游记"品牌建设，充分发挥鄞州区湖光山色"绿水青山"实践线重要节点的地理优势，通过体现乡村特色的亭溪长廊、火车集市等节点打造，持续擦亮农旅小镇环境新风貌，推动乡村旅游发展。

5. 以产筑基，沉淀振兴实力

俞塘村深化农产融合实践，以产业谋划为乡村振兴构筑基本路径。注重从与村民利益相关、生活相关的场景和技能入手，以增强其内生动力为靶向，有效挖掘俞塘本土工匠资源，不搞大拆大建，利用本土人才、本土技能、本土材料，结合本土文化，因地制宜，巧用"微改造"的"绣花"功夫做出亮点、做出特色。注重衍生产业植入，大力培育露营基地、水上乐园、亲子产品等服务业，促进俞塘村民通过自身劳动进行二次就地创业，推动乡村人才振兴。

三、成效

(一)文旅融合先行示范引领，一批品牌名片成功打造

自机构改革以来，鄞州区紧紧围绕建设文化强区、旅游强区、体育强

区的目标，全面推进全区文化旅游体育高质量发展，从文旅体全方位打造一批具有鄞州辨识度的品牌名片和精品成果。2022年顺利通过国家公共文化服务体系示范区创新发展复核并成为浙江省首批公共文化服务现代化先行县创建试点（全市唯一），获评第三批浙江省全域旅游示范县（市、区）、国家体育产业示范基地（全市三家）、浙江省首批体育现代化县（全市两家）和浙江省竞技体育突出贡献奖区（全市三家，全省十家）。

与此同时，鄞州充分利用区内的文化、旅游、体育等资源，成功打造了一批享誉国内外的鄞州文旅品牌名片。积极培育宋韵文化品牌，以王安石文化作为宋韵文化品牌建设的牵引性项目，"两带一区"宋韵文化群已初见雏形。持续擦亮博物馆文化之乡名片，建成亚洲最大昆虫博物馆——周尧昆虫博物馆，并与宁波科学探索中心、宁波海洋世界一同入选第一批全国科普教育基地。成功打造地域文化名片，建成15家乡村博物馆，数量位居全市首位。有力打响"潮玩鄞州"文旅新IP，迎合"微度假"潮流，实现"旅游+"的多业态充分融合。强势打造冠军之区名片，省运会奖牌总数和团体总分在宁波各区（县、市）排名第一，宁波市青少年系列比赛金牌数和团体总分全市第一。

（二）文旅产业规模持续扩大，文旅市场主体不断壮大

①自机构改革以来，鄞州区深入推动文旅融合发展，文化和旅游产业规模稳步发展，特别是新冠疫情三年来，区本级文化和旅游产业增加值①从2020年的242.98增加到2021年的257.53亿元，年均增长6%，占GDP比重达到12%左右。2022年，区本级旅游总收入149.8亿元，接待游客923.8万人次，呈现逐步复苏势头。2023年以来，文化和旅游产业强势回归，仅1—4月，限上住宿业实现营业额8.98亿元，同比增长36.5%，较

---

① 数据来源：鄞州区文广旅体局，因2022年统计数据未出，暂无2019年、2022年数据。

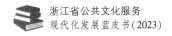
2019 年同期增长 43.9%；规上文体娱乐业实现营业收入 2.52 亿元，同比增长 8.4%，其中 1—3 月的累计增长分别高于市平均 14 个百分点，较 2019 年同期增长 0.3%，基本恢复至疫情前水平；规上旅行社实现营业收入 2.55 亿元，同比增长达 481.5%。其中 4 月单月营收 1.19 亿元，同比增长 2528.3%①。

近年来，鄞州重点引进时尚设计、工业设计、动漫游戏等特色文化创意产业，加快培育发展数字内容、数字广告、数字文化、数字传媒等新业态，文旅产业结构日趋优化。围绕旅游演艺、文化创意、数字传媒、网络文学、影视动漫等重点行业，逐步形成了潜力企业—骨干企业—龙头企业方阵，音王电声入选国家文化和科技融合示范基地，音王电声、酷乐潮玩、甬派传媒获评浙江省重点文化企业。截至目前已累计培育文化和旅游企业骨干型 8 家、新锐型 6 家；领军型数字文旅企业 4 家、新锐型数字文旅企业 2 家，数量居全市首位。

（三）文旅消费能级显著提升，新业态新模式层出不穷

鄞州区自 2020 年 7 月入选省级文旅消费试点城市以来，充分发挥区域优势，积极开展形式多样的文旅消费促进活动，与近 50 家企业达成合作，包含了酒店、影院、书店、旅行社、鄞州十碗、体育等文旅体消费业态，不断优化消费场景、丰富消费供给，努力构建"全域消费、全民乐享"的文旅消费新格局。同时，积极落实区稳经济系列政策，2022 年为全区文旅相关企业减负约 6000 万元，发放各类文旅体消费券 2050 万元。截至 2022 年，城镇和农村居民人均可支配收入分别达到 84630 元和 50333 元，分别较 2019 年增长 6.5% 和 8%；教育文化娱乐服务消费支出及其占全年人均消费支出比重均得以恢复至 2019 年的水平，放心消费指数和居民人均文化娱乐消费支出占比均列宁波市首位。

---

① 数据来源：鄞州区文广旅体局产业发展科。

夜间经济、文旅市集等新模式新业态方兴未艾，成为促进文旅消费提振的重要组成部分。依托特色功能街区、大型演艺场馆、滨水休闲空间，重点开发夜间文旅产品项目和消费活动，打造宁波文化广场、宁波南部商务区水街、东钱湖韩岭等夜间文旅消费集聚区，"鄞州之夜""韩岭夜市"等特色夜市品牌脱颖而出。鼓励图书馆、博物馆等文化场馆，科探、罗蒙环球城等景区延长夜间开放时间，进一步打造"鄞州晚七点"、24 小时城市书房等特色项目。积极开拓游泳中心、羽毛球中心和东论运动中心等体育场馆夜间锻炼资源，建设"15 分钟健身圈"。依托丰富的文博资源、浓郁的商业氛围，打造一批文创园区+、文商旅体综合体+、景区+、博物馆+的特色市集，形成一批融地域特色、文化体验、旅游消费、商品展销等于一体的文化和旅游市集。

（四）文旅投资主体日益多元，一批重大项目加速落地

近年来，鄞州区文旅产业投资主体日益多元，投资规模持续扩大，政策性、开发性金融支持力度持续加大。政府与社会资本合作模式、地方政府专项债券等政策工具在文化和旅游领域得到了有效推广和应用。在日益完善的文旅产业投融资体系下，一批重大文旅项目加速落地。全区十条精品线路的 254 个项目，2022 年投资完成率达到 107.7%；全区在建项目 29 个文旅项目（含东钱湖 5 个），总投资 437.17 亿（含东钱湖 99.83 亿），年度投资完成率达到 103.42%；全区"微改造、精提升"项目，2022 年完成投资额 1.40 亿元。

在一批重大文旅项目的牵引下，全区文旅融合呈现新局面。国家级旅游度假区东钱湖旅游度假区等龙头景区以及进士故里·走马塘古村旅游区、海丝遗韵·宋韵太白景区、文艺天地·十方牧云小镇、甬城明珠·宁波文化广场、鲜 2°蓝湾·咸祥山海营地、宋风禅韵·天童风景区等精品景区正在着力打造，有力推动"5A 标准特色旅游景区"培育创建；湖光山色"绿水

青山"实践线、太白蓝湾"山海振兴"线、时尚滨江休闲线、东钱湖幸福水岸风景线、海丝商贸复兴线、公园城市景观线、"稻香鄞南"美丽乡村风景线和城市高架天际线等成功入选市级精品线路；聚焦亮点开展"微改造、精提升"工程，一批体验"精致"、设施"精良"、环境"精美"、服务"精心"、运营"精细"的旅游产品，加快鄞州区旅游高质量发展，持续提升人民群众旅游获得感与幸福感；艺术赋能乡村试点助力共同富裕，2022年全区共有5个村、1个社区成功试点创建为鄞州区"艺术赋能乡村（社区）"示范区。

（五）文旅平台载体广泛搭建，发展环境设施日益完善

鄞州为深入推动文旅融合发展积极搭建创新载体，突出平台提效，截至目前，共有市级（含培育）文化产业园区14家，其中浙江省重点文化产业园区3家，浙江省文化创意街区2家，宁波国家广告产业园成功创建为宁波市数字文化产业集聚区。建成1个省级文化驿站、5个城市书房、10个城市书吧、15家乡村博物馆、106个"15分钟品质文化生活圈"、113个嵌入式体育新空间。

文化体育等一批公共设施有序投入，全区文旅融合发展的软硬件环境日益完善。2022年，全区实现人均拥有体育场地面积2.61平方米，国民体质合格率达到94.1%；1条"环浙步道"被评为省级示范段；完成全民健身云讲堂公益培训线上30万人次，"一人一技"体育技能公益培训线下4000人次。持续开展"天天演"文艺惠民工程、"艺起来"艺术普及工程、"阅起来"全民阅读活动，实现公共文化服务常态化。引入大型文艺活动，相继承办浙江省首届全民艺术节开幕式、中国·第二届（宁波）青少年大提琴艺术周、全国非物质文化邀请展等重大活动，举办浙江省户外露营产业沙龙、社区体育嘉年华等体育活动，提高群众参与文体活动的热情。

四、对策建议

（一）深耕地域文化内涵，打造文旅融合新标识

1. 高水准加强文化遗产保护与传承

推进宋韵文化、海丝文化、运河文化与王安石文化等一批文化标识建设，重点围绕海丝申遗点天童寺，关联点七塔寺、庆安会馆、天后宫、东钱湖南宋石刻等重要遗存开展文化遗产保护活化利用工作，助力海丝申遗进程。实施世界文化遗产之窗建设工程，加强世界文化遗产大运河及周边关联遗产点名录的保护利用，推进河海博物馆建设，构筑运河海丝文化辐射网。深挖王安石治鄞与王应麟《三字经》文化印记，培育全国性王安石文化研究基地、王安石文化品牌承载地，形成具有鲜明鄞州特色的"两王"文化品牌。注重非物质文化遗产活化利用，创新打造一批非遗街市，开展特色非遗实景展示展览，推动非遗融合时代、融入群众生活。

2. 高标准打造全域博物馆

进一步擦亮博物馆文化之乡名片，挖掘博物馆资源禀赋，把博物馆建设纳入全区文化建设规划，积极响应浙江省博物馆高质量建设"一十百千"计划，建成一批乡村博物馆，形成布局合理、结构优化、特色鲜明、体制完善、功能完备的博物馆事业发展格局，打造全国领先的全域博物馆品牌。实施文化场馆景区化建设计划，推动博物馆、美术馆等文化场馆打造成为A级旅游景区。

3. 高质量供给文艺精品

整合区内文艺创作资源，鼓励鄞州籍及当前区内文艺人才关注地域文

化，将鄞州特色融入文艺作品。结合"文艺星火赋美工程"，创新拓展演出形式，推动文化演出进景区，创作一批集观赏性与互动性为一体的、便于景区环境展演的文艺作品，给来鄞旅客更深的"鄞州印象"。围绕宋韵文化、王安石文化、海丝之路等主题，挖掘更多"鄞州故事"，创作一批精品音乐、舞蹈、戏剧、小品、书籍等艺术门类作品。做精做优鄞州越剧艺术，拓展演出市场，提高艺术品位，全面塑造强团形象。

（二）提升融合载体能级，拓展文旅融合新空间

1. 构建文旅融合产业新格局

提质都市旅游休闲区，以东部新城、南部新城、三江口老城区为主体，建设集商务特色与文化内涵于一体的都市旅游休闲区；打造世界名湖旅游度假区，以东钱湖国家级旅游度假区及风景名胜区为主体，继续增强湖泊特色功能，高品质建设宁波市国际会议中心等旅游功能性项目，全面完善湖区旅游综合服务功能；建设海丝禅苑文化体验区，以五乡和东吴两镇为主体，依托古鄮县文化、禅修文化以及海丝寻迹馆，建设集宗教禅修、文化旅游、养生养心相结合的复合型海丝文化体验区；培育滨海风情体验观光区，以咸祥和瞻岐两镇为主体，依托得天独厚的山海资源和千年古镇的悠久历史，探索以航空航天、海滨运动、时尚户外运动、滩涂公园、海鲜美食为特色的滨海旅游模式；优化田园慢乡人文风貌区，以横溪和塘溪两镇为主体，以凰山岙农旅小镇为龙头，以大梅山、金鹅湖为两翼，打造鄞州农文旅融合成果的展示窗口。

2. 推进"5A"标准特色景区创建

按照宁波市"5A"标准特色景区创建要求，积极培育历史文化、海洋旅游、红色旅游、研学旅游、运动休闲等不同类型的精品特色景区，建成一批"龙头型""标杆型""精品型"特色景区。持续构建鄞州区的"A级标准景

区"储备库,积极推动各镇街打造区级"精品型"特色景区。

3. 打造城市微旅游目的地

以"微游鄞州,创建家门口的旅游目的地"为主旨,加大对鄞州公园、东外滩、东钱湖等城区景点的宣传推广,培育周尧昆虫博物馆、韩岭美术馆、金银彩绣博物馆、庆安会馆、欢乐海岸、爱珂演艺广场等一批新的网红打卡地,整合资源、串点成线、串珠成链,引流本地文旅新热点,为商圈经济带来新生机,以城市微旅游带动商圈经济发展,共同引领美好生活方式。精耕特色文旅融合集聚区建设,依托丰富的文博资源、浓郁的商业氛围,打造一批文创园区+、文商旅体综合体+、景区+、博物馆+的特色市集,形成一批融地域特色、文化体验、旅游消费、商品展销等于一体的文化和旅游市集,持续打造夜间文旅消费集聚区,推出更多受欢迎的夜间地标。

4. 培育历史文化名镇(村)

发挥鄞州区历史文化遗产丰富的禀赋资源优势,加强历史文化名镇、名村、街区的保护发展,维护好历史真实性、风貌完整性和文化延续性,打造一批省、市级美丽乡村特色精品村、历史文化名村。做好"非遗助力共同富裕"试点工作,打造非遗助力共富的标志性成果,新增一批具有鄞州特色的非遗工坊、非遗共富基地,打造省级新时代乡村共同富裕示范带。抢抓鄞州区艺术赋能乡村(社区)试点契机,充分挖掘各村(社区)的闲置空间、优势资源,打造一批艺术赋能示范村(社区)。

(三)实施重大项目牵引,提升文旅融合新能级

1. 推进重大公共文化设施建设

精心打造三江文化长廊、大运河(鄞州段)国家文化公园、东钱湖宋韵

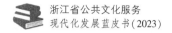

文化圈，高水平建设王安石纪念馆、官驿·理想村、浙东耕织园等一批宋韵文化地标，塑造 Y+文化艺术综合体、新世界广场 K11、丽思卡尔顿等城市人文地标印象，构建以周尧昆虫博物馆、沙孟海文化艺术中心、韩岭美术馆、华茂艺术教育博物馆等特色场馆设施为主体的城市展厅矩阵。推进镇（街道）文化服务综合体建设和村（社区）文化中心建设，努力使所有镇（街道）文化站达到省一级标准。

2. 实施"精特亮"工程带动行动

充分发挥"精特亮"工程带动效应，按照"以点串线、以线带面"的整体思路，整合资源、提升品质，每年继续打造一批新的精品线路。谋划构筑特色街区网，加大海丝之源拾里江丰、韩岭老街、南商水街、集盒青年广场、宝龙酒吧街等特色街区的营销推介，推进文化广场特色街区、十里街区（东裕夜市）项目建设。聚焦提升鄞州全域旅游示范区风貌，突出全域覆盖、点面结合，建立微改造精提升项目库，做好项目储备工作。

3. 加快建设特色文旅项目

以特色文旅项目为抓手，推动资本对接、项目落地和平台运营，以项目带动投资，以投资促发展。加快建设十方牧云小镇、带梦陶然城市文创产业园、宁波华茂国际文化艺术街区等商贸文旅一体化项目，着力推进宁波东部新城中央公园、宁波儿童公园改建、东部新城明湖南区等城市公园项目建设，加快云龙全域农旅开发、宋韵太白乡村旅游基础设施等项目启动，积极争取河海博物馆、宁波市体育科学研究所等项目落地。

（四）推动产业跨界融合，打造文旅融合新模式

1. 培育文旅+N 产业

发展"文旅+体育"，串联"古道+绿道+水道"，继续推进"环浙步道"和

"千里云道"建设；融合现有航空、帆船、露营等体育新业态资源，办好中东欧国际帆船赛等国际赛事，打造宁波国际滨海运动中心和"运动宁波"品牌。发展"文旅+商务"，联合阪急、华侨城欢乐海岸等商业综合体，引进艺术展、文化节、沉浸式演出；围绕科技文创、商务休闲、高教文化等方面，推进东部新城文化休闲圈、南部新城商务文教休闲圈建设。发展"文旅+农业"，打造一批以观光农业、休闲农业和现代农业庄园为主体的农文旅综合体，依托数字化平台，提供"吃、住、游、购"一键式服务；围绕艺术振兴乡村，盘活绿水青山、特色乡村等资源，培育一批艺术赋能示范村。发展"文旅+工业"，延伸工业优势品牌产业链，以特色工业园区、工业展示区、工业历史遗迹等为主体，积极培育省级工业旅游示范基地。

2. 促进文旅产品跨界开发

着眼于"鄞州十碗""鄞州十宿""鄞州十礼""鄞州十集""鄞州十艺"，打造一批具有鄞州地域特色的文旅融合标志性产品。深入挖掘博物馆文化、非遗文化、历史名人、文化故事、地方特色产业、农村文化等资源，推出一系列跨界融合的衍生文创产品，形成鄞州特色的文创IP。创新"博物馆+文创"模式，依托馆藏资源、形象品牌、陈列展览等要素，开发兼具文化内涵、科技含量、实用价值的博物馆文化创意产品。探索"非遗+文创"模式，探索宁波朱金漆木雕、骨木镶嵌、金银彩绣等非遗技艺的设计与转化，将骨木镶嵌"文房四宝"等一批非遗文创产品推向文化旅游消费市场。扩大地域文创产品的知名度和影响力，通过举办文创设计作品大赛、线上空中课堂、"直播带货"等形式，拓宽鄞州文创的推介、展示、销售渠道。

3. 促进文化赋能生活美学

依托全区文物、名人、遗址、风俗节日等文化资源，解码地域文化基因，发掘全区文化遗产活化利用新方向，为高质量发展建设共同富裕标杆区提供精神动力和文化源泉。结合王安石文化建设，打造具有宋韵特色的

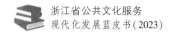
公共文化新空间，加强文博非遗资源与旅游产业的进一步融合发展，打造一批非遗特色街区。运用非遗元素点缀乡村空间，举办民俗活动留住乡情乡味，采取"非遗+"方式打造新晋美丽村社，同时以艺术点亮村社为抓手，打造一批"共享花园""楼道书吧""共享客厅"等小而美的文化空间。

(五)升级文旅消费品牌，激发文旅融合新活力

1. 创新文旅消费新模式

加快培育线上演播、沉浸式演艺、露营海钓、数字文旅等消费新场景，融合美景、美食、美宿、美育、美体、美购等各种业态，打响"微度假"文旅新场景。开发文旅新业态，结合潮玩鄞州IP"品文化、爱运动、逛大街、嗨购物、享美食、趣乡村、慢生活、启新知、栖心宿、登古道"等文旅新业态，实现"旅游+"的多业态充分融合。推动旅游景区、博物馆、美术馆、体育馆等文体场馆延长开放时间，丰富夜间旅游产品，发展夜游消费经济。

2. 拓展文旅消费新空间

支持公共图书馆、文化馆、博物馆、美术馆等建立联动机制，实现服务、资源互联互通。以四级公共图书馆(室)服务体系为基础，开展全民阅读推广和旅游推介活动。鼓励非物质文化遗产项目、文化演艺团体、动漫文化企业进驻景区、博物馆、游客服务中心等公共文旅空间。

3. 讲好文旅品牌新故事

从文创、节庆、美食等多维度打造鄞州文旅品牌，推出"江海汇丝路·宋韵最钱湖""诗画浙江·最美鄞州""跟着运河来看海""跟着博物馆游鄞州"等文旅融合新品牌。提升"潮玩鄞州·微度假"文旅新IP的知名度和美誉度，做好"潮玩鄞州"品牌向"微度假"产品的深度转化和传播，深化"品牌形象展示、产品特色宣传、企业营销传播、顾客消费便捷"等多重功能，

助力共同富裕标杆区建设。

4. 拓展文旅推广新渠道

开展"线上传播、主题营销、展会推广、专题推介"四大矩阵营销，多维度、立体化加大对外宣传推广，讲好鄞州专属文旅故事。深挖鄞州"季"节文旅节庆品牌的溢出效应，办好香橙音乐节、咖啡生活节、宋韵国际文化周等具有一定知名度的活动，做到"月月有节庆，季季有特色"。开展主要目标客源城市的旅游专题推介活动，与对口帮扶、山海协作等地实现"双向客源输送"。积极参加中国国际旅游交易会、浙江省旅游交易会、宁波国际旅游展、宁波旅游夜市等大型旅游推介活动。利用抖音、小红书、Bilibili、微信短视频等新媒体，加大宣传推广，提高鄞州文旅知名度。

（六）不断完善政策保障，健全文旅融合新机制

1. 建立组织机制

健全文旅融合高质量发展党政统筹工作体系，加快构建党委政府主抓、各部门齐抓共管、市场主体、社会参与的工作格局，实行清单化管理、项目式推进的工作方式。以文旅深度融合工程赛马机制为引领，加大对重大文旅建设项目和重要文旅资源开发的统筹与推进。成立文旅深度融合工程专班，建立健全各司其职、高效协同的工作协调机制。

2. 强化要素支撑

健全多维度文化金融生态体系，丰富文旅企业信贷产品，打造文化银行、文化融资担保、文化小贷、文化融资租赁、文化基金等多元化金融工具。发挥宁波国家保险创新综合试验区核心区优势，深化"文创+保险""旅游+保险"合作模式，推动保险创新在文化旅游领域的落地实施。探索搭建"大文旅"专项资金池，用于旅游基础设施和旅游项目建设的引导性投入以

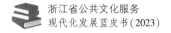
及重大旅游活动组织、奖励、宣传推介、人才培训、商品开发等。以全域国土空间综合整治试点为契机,优先保障新型业态项目用地需要,推动房车营地、游轮、游艇、文化、研学旅游项目落地。鼓励城市转型退出的工业用地根据相关规划用于发展文化和旅游产业。

3. 营造良好环境

探索建立文旅市场监管的鄞州模式,推进文化和旅游市场信用体系建设。深化"放管服"改革,深化"信用+监管",构建信用监管、智慧监管和综合监管为特点的新型市场监管机制,强化与公安、应急管理、市场监管等部门协同配合。完善突发公共事件的应急管理和水上项目、空中项目、山地项目等文旅新业态项目的安全监管机制,健全市场促进、行业监管、经济运行监测在内的现代文旅综合治理能力。

浙江省公共文化领域标准化成果调研报告

温州市文化广电旅游局

2015 年年初，中办、国办印发《关于加快构建现代公共文化服务体系的意见》，明确了建立基本公共文化服务标准体系的发展目标，同时出台了我国第一个国家层级的基本公共文化服务指导标准。2017 年施行的《中华人民共和国公共文化服务保障法》，从法律层面确立了基本公共文化服务标准制度，又为法治政府建设增添了新内容。近年来，公共文化服务领域提出以标准化促均等化，旨在通过标准引导各地更加注重普惠性、基础性，推动公共文化服务管理提质增效。在推进高质量发展、打造"重要窗口"、践行中国式现代化的新形势下，浙江正在推动公共文化服务治理体系和治理能力向更高水平转变，努力打通从标准化到均衡化再到现代化的"精神共富"实践路径。公共文化服务标准是一套体系，从大的方面可以分为，公共文化服务保障标准、公共文化设施建设和服务标准和公共文化服务评估标准。① 其中作为公共文化设施服务标准的"业务规范"是公共文化机构业务工作开展的指引指南，为统一协调各部门工作，创新业务和服务提供了重要支撑。本调研报告主要聚焦浙江省内公共文化服务机构的服务标准（公共文化技术标准），尤其是"业务规范"类服务标准成果的制定颁布和实施情况，并就公共文化标准化工作的优化提升路径提出思考与建议。

---

① 阮可：《公共文化服务标准化建设》，北京师范大学出版社 2019 年版，第 5 页。

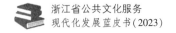
一、浙江省公共文化服务标准化建设现状

(一)基本公共文化服务标准化体系框架得以确立

浙江省在公共文化服务标准化工作方面起步较早,2014 年杭州市制定了《杭州市推进公共文化服务标准化、均等化工作方案》,2014 年 9 月余杭区发布《乡镇(街道)综合文化站公共服务规范》成为浙江省发布的首个公共文化服务地方标准。浙江省于 2015 年被文化部确定为公共文化服务标准化试点省份,浙江省委、省政府高度重视,将公共文化服务标准化试点工作列入重点突破改革项目,制定《浙江省公共文化服务标准化试点工作方案》,提出了制定标准体系、全面组织实施、开展监督评估和建立配套机制等四项任务加大推进力度,逐步形成了以国家标准为指导、省定标准为主体、地方标准为基础、行业标准和项目为补充的公共文化服务标准化体系。

2014 年至 2016 年,浙江省全面推动公共文化服务标准化试点。2016 年至今,在试点基础上,进一步推动公共文化服务体系标准化建设提质扩面,逐步制定和发布了公共文化服务体系所涉及各行业各部门的地方标准。近年来,根据浙江省建设现代公共文化服务体系标准化、均等化要求,各地结合实际,积极推动区域行业标准的制定和创新,不断将服务项目和先进经验以标准的形式固定下来,有力推动创新经验在更大范围内复制推广。随着标准的编制与实施,全省推广涌现出一大批如温州城市书房、文化礼堂、温州文化驿站、宁波"一人一艺"、丽水乡村春晚等口碑项目,起到了示范带动作用。

(二)地方标准化成果建设方面取得一定成效

浙江省近年来公共文化服务标准化成果丰硕,经不完全统计,共出台省级标准 12 个，市级标准 17 个，县级标准 31 个①（见附件）。规范对象以公共文化各级场馆为主，包括公共图书馆、文化馆、乡镇（街道）综合文化站、农村文化礼堂、村级综合文化服务中心等，内容上既有体系化的基础业务规范，也有针对具体业务问题和特殊服务场馆或服务人群的指南，如图书馆领域就涉及城市书房、流动书巴、智慧书房、爱心书屋、阅读推广、文化志愿者等多个方面。这些标准从管理、内容、技术、平台等多个不同层面对图书馆服务进行了规范和引导；标准实施的主体类型多元、层次丰富，对各类型公共文化机构、社会力量等不同主体参与图书馆建设做出了规定，也对保障特殊群体的服务权益进行了规范。

2016 年，宁波市制定了《乡镇（街道）图书馆建设与服务规范》（DB3302/T 1074—2018），是当时国内第一个关于乡镇和街道图书馆的市级地方标准。2017 年，温州市图书馆组织实施温州城市书房服务标准化试点项目，牵头制定地方标准《城市书房服务规范》（DB3303/T 64—2017），现已上升为省级地方标准（DB33/T 2181—2019）。2021 年，温州又率先发布地方标准《文化驿站服务规范》（DB3303/T 038—2021）、《流动书巴服务规范》（DB3303/T 041—2021），以统一标识、统一配置、统一服务提供、统一管理机制，规定了流动书巴服务规范的术语和定义、设施设备、服务点、服务内容、服务要求、服务保障、公共安全、服务评价等，适用于公共图书馆提供的流动书巴服务。

2022 年，绍兴发布全国首个公共图书馆数字化领域地方标准——《公共图书馆数字媒体服务规范》（DB3306/T 045—2022），对市县两级公共图书馆数字媒体服务各项业务工作进行规范与指导，提升公共图书馆业务工作的创新性和专业化水平，有效引导各级图书馆充分利用新媒体创新服务模式，加强规范数字媒体公共服务，实现文献信息资源数字化，公共文化服

① 参考浙江省文化和旅游厅：《浙江省公共文化服务地方标准汇编》，2019 年 2 月。

务供给均等化。2023 年，嘉兴市图书馆起草编制的地方标准《智慧书房建设与运营规范》（DB3304/T 093—2023）正式实施。该标准从选址要求、设计要求、设施设备、文献资源、运营要求、评价与改进等方面对智慧书房的规范化建设与运营做了详细阐释，对于推动嘉兴地区智慧书房的高质量发展发挥指导作用。

（三）部分领域标准化工作形成示范性经验

1. 公共文化新空间领域标准制定成热点

近两年来，随着浙江省在公共文化新空间建设方面的持续发力，省政府将"15 分钟品质文化生活圈"建设纳入民生实事工程大力推进，促使城乡公共文化空间建设蓬勃发展，为提升空间服务质量和效益，各地也广泛探索以标准化促进公共文化新空间提质增效。从出台的标准化成果上看，空间建设类标准编制成为热点并持续受到关注，从出台数量与影响力来看，浙江省在该领域的标准建设与应用走在全国前列。2022 年 11 月，丽水市发布的市级地方标准《公共阅读空间建设规范》（DB3311/T 230—2022）系全省首个关于阅读空间建设的地方标准，对公共阅读空间建设相关要素进行标准化指引，制定建设规范，主要类型包括阅读吧、民宿书屋、文化驿站、主题图书馆等。丽水发布的另一部市级标准《爱心书屋建设和服务规范》（DB3311/T 203—2021）使爱心书屋在全国各地的建设和推广使用有了明确的标准依据，在全国范围内具有示范性。就空间标准的涉及面来看，就包括温州市发布的《文化驿站服务规范》《流动书吧服务规范》、温州市图书馆牵头编制的国家文化行业标准《公共图书馆馆外服务场所服务规范》、丽水市发布的《爱心书屋建设和服务规范》。规范对象既有场馆型公共阅读空间，又包含以流动书吧为载体的流动式阅读空间，还包含多种形态的馆外服务场所。相关标准致力于打造智慧、便捷、高效的公共阅读服务体系，打通城乡阅读服务的"最后一公里"。

2. 相关领域标准化试点工作走在前列

2023 年，浙江省人民政府印发《浙江省国家标准化创新发展试点工作方案》(浙政办发〔2023〕24 号)，同年，温州市委、市政府出台《关于贯彻落实国家标准化发展纲要推进标准强市建设的实施意见》，提出积极谋划开展标准化创新发展试点工作，围绕重点产业、现代物流、养老照护、文化旅游、社会治理和公共服务等重点领域及特色产业，加快构建高质量发展标准体系。城市书房是温州市首创的公共文化服务品牌，随着城市书房建设力度不断加大，受众人数不断增多，选址、建设、运营等系列问题逐步浮现，怎样规范选址、如何布局设施网络等，均需相应的标准予以规范和指导。基于上述问题和需求，温州市图书馆于 2017 年开始探索、总结城市书房标准化建设，并获得了多项成果，先后入选市级、省级服务业标准化试点项目并通过验收。2020 年 1 月，温州城市书房服务标准化试点项目作为全省唯一的公共文化领域项目入选第六批国家社会管理和公共服务综合标准化试点项目。在省、市级标准化项目的基础上，温州全面梳理城市书房的内部运营管理流程和外部服务要求，形成一套既具"温州个性"又具"全国共性"的城市书房服务标准体系。2023 年，温州市启动首届标准创新贡献奖，温州城市书房国家级服务标准化试点项目获评"标准创新提名奖"，系唯一一家由文化事业单位组织实施的标准项目。2021 年 12 月 31 日温州发布地方标准《流动书巴服务规范》(DB 3303/T 041—2021)，2023 年流动书巴标准化项目入选市级标准化试点项目。温州的另一公共文化创新品牌"文化驿站"相关服务标准《文化驿站服务规范》也于 2022 年 1 月 22 日出台，由温州市文广旅局牵头组织编制的《文化驿站建设与服务管理规范》于 2022 年获文化和旅游部行业标准项目立项。

(四)标准的实施与监督更加规范有序

标准化的主要任务包含"制定——组织实施——监督评估"，在标准文本出台后，更要加强后续的组织实施，监督实施效果，才能使标准真正落地见效，成为推动服务效能提升的手段。浙江各地在实施标准化工作的基础上，不断畅通评价反馈机制，出台相应配套措施，将标准的组织实施纳入文化工作考核的评估体系。推动行业规范、工作目标、服务质量科学化、系统化，形成要求简明、制度配套、特色鲜明的行业服务体系，全面提升公共文化服务水平。

温州地区为了持续推进城市书房服务标准化实施工作，配套制定《标准实施管理规范》，明确标准实施的职责分工和工作程序，并编制年度培训计划，在标准体系策划、标准编制、标准实施等阶段进行集中宣贯和培训，开展业务测试、操作演练等引导工作人员"自我学标、自我对标、自我做标和自我达标"。为强化标准化工作的督导检查和持续改进，该地区还配套制定了《标准实施的监督检查管理规范》《服务标准化自我评价规范》《持续改进规范》，规定了标准实施监督检查、自我评价的方式、程序等内容。定期组织开展各岗位、各城市书房标准实施情况内部监督检查和评价，将各环节形成的数据和有关情况及时反馈，及时调整和改进标准化工作，进一步规范标准实施过程记录和实际操作、对不符合城市书房运营实际和服务需求的标准内容进行修订调整、新增制定相关标准以满足城市书房运营服务发展需要等。

宁波地区为了更好地贯彻落实《乡镇（街道）图书馆建设与服务规范》，开展了乡镇图书馆"提质升级分步走"行动。成立专门的乡镇图书馆提质升级工作考评组，由宁波市文化广电旅游局牵头组建考评组对符合条件、提出申请的乡镇（街道）图书馆进行评估定级。根据每个乡镇（街道）图书馆申报星级的必备条件的达标情况、绩效指标得分表的分数，再结合实地考察和后台数据查验，综合评定后，对每个提出申请的乡镇（街道）图书馆给予一星级到五星级的定级，每年由文化和旅游行政部门发文对乡镇（街道）图书馆的评定情况进行公布。

二、浙江省公共文化服务标准化工作的实施成效

（一）业务标准推动公共文化机构工作走向规范化

随着浙江省地方标准化试点工作的开展，标准化工作从单个服务规范的出台走向标准化体系的建设，标准体系更加系统化、类目化，旨在覆盖业务全流程、全事项。以温州城市书房标准体系建设为例，温州市图书馆在省、市级标准化项目的基础上，全面梳理城市书房的内部运营管理流程和外部服务要求，参照 GB/T 24421.2、GB/T 32170.2 等标准，以系统性、科学性、可操作性、先进性为原则，不断总结、提炼、优化形成一套可复制可推广的城市书房服务标准体系，涵盖服务通用基础标准体系、服务保障标准体系、服务提供标准体系及岗位工作标准体系四大体系。包括标准化工作导则、信息标准、运营管理规范、标准化岗位工作等 18 个子体系，总括了城市书房各个业务环节和试点建设所涉及的公共服务全部事项。在标准制定方面，结合城市书房实际，参考引用相关上级标准和法律法规来确定标准框架和细化标准内容。以《城市书房建设规范》为例，结合多年城市书房建设实践经验，并参考引用了 JGJ 38、GB 50034、DB33/T 2181 等上级标准及 Q/CSSF JC005、Q/CSSF TG020 等内部制定的企业标准，从管理机构和职责、流程、规划、选址、审核、建设和验收等方面进行规范，标准内容与上级、企业内部相关标准及相关法律法规相协调统一，符合实际建设需求。在规划方面，明确规定了城市书房布点规划、布点原则的要求；在选址方面，明确选址的具体要求及选址申请的渠道、方式；在审核方面，明确选址审核和合作方审核的要求；建设则从设计、装修、电气等进行统一规范；在验收方面要求从装修质量、设施设备、标识标牌、文献配置等方面进行验收。在以上申请、审核、验收等环节均有相应表单做记录支撑，以规范各流程的实施与记录。

温州《文化驿站服务规范》对文化驿站的分类、服务的总体原则和要求、布局、设施设备、人员、服务内容、服务要求、服务监督与评价等内容作出要求规范。在总体原则方面明确了开展服务的形式、设计风格定位、连锁运营及资源库建设等要求。在布局方面规定了文化驿站选址、面积、形象标识、功能布局等要求。此外还规定了文化驿站应配备的人员(站长、专兼职人员、分享嘉宾等)，以及对人员参加培训的要求。在服务内容方面，主要规定了文化驿站活动的基本宜忌原则，并对活动类型形式、内容配比提出了导向性建议。该《服务规范》全面、系统地反映和涵盖全市文化驿站的服务要领，在引导文化驿站管理与服务标准化、正规化方面发挥了良好的作用，保证文化驿站在站点建设上符合文化馆总分馆服务体系建设的要求，在服务供给上能确切符合市民实际需求。

（二）标准实施促进公共文化场馆服务效能提升

在温州，随着《温州市城市书房建设和管理办法》的颁布和民生实事工程的推进，截至 2023 年 10 月全市已建成 156 家城市书房，总面积 4.12 万余平方米，总藏书 182 万余册，累计接待读者 2018.27 万人次，流通图书 2083.72 万册次，办理借书证 13.87 万张。服务效能优于国内同等面积的大中型公共图书馆。城市书房每年开展读书沙龙、展览等各类活动 3000 余场次，读者对城市书房满意率达到 98%以上。城市书房标准化试点项目的实施与改革实现了读者需求、管理者需求、数据共享的有效结合，促进了城市书房运营、统一管理和品质发展，推进了城乡公共文化一体化发展，提高了城市书房公共文化服务品牌影响力和服务效率，降低了建设成本、服务成本。具体见表 11。

温州全市 272 家"文化驿站"在服务规范的引导下形成了一批兼容文旅、兼营文创、兼顾各类群体的特色文化空间，促进了公共文化空间创新发展。年均开展活动 6000 余场，年均直接参与市民 30 余万人。培育了基层文化分享者 1600 余人，乡村艺术团队 2700 余支。将"艺路同行""文物点阅"等城市文化资源通过"文化驿站"平台配送推荐给农村基层站点，有力促进了城乡文化资源互通共享。

表11　温州市城市书房服务效能情况汇总表

年份	总面积(万平方米)	办证(个)	接待人次(万)	外借册次(万)	星级个数
2019	1.94	20691	364.1	132.17	未开始
2020	2.47	9701	149.8	71.9	73
2021	2.76	14836	326.1	149.37	90
2022	3.46	15268	254.24	168.23	100

在宁波，随着《乡镇(街道)图书馆建设与服务规范》的颁布与实施，全市乡镇(街道)图书馆的上星率逐年上升。从2018年首次定级的46%上升到2021年底的94%，建设发展了一批符合规范要求的乡镇(街道)图书馆。通过多元化个性化发展，到2021年，宁波全市共建成三星级以上示范性乡镇(街道)图书馆39家。在标准化的指引下，这些图书馆设施良好、管理规范、效益明显、各具特色，成为当地居民共享阅读乐趣的精神家园。

绍兴市级地方标准《公共图书馆阅读推广工作指南》，通过推广形式、应用场景、特殊人群服务、服务管理、服务成效与反馈等要素的规范，指导各级各类公共图书馆规范化开展阅读推广工作，助力图书馆阅读推广业务走向规范化；整合社会各方阅读推广服务资源和力量，科学开展全民阅读形式。在标准指引下，2021年，绍图特色阅读品牌显成效。打造了以"树兰"命名的阅读品牌，越州讲坛、绍图朗诵团、树兰品读、树兰书院等阅读品牌活动影响力不断提升。全新推出"悦读派"少儿系列活动，开展中小学精品阅读指导课。全年"越州讲坛"125场，绍图朗诵团5场，"树兰品读"9场，"老年英语沙龙"22场，"树兰书院"43场，"悦读派"15场。全民阅读推广活动规模不断扩大，内容不断充实，方式不断创新，满足了读者多样化的阅读需求，助力绍兴地方更好地践行全民阅读理念。

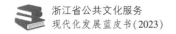
(三)标准建设为社会力量参与公共文化服务拓展路径

完善社会力量参与公共文化建设的标准规范，能够促进公共文化机构与社会力量合作在制度化、法治化基础上进一步走向深入，提高社会力量参与图书馆服务供给的积极性与效能。例如在图书馆领域标准中，与社会力量参与相关的标准主要包括：第一，社会力量参与全民阅读。台州地方标准《家庭图书馆建设与服务规范》(DB3310/T 63—2019)，明确了家庭图书分馆的建设与服务，规定了公共图书馆社会化运营的准入条件、评估和评价标准和管理要求等方面的内容，使得社会力量能够更好地参与公共图书馆服务，并提高其服务质量。第二，社会力量参与图书馆志愿服务。宁波地方标准《图书馆志愿服务规范》(DB1402/T 07—2022)提出了图书馆志愿服务的原则和要求，对志愿服务的硬件、人力、文献资源配置作出了规定，并对志愿服务的内容、监督、评价和改进提供了规范性建议，进一步细化和补充了图书馆开展志愿服务的规范性方法。第三，社会力量参与图书馆全流程管理。《公共图书馆社会化运营管理规范》(DB3310/T 96—2023)正式实施，规定了公共图书馆社会化运营管理的术语和定义、承接方进入、质量控制和检查程序、考核和监督、承接方退出，规范了社会力量从引入到退出的全流程管理，有利于进一步提升图书馆的管理和服务水平，促使社会力量参与公共图书馆建设的标准化健康发展。

三、当前浙江省公共文化服务标准化建设方面的薄弱环节

(一)在公共文化的一些具体领域仍有缺失

从目前的建设情况来看，浙江公共文化服务各级层面、主要领域基本都有相关标准出台，但是标准的规范程度和部分领域的标准数量远远不够，

难以匹配公共文化发展进程的需要。出台的服务规范主要集中在对公共文化设施的服务内容与管理规范方面，针对基本公共文化服务范围内的文化行为、文化活动以及其他相关服务却鲜有规范。比如近年来随着公共文化数字化改革的纵深推进，加强公共文化领域数字化建设和智慧化服务被提上日程，亟须出台相关标准规范数字化建设的组织运营。由于"数字化"这一主题牵涉繁多，涵盖了政策规划、技术应用、业务重组、服务能力等多方面的问题，加上各地在数字化服务的实践上尚不成熟，"数字化""智慧化"这些关键词在服务规范条文中出现的频次较少，在相关领域尚无标志性和引领性的地方或行业标准出台。

（二）在标准的有效落实方面执行不到位

标准化建设的目的是通过可执行、可操作、可明晰的标准督促公共文化服务供给到位、执行有力。由于缺乏对公众需求、服务供给能力等的精准调研，很多标准的出台流于形式，在实际宣贯过程中，规范不落地、执行不到位的情况屡屡出现。比如浙江省 2016 年、2017 年出台了《公共图书馆服务规范》《文化馆服务规范》《乡镇（街道）综合文化站服务规范》等大量服务体系建设方面的标准规范，随着《国家基本公共文化服务指导标准》的颁布，各地基本公共文化服务标准和指导目录相继出台，嘉兴、台州等地启动国家公共文化服务体系示范区创建、全省公共文化服务重点县建设、公共文化服务现代化先行县的创建，这些创建均由当地人民政府牵头组建工作领导小组形成有力推动机制，并配套资金扶持和考核激励。加上公共图书馆和文化馆还有相应的全国评估定级标准，导致地方出台的服务规范在工作中的指导意义和杠杆作用大大下降，加上服务规范文本本身不具有强制约束力，又缺乏标准推行的刚性法律法规约束，使标准在执行过程中的行动力与推动力不佳。此外，公共文化服务领域的标准往往涵盖面广，涉及参与管理的部门多，但在实际推进机制上，往往是文化部门单打独斗，尚未形成多部门有效协调的工作格局。因此很多标准在实施贯彻过程中协

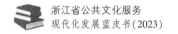
调难度较大，各类标准之间也难以相互衔接配套。

（三）在标准一体化上尚存在不统一不一致情形

这主要体现在不同时期、不同工作机制下出台的标准规范在具体要求上存在较大差异，部分标准由于颁布较早，和其他相关领域的标准和制度衔接不上，导致标准在持续发挥作用上失去了必要性和可行性。如杭州市余杭区质量技术监督局发布的《乡镇（街道）综合文化站服务规范》（DB33/T 2054—2017）是基于乡镇综合文化站建设"余杭模式"编制的全省首个乡镇综合文化站公共服务规范地方标准。该标准对乡镇文化站组织机构、站舍建设、人员配备与素质、办公设施、经费保障等作了明确具体的规定。作为一部省级地方标准，在一段时间内对各地文化站的建设发挥一定的指导意义。但是随着 2015 年《关于加快构建现代公共文化服务体系的意见》的颁布，浙江省出台了《浙江省基本公共文化服务标准（2015—2020 年）》，对乡镇综合文化站的服务内容和具体指标作了详细规定，该标准也成为了浙江推进"五个百分百"建设加快实现基本公共文化服务标准化工程的重要指导依据。同时，随着浙江省乡镇综合文化站评估定级工作的全面启动，《浙江省乡镇综合文化站等级必备条件和评估标准》从办馆条件、公共服务、业务建设、管理水平四个方面给出了可量化可评估的指标体系，从具体指标数据来看，原余杭标准的相关内容已明显不适用于后续文化站建设的指导，因此失去了可行性和推广意义。

四、公共文化服务标准化优化提升的路径思考

（一）促进公共文化服务标准建设多元化、体系化

随着公共文化服务供给内容和服务手段方式的不断迭代，标准建设的规范主体也需要随之不断拓展和升级，从而促进公共文化多元领域的创新

探索在制度化、法治化基础上进一步走向深入，提高公共文化机构服务供给的积极性与效能。一是根据中共浙江省委办公厅、浙江省政府办公厅《关于高质量建设公共文化服务现代化先行省的实施意见》，依据最新公共文化服务现代化标准所涉及的服务项目及服务标准，结合各地发展特色出台相应具体服务标准，以提升服务标准领域的覆盖范围，以各级基本公共服务目录标准为"底线"制定特色化指标，进一步健全完善公共文化服务标准体系，以标准化建设推动基本公共文化权益的保障。二是以浙江省全面实施标准化战略为契机，推动一批创新示范性强、带动效应明显的项目开展试点工作，以当下正在探索实施的智慧图书馆建设为例，可立足现有公共文化服务体系标准，构建一个由基础标准、技术标准、资源标准、服务标准、空间标准和管理标准等组成的多维度智慧图书馆标准体系框架，促进、引导和规范智慧图书馆的快速发展，走出一条标准化引领智慧化高质量发展之路。

（二）推动更多创新经验向标准化成果转化

近年来，浙江在推进公共文化服务现代化过程中，推出了"一人一艺""文旅驿站""艺享夜游"等一批公共文化服务体系示范项目、公共文化服务现代化领航项目，如丽水村晚联盟利用多层次、立体化的宣传推介模式，让"春晚"至"村晚"，与全国15个联盟城市携手共进，从浙江走向全国，打造全国特色品牌文化活动，并形成乡村文化振兴建设的经验和标准进行复制、推广。在创新打造高品质服务与产品的同时，需要进一步深化文化管理体制改革，创新公共文化管理和服务方式，从现代公共文化服务体系高质量发展要求出发，基于民生引领、品质共享价值导向，形成浙江特色的标准化工作模式。在总结浙江省多地公共文化发展成果经验的基础上，以标准化工作为载体推动公共文化服务向科学化、规范化、精细化迈进，让更多引领全国公共文化建设的浙江创新、浙江经验逐步落地推广。

（三）建立健全标准化"建管用"工作机制

从标准出台与实施的主体类型来看，健全标准实施贯彻的保障制度、加强对公共文化服务标准化工作的组织领导是标准化工作运转顺畅的关键，应参照国家公共文化服务体系建设协调机制做法，成立了多部门协同参与的公共文化服务体系建设协调组，发挥各部门作用，统筹整合公共文化资源，制定统一的公共文化服务体系专项规划、标准以及出台重大改革措施和重大文化政策，全面提高公共文化服务的覆盖水平和供给能力。作为标准化试点单位，应当加强组织统筹，成立标准化工作领导小组，建立联动机制，组建专业队伍。此外，还要建立健全配套规范制度，形成管理闭环，强化责任落实。衢州市在2016年出台《流动文化服务和管理规范》后，当地配套建立了一系列流动文化服务的规范制度，建立了目标考核机制、信息发布机制、标准化管理机制和评估监督机制，将流动文化服务工作的责任落实到人，形成了比较完善的流动文化服务标准体系，实现城乡基层流动文化服务网点全覆盖。

（四）畅通实施反馈机制促标准化持续改进

公共文化服务标准化本身即是一个科学的、动态的过程，公共文化机构应及时调查了解服务对象的需求，在标准制定的过程中要对相应的标准和规范进行试点试验，使标准不断接受实践检验并不断完善，必要时还应当组织专家和群众进行论证，在充分沟通、协调的基础上，达成全社会的共识。具体而言有三个方面，第一，精准调研，摸清需求。定期对公共文化服务供给者、从业者、受众进行问卷与实地调研，制定满足群众需求的公共文化服务标准，并及时调整相关标准以满足不同层面的人员需求。第二，按需制标，动态管理。以需求为导向，在具体指标的修订上以国家和省级基本公共文化服务标准为统领，鼓励有条件的地方提标扩面，彰显特色。围绕全省"智慧文化云"平台搭建评估支撑体系，定期监测并发布全省各市、县(市、区)发展指数，倒逼公共文化服务品质提升。第三，建立标准实施意见反馈和评价机制，对标准体系建设、关键标准研制推广和标准化基础科研等环节实施效果进行反馈和评价，以便及时修订相关标准，提升标准实用性和有效性，形成标准制定、实施、反馈和修订的良性循环机制。

平阳县在全民艺术普及工作载体、机制创新及评估体系方面的探索研究

温州市平阳县文化和广电旅游体育局

艺术是文明进步的重要标志，是民族精神的重要火炬，提高全民的文化素养和艺术修养对于一个国家和民族的发展具有重要意义。2015 年，中共中央办公厅、国务院办公厅印发《关于加快构建现代公共文化服务体系的意见》，首次提出"开展全民艺术普及"，给新时期的公共文化工作赋予了新的历史使命。2017 年 3 月 1 日，我国发布实施的《中华人民共和国公共文化服务保障法》又将全民艺术普及上升为法律规定，使其成为各级人民政府的主体责任，也是各级文化馆的重要职能。2021 年文化和旅游部等三部委联合印发《关于推动公共文化服务高质量发展的意见》和文化和旅游部发布《"十四五"公共文化服务体系建设规划》都提出要深入开展"全民艺术普及"工作，将其作为公共文化服务重要品牌做大、做强。平阳县作为一个具有深厚历史文化底蕴的地区，近年来在全民艺术普及工作方面进行了一系列的探索和实践，旨在通过创新载体、机制和评估体系，推动艺术普及工作向纵深发展，满足人民群众日益增长的文化需求。

一、项目背景

2021 年 6 月，中共中央、国务院支持下浙江省开始高质量发展建设共同富裕示范区。在 7 月，浙江省政府正式发布《浙江高质量发展建设共同富

裕示范区实施方案（2021—2025 年）》（以下简称《实施方案》），提出"以满足人民日益增长的美好生活需要为根本目的，以改革创新为根本动力，以解决地区差距、城乡差距、收入差距问题为主攻方向，更加注重向农村、基层、相对欠发达地区倾斜，向困难群众倾斜"，"努力成为精神普遍富足的省域范例"。建设共同富裕精神富有的背景下，全民艺术普及是浙江高质量建设公共文化服务现代化先行省的重要举措。从 2021 年省委、省政府印发了《关于高质量建设公共文化服务现代化先行省的实施意见》文件，提到 2025 年基本建成以人为核心的高质量公共文化服务现代化体系的总体目标；到 2022 年，浙江省文化和旅游厅印发《进一步深化全民艺术普及实施方案》，明确在艺术知识、欣赏、创造、技能和活动五个方面实现全民普及的主要任务。

平阳县作为 2022 年浙江省公共文化服务现代化先行县创建单位，全力打造山区 26 县公共文化服务基层治理示范样板。为贯彻落实市、县关于《进一步深化全民艺术普及实施方案》等文件精神，平阳县大力推进全民艺术普及服务工作，深入实施浙江省"文艺星火赋美"工程，加快新时代先行县建设，通过"会文空间""文化动线"、乡村艺术团等创新品牌的打造发展可持续文化自治全链条服务体系，在充分发挥平阳文化馆全民艺术普及主力军作用的同时，积极拓展工作载体，联动各个机关、学校、企事业单位，引入社会力量，创新工作机制，推进标准化改革，构建完善评估体系，真正做到让文艺像星星之火遍布城市、融入乡村、美化全社会、让文化更贴近大众，走进千家万户，促进文化繁荣和人民精神共富，提升平阳县全民艺术普及覆盖率，助推平阳县成为新时代公共文化服务体系高地。

二、项目意义

全民艺术普及工作是提升国民文化素质、丰富人民精神生活的重要途径。在新时代背景下，创新全民艺术普及的载体、机制和评估体系显得尤

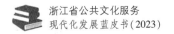
为重要，这不仅有助于提高艺术普及的效率和质量，还能促进社会主义文化的繁荣发展。

(一)优化创新全民艺术普及的载体是适应时代发展的必然要求

随着社会经济的发展、人民生活水平的提高，人民群众对于精神文化生活需求的标准也在不断提高。尤其是科技的进步和互联网的普及，传统的艺术普及方式也不能完全满足人民群众的日益增长的文化需求。以平阳县为例，其常住人口88万人，但公共文化服务队伍中在职的仅192人。这就使得过往完全依靠政府，依靠文化主管部门单打独斗，存在覆盖面不够全、活动形式单一、可选择内容不够丰富等问题。只有通过优化拓展全民艺术普及工作载体，加强公共资源的统筹分配，积极运用现代信息技术手段，才可以更广泛、更便捷地传播艺术知识，让艺术教育触及更多人。例如，通过在线公共文化服务平台开设艺术慕课、利用虚拟现实技术开展艺术体验等，这些创新载体能够突破时间和空间的限制，让艺术普及更加高效。

(二)机制创新是确保全民艺术普及工作顺利进行的关键

通过创新，建立与新时期全民艺术普及工作相适应的机制，可以更好地整合政府、市场和社会的资源，实现资源的优化配置；可以充分调动各方面的积极性，形成合力；可以促进全民艺术普及工作载体创新发展，发挥出更高效能。如：政府可以通过制定政策、提供资金支持等方式引导艺术普及工作的提供者通过创新服务模式、开发艺术产品等方式满足群众需求，社会组织和个人也可以通过志愿服务、捐赠等方式参与到艺术普及中来，从而能够保证艺术普及工作的持续性和稳定性。

(三)建立科学的评估体系是提升全民艺术普及工作效能的保障

评估体系能够为公共文化服务提供量化的评价标准，帮助决策者和执行者了解艺术普及活动的覆盖范围、参与度和群众满意度。通过定期的监测和评价，可以及时发现问题和不足，从而调整和优化艺术普及的策略和方法。科学的评估机制，可以促进公共文化服务的标准化和均等化，确保城乡之间、不同区域之间的公共文化服务水平得到平衡发展。通过评估结果的公开和透明，可以展示艺术普及活动的成效和社会影响。同时，也方便对表现优秀的文化志愿者、文艺团队和项目给予表彰和奖励，进一步激发社会各界参与艺术普及的积极性，吸引更多的社会资本和人力资源投入公共文化服务领域。

三、平阳县全民艺术普及工作的基本情况

（一）财政投入得到保障，工作机制不断创新

2022 年至 2023 年平阳县以浙江省公共文化服务现代化先行县创建为契机，全县安排创建经费近 1.4 亿元，较创建前两年公共文化服务经费投入增长 16%。人民政府还相继发布了《平阳县创建浙江省公共文化服务现代化先行县实施意见》和《平阳县关于推进公共文化服务高质量发展的实施意见》。同时公布的《平阳县公共文化服务现代化标准（2023 年）》和《平阳县公共文化服务现代化目录》，制定了五大类 48 项服务标准和 19 项服务内容，并对每项进行了数据量化，以明确责任主体。让人民群众清晰地了解到自己应享有的文化权益。

（二）设施建设得到发展，硬件基础不断夯实

平阳县统筹资金超 25 亿元建成县文化艺术中心、县新图书馆、木偶艺术中心、南拳文化园，推进县博物馆、县非遗馆、体育场等地标性文体设施建设，总面积超 26 万平方米，每万人拥有公共文化设施面积达 2250 平方米。县图书馆、县文化馆全部达到部颁一级标准，乡镇综合文化站一级

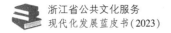
馆率达 50%，三星级文化礼堂建成率超 70%。建有非遗百家坊 5 家、乡村博物馆 12 家、城市书房 21 家、文化驿站 27 家。打造 135 个"15 分钟品质文化生活圈"，开展活动 2 万余场，覆盖超 600 万人次，为群众的幸福生活加码。评选出平阳县最美公共文化空间 28 个，会文谷文化艺术度假村获评浙江省最美公共文化空间。

(三)供需渠道得到贯通，艺术普及不断下沉

平阳县建立了政府与基层文艺骨干的信息直达渠道，文化部门会提前向基层群众发放需求调查问卷，根据群众需要供给公共文化服务，年均送戏 453 场、送展览讲座 453 场。发挥全民阅读、全民美育、全民艺术普及的资源集聚特色，持续做大"悦读平阳""艺享平阳"文章，实现了月月有主题、周周有活动。打造市民文化节、艺苑星空、会文课堂等亮点品牌项目，举办"全民艺术普及周"，开展艺术普及"三进"(进校园、进机关、进社区)，培养红色小讲解员志愿者，组建全民艺术普及联盟。推进"文艺赋美"工程，出台《关于全面实施"文艺赋美"工程的通知》，举办"文艺赋美"1000 余场，搭建县、镇、村三级联动的"文艺赋美"梯队，针对群众需求，下沉优秀资源。

(四)数字化程度得到提升，线上服务不断普及

平阳县推进文旅数字化建设，建成掌上平面图、云赏文化、码上非遗、掌上苏馆，"游浙里平阳馆""浙里文化圈平阳版"等。创建示范县以来开展线上活动近 900 场次，服务超 200 万人次。建设地方特色数字资源库 5 个，容量达 5.5TB。全域导览应用"悠游平阳"集成 100 余个文旅体资源点，品质文化惠享平台汇集全县 474 个公共文化场馆数据资源，推进"浙里文化圈"应用场景，"一屏掌握"全县文旅态势，2022 年文旅数字化改革赛马排名全省第一。

（五）工作载体得到扩展，服务社会化不断推进

出台《关于鼓励和引导社会力量参与公共文化服务的实施意见》，有效吸引民间力量深度参与公共文化服务。深化政府向社会力量购买公共文化服务，公开招募文化下派员17名，实现文化下派员县域全覆盖，鳌江、水头、怀溪等试点乡镇组建成立乡村文化理事会，聘用文化下派员到村（社区），破解基层公共文化服务缺乏文化专业人才、服务效能不高、群众需求难以满足的难题。重聘一批懂文化、懂策划、懂村民的"三懂"文化策划师结对乡镇，参与文化规划建设，策划开展文化活动。引入第三方机构，开展公共文化服务满意率及全民艺术普及率测评。根据测评结果，定制公共文化服务效能提升方案，征询群众文化需求，精准供需匹配。

四、平阳县全民艺术普及工作创新探索和成效

（一）全民艺术普及工作载体的拓展与优化

文化馆作为中国独有的公益性群众文化机构，全民艺术普及主要是依托文化馆开展的各项工作和各类活动而实现的。平阳县文化馆组织、协调、带动现有文化资源，联合社会艺术类培训机构，融合各方力量，加大对不同部门、行业、区域等文化资源的整合力度，面向全县范围开展全方位、高层次、多门类的文艺展演活动以及公益艺术培训，组建全民艺术普及联盟，打造全县文化艺术资源与服务的共建共享、互联互通的良好格局。

1. 建设新型文化空间，促进多元融合发展

平阳县推进新型公共文化空间品牌"会文空间"建设，拓展优化文化空间载体，为全民艺术普及工作提供有力支持。"会文空间"项目采取"政府资源补给+企业投资建设+社会自主运营"有效盘活社会资源，形成众筹合

作、多方共建的格局。推进新型文化空间与休闲文化产业的融合发展，打造集艺术学习、文化交流、聚会休闲、创意生活为一体的全民艺术普及场所。按照规模适当、布局科学、业态多元、特色鲜明的要求，以"1+5+X"模式（即一个会文空间，融合图书阅读、艺术展览、文化沙龙、轻食餐饮、旅游观光等五类服务形态及若干衍生业态），积极探索复合型的空间服务形态，重塑更新闲置、存量、效能低下的设施、空间，推动公共文化空间巧妙植入公园、街区、景区，以"嵌入式空间"串联多种类型场馆设施，打造"景区+艺术馆"。如以坡南城市书房、木偶艺术中心、南拳文化园等新型公共文化空间建设提升古老的坡南历史文化街区，解锁非遗破圈密码。

其中，大溪艺术空间"搬进""4A"级景区最为典型。2022年，平阳县腾蛟镇依托苏步青故里文化旅游区建设，以打造国际水彩艺术交流基地为导向，将苏步青故里文化旅游区的核心地带——腾蛟大溪边社区闲置民房进行充分利用，经过精心装修，使其焕发出新的生机。这就是大溪艺术空间，它占地560平方米，集美术馆、城市书房、艺术工作室、交流休闲区及咖啡吧等多功能于一体，成为当地一道靓丽的风景线。同时，政府积极推动乡贤苏立平回归故里担任馆长。大溪艺术空间于2023年9月24日正式开馆，不仅为当地群众提供了一个欣赏艺术、交流思想的平台，更通过常态化的艺术展览、文化沙龙、互动交流、写生采风等活动，让艺术的魅力渗透到每一个角落。活动丰富了群众的精神文化生活，也为景区注入了新的活力。此外，大溪艺术空间还成为景区推介的新媒介，让艺术作品成为连接文化与旅游的桥梁。文化与艺术相互交融，旅游与发展共同进步，促进了腾蛟文旅融合的新发展。

2. 推动乡村艺术团建设，助力乡村文化振兴

平阳县常住人口86万人，县下辖14个镇、2个乡、453个村。平阳县立足盘活县、乡现有的音乐、舞蹈、美术、曲艺、戏剧、民俗、杂技等文化资源，实现融合提升。以总分制的管理模式为抓手，以组建和运行乡村艺术团为核心，推动基层文化阵地供给侧改革，实现城乡文化均衡发展。

乡村艺术团成为乡村文化振兴的主力军。目前全县已组建 110 支乡村艺术团，成员达 13452 名，成立了乡村艺术团总部，并以单独建团、邻片组团、互补联团的方式组建了 16 个乡村艺术团总团，极大拓展了艺术普及工作载体，提高了平阳县全民艺术普及工作的覆盖面。目前，平阳已经实现了所有村居的乡村艺术团全覆盖，100% 入驻文化礼堂，100% 结对 15 分钟文化圈。县财政每年投入 300 余万为乡村艺术团发展保驾护航。创建以来，截至 2023 年，平阳县乡村艺术团累计开展活动 40451 场，已举办乡村艺术团活动 500 余场，惠及 139 万人次。乡村艺术团广泛参与各级赛事及当地品牌活动的展演，在"一镇一品"的基础上延伸出了"一村一品"，成为才艺大比拼、文艺赋美、"15 分钟品质文化生活圈"以及市民文化节等重要活动的一支不可或缺的力量。培育了每月一主题、每季度文化走亲以及一年一度成果展演等品牌活动，集聚乡村人气，使乡村活起来。

为基层培养更多的公共文化服务人才和乡村文艺骨干，平阳开始将鳌江公园一处闲置的配套用房，进行修缮，建成乡村艺术团孵化基地。基地总建筑面积为 710m^2，设有多功能排练剧场（410m^2）、创作功能室（21m^2）、会议接待室（24m^2）。孵化基地的建成后，为全县 110 支乡村艺术团提供指导服务，培育基层文艺人才。基地邀请历届艺苑星空名家进驻乡村艺术团孵化基地担任乡村艺术团导师，充分发挥艺苑星空文艺人才效应实施文艺造星计划。定期组织团长管理能力培训班，每年 2 期，年均可以培训 160人次；还对 16 支总团业务骨干进行每年 120 场的业务培训，年均培训 4200多人次。培育出了一批优秀的"民星"骨干和团长，充实到基层教、学、帮、带，有效提升了乡村文艺团队的建设水平，切实形成了自我孵化、自我服务、自我教育的乡村艺术团模式。

3. 引入社会人才力量，保障服务资源供给

优秀人才是开展全民艺术普及的根本保证。现阶段，基层地区尤其是

偏远乡村，文化员年龄偏大，文艺人才队伍显现出后继无人的情况。与此同时，很多基层文化员并不是艺术专业出身，身兼多职，很难全身心地投入全民艺术普及工作。此外，基层的一些艺术团队绝大部分都是业余艺术团队，是群众自发组织起来的，队员流动性很大，整体年龄偏大，自身没有节目创作能力，更达不到艺术普及推广的目的。因此，在全民艺术普及工作中，人才发挥的作用至关重要，专业人才力量的供给是推进全民艺术普及工作的有力保障。平阳县针对这一情况，采用"请进来"和"走出去"相结合的形式，来保障全民艺术普及人才资源供给。

"引进来"一是引进公共文化服务体系外的各类艺术人才，进行培训，使其充分发挥各自优势与长处，成为全民艺术普及工作中的音乐骨干、舞蹈骨干、美术骨干等；二是引进高水平的艺术专家、学者，对现有人才队伍进行指导与提升，全面提高群文干部的专业素质与理论素养。"走出去"一是让全县各艺术领域的骨干人才走进基层、走向群众。扩大对基层的文化员、文化下派员、文艺社团骨干等的指导与培训，培养和挖掘出更多优秀艺术普及人才，辐射扩大整个社会的艺术普及面；二是培育全民艺术普及志愿团队，评选"全民艺术普及推广大使"，鼓励艺术教育培训机构和文艺社团，走进周围的社区和乡村，组织开展全民艺术普及活动。2022年，平阳县文化馆开办公益课堂68个班，培训学员多达28340人次。其中，会文课堂春、夏、秋34场，培训学员多达13735人次；在昆阳、鳌江、万全开展2022年"圆梦青苗·以艺育美"浙江省乡村青少年美育课堂志愿服务活动3个班，培训学员210人；全民艺术普及广场舞培训班2个班，培训100人；全民艺术普及平阳县工人文化宫公益培训29场，服务14295人次。推动艺术类培训机构公益大联盟牵手乡村艺术团活动8场，共48课时，参与人员达1440人次。举办艺路同行乡村艺术团培训5场，参与人员130人。选派多名优秀文艺骨干分别进入全县10所学校，指导校园艺术社团和开展艺术活动，日常开展舞蹈、剪纸、绘画、越剧、书法、声乐、蛋画等多门课程。

4. 创新艺术普及方式，提升艺术普及效能

平阳县在组织开展常态化全民艺术普及活动中，创新服务理念，重视供需对接，实现精准服务。通过定期调查百姓文化需求，建立与基层的信息直达渠道，针对不同群体的文化需求，提供更精准更有效的全民艺术普及服务。举办市民文化节、"全民艺术普及周"，开展艺术普及"三进"（进校园、进机关、进社区），结合"双减"工作，深入推进"艺术普及进校园"活动，以及打造面向中小学生、老年人、残疾人、外来务工人员等群体的"美育课堂"品牌活动。推进"文艺赋美"工程，出台《关于全面实施"文艺赋美"工程的通知》，举办"文艺赋美"1000余场，搭建县、镇、村三级联动的"文艺赋美"梯队，针对群众需求，下沉优秀资源。坚持艺术活动与社会交流、文化鉴赏与素质培训、文艺分享与体验互动相融合，在全县各地文化驿站开展艺术分享活动497场，受益群众达76827人，赢得群众广泛关注和参与。

与时俱进积极运用现代信息技术手段创新服务载体，实现线上线下齐开花，达到全民艺术普及效能的提升。2023年平阳县文化馆开展线上公益微课堂28个班，培训学员4148人次；开展线上直播活动3场，在线观看有17.95万人次，收获7754人在线点赞。为了人民群众更方便地参与全民艺术普及活动，启用"浙里文化圈"小程序，利用上面的报名功能，开展各类线上报名服务。同时，为了提高群众的参与感、获得感，在个别赛事上还发起了网络投票活动，鼓励大家积极参与投票。以2023年村歌大赛网络投票为例，共有42首歌参与投票，163744次的访问量，共投出104612张票，影响非常广泛。在服务内容载体方面也进行了创新，引入新兴的无人机表演，以其独特的3D视觉效果和震撼的现场感受，吸引了众多市民的观看，宣传效果拉满。

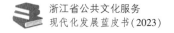
（二）全民艺术普及机制创新的探索与实践

1. 打造文化动线，构建文化自治服务体系

针对艺术资源分布不均、文化阵地效能不高等问题，平阳县以县文化和广电旅游体育局核心主导，县旅游和体育事业发展中心、县精神文明建设指导中心、县文学艺术界联合会、县总工会、县妇女联合会、共青团平阳县委员会、县新居民服务中心、县残疾人联合会、县关心下一代工作委员会和各乡镇等多部门协同联动，根据平阳山区县的地形及文化资源分布特点，进行资源整合，畅通城乡文化要素流动，以"文化流动精神共富"为主题，以"15分钟品质文化生活圈"、全县各文化场馆、特色街区景区等文化空间为阵地，串联文化驿站分享会、文艺赋美、分享悦读、文化走亲等形式多样、丰富多彩的文化活动，打造"文化动线"创新品牌，发展可持续文化自治全链条服务体系。"文化动线"以平阳县东西交通轴线、红色文化流线、山海旅游热线、昆鳌时尚连线为基本脉络共量身定制了"时尚、民俗、红旅、海岸、山水、古典"等6条动线，形成全民艺术普及的全覆盖和全链条供应。

2023年3月3日，平阳县以坡南古街、南拳文化园为核心的"民俗文化动线"举办了中国（平阳）武状元文化节，现场人流量高达35万人次，带动周边文旅产业收益1000余万元。2023年8月27日，在"时尚动线"上举行了平阳县"建县1740年"主题市民文化节开幕式。从极具地域特色的音诗舞、萧江大鼓舞、木偶表演，到慷慨激昂的诗歌朗诵，以及动人心弦的歌曲，让平阳市民感受到了一场具有浓浓地方味道的文化盛宴。

此外，在"文化动线"工作机制的推动下，平阳县还举行了萧江大鼓旅游文化节、腾蛟旅游文化节、"喜迎亚运·唱响平阳"水头—闹村文化走亲文艺演出、大剧院嘉年华、潮东集市·月满华诞、乡村艺术团红色主题展演等活动，还联合县残联、县教育局和县妇联在特校举办"感恩点滴爱共享一样蓝天"残疾人文艺演出，联合县人武部、县退役军人事务局举办平阳县"迎老兵送新兵"暨全民国防教育主题晚会，通过部门联动、乡镇互动，极大激发了多元主体参与全民艺术普及的热情，受到社会各界的肯定和广泛好评。

2. 树立群文品牌，引导地方文化精品建设

在打造品牌竞争优势上，宁波市的群文创新品牌"一人一艺"，以高起点的顶层设计、高格局的政府主导、高效率的多元机制、"4+2"的服务内容、数字化的运行推广等，从制度设计到实践应用，为全国各地开展全民艺术普及工作提供了可学习、可借鉴的示范样本。

平阳县充分学习先进实践经验，高度重视全民艺术普及品牌塑造，以本土文化特色为基础，不断探索树立独具平阳地域风采的创新品牌，持续输出具有内涵的品牌内容。近年来，平阳县陆续推出了"艺苑星空""市民文化节""一村一团大联动""全民艺术普及周""会文课堂"等群文品牌。还有开展乡村艺术团、"一核多联"文艺团队联动机制、艺术课堂、"视觉长廊"月月活动周、"艺路同行"送培训下基层、艺苑星空、"艺家行动"文化志愿者活动等品牌活动。

近年来，平阳县文艺人才和文艺精品层出不穷，就像一颗颗璀璨的繁星点亮了平阳的艺术夜空。于是，"艺苑星空"品牌应运而生。从2016年至2023年，"艺苑星空"已持续举办7年，先后推出书画翘楚、摄影大咖、梨园名角、乐坛高手、鼓词名家、歌坛新秀等文艺人才专场展览和演出，并通过微信公众号进行推送宣传。在为当地优秀文艺人才搭建了一个个宣传展示平台的同时也为人民群众献上一场场文化盛宴，既展现了平阳文化艺术人才的风采与特色，又扩大了本地文艺骨干和文艺作品的影响范围，进一步助推平阳文化艺术创作繁荣与发展。

"一村一团大联动"是平阳县在建设乡村艺术团工作中诞生的品牌，通过因地制宜多模式化组建乡村艺术团，实现乡村艺术团16个乡镇全覆盖，

并在农村文化礼堂、乡镇及村（社区）文化服务中心等开展常态化的公共文化活动，各团之间优势互补，联合组织，集中力量开展各类赛事及活动展演、汇演。目前又设立了平阳县乡村艺术团总部，并全面推进乡村艺术团改革升级，实现乡村艺术团精简为 110 支，成员 10007 名。实现全县 16 个乡镇全覆盖、41%村（社区）覆盖。"一村一团大联动"更是温州市唯一一个获得浙江省公共文化示范项目的乡村艺术团品牌项目。

平阳县的"市民文化节"上连温州市民文化节，是当地规模最大、规格最高、受众最广的群众性文化活动。2014 年成立。其既有精彩的歌舞汇演，又有丰富的民间文艺，坚持勤俭办节、全民参与、互联互动的原则，"展、演、赛、评"等多种形式。全方位、多角度展现平阳县文化事业成果，全社会、多层次推动和组织社会各方力量参与。

以乡村艺术团、公益大联盟、越剧、曲艺、流行音乐、语言等专场演出为主要形式的"全民艺术普及周"充分利用"线上+线下"各类载体和平台，以群众喜闻乐见的方式普及艺术常识，真正将文化惠民、服务百姓落到了实处。"全民艺术普及周"期间，全民艺术普及统筹协调各线上线下文化资源，不断提升全民艺术普及活动的社会认知度，不断整合社会资源以满足不同群体不同阶段的艺术培训需求，同时组织开展丰富多彩的文化艺术活动，激发全民艺术原创活力等。

3. 创新管理机制，健全全民艺术普及网络

文化馆的总分馆制改革是国家破解基层特别是农村基层公共文化设施总量不足、布局不合理；面向基层群众提供的优秀文化产品种类不多、数量不足；基层文化资源缺少统筹协调和统一规划，难以有效整合，供需不对接等问题而做出的改革举措。为文化馆推行全民艺术普及作了先行组织架构铺垫。平阳县在积极推动文化馆总分馆制改革、探索全民艺术普及模式时，十分重视机制创新。他们根据全县人口、资源等要素进行统筹规划，制定相应的实施细则和服务标准，完善公共文化服务的管理和投入机制，

形成以平阳县文化馆为核心，覆盖城乡的文化服务网络，并努力实现资源最佳配置，做到有利于公共文化服务均等化发展，有利于全民艺术普及工作顺利开展。

为此，平阳县因地制宜建立了有自己特色的"总馆+分馆+社会普及点"总分馆系统，即以平阳县文化馆为总馆，以昆阳、鳌江、水头、萧江、万全、腾蛟等16个乡镇文化站以及金茂鳌江国际新城企业分馆和鳌江镇社会工作站为分馆，依托中、小学校和校外艺术培训机构建立的50个课外教育基地为社会普及点的"1+16+50"体系，成为覆盖全县的全民艺术普及网络的重要支点。

在打通全民艺术普及工作的"最后一公里"，乡村艺术团从中发挥着至关重要的作用。在团队管理方面，先后完善出台了"乡村艺术团"工作实施方案、组团申报制度、活动管理制度、财务管理制度、星级评定制度等一系列措施，逐步规范乡村艺术团的组建和管理，并对所有乡村艺术团纳入网格化管理。在乡村人才队伍建设上，通过建立基础人才与高端人才联动机制，发动县文化馆业务干部、乡镇文化员、文化下派员等业务骨干开展网格化服务，明确责任主体，通过"分片包干"制度，以"一对一""多对一"等形式结对乡村艺术团，加强对乡村艺术团的业务分类指导，助力乡村艺术团打造特色文艺团队，培养乡村优秀文艺人才，激发群众文艺创造活力，促进基层群众形成"自我创造、自我表现、自我服务、自我教育"模式。在活动管理方面，重视数字赋能，积极运用互联网技术来实现精准化管理。通过繁星计划打卡系统，以现场手机拍照打卡的形式，实时掌握乡村艺术团的动态活动数据，极大提升了工作效率。

同时，探索建立"乡村文化策划师"共建模式，培育"乡村文化策划师"不少于5人。挖掘文化能人、文化示范户等民间文化力量，组建三团三社259支，乡镇覆盖率达100%，招募一批懂文化、懂策划、懂村民的"三懂"文化策划师，积极探索以奖代补、纳入政府采购、引入社会力量等形式，提升师资水平，调动组建的积极性。如鳌江镇聘请国家一级演员回村里参

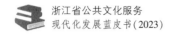
加乡村艺术演出和指导工作，形成各方参与、全力支持乡村艺术队伍建设的良好氛围。

(三)全民艺术普及效能评估体系的构建与完善

在推进全民艺术普及工作中，不仅努力构建创新的工作机制，还要积极探索与时俱进的评估体系。合理有效的评估体系能够准确地反映全民艺术普及相关工作中潜在的问题，从而有助于推动全民艺术普及工作的高质量发展。平阳县与时俱进，不断升级完善，探索建立了一套常态化的全民艺术普及效能评估体系。主要通过构建科学合理标准清晰的评估指标体系和第三方测评机制，并对指标进行加权赋值，量化全民艺术普及工作的绩效考核和效能评估，以保证科学合理、高效公正、公开透明。

1. 评估指标体系的构建

科学的评估指标体系是检验全民艺术普及效能的重要方式。通过深入调研，并结合文化馆工作实际，从全民艺术普及载体、内容、效果及对象等不同维度出发，将全民艺术普及效能评估分为公共文化资源评估(文化馆)、普及服务内容评估、文艺团队建设评估、服务效果评估、社会群众评估(第三方)5个一级指标，然后，采用三级树状式指标体系结构，将一级指标再细化分解出18个二级指标、49个三级指标。

2. 评估指标体系的权重分析

(1)常态化的指标评估体系。

前四个指标采用层次分析法(AHP)来确立各个指标的权重。该体系通过邀请相关领域专家、学者以及文化馆工作人员对各项指标重要性进行评判，并用SPSS进行确定和分析指标权重。

4个一级指标中公共文化资源权重比例最大，为44.525%，其次是普及服务内容，权重为34.354%，普及服务效果为7.754%。由此可以体现全民艺术普及的载体及工作内容是反映全民艺术普及效能的最根本维度；而将社会影响和意见反馈两个项目列入并占据3.836%的权重，这说明了全民艺术普及的宣传工作和群众满意度的重要性，全民艺术普及工作不仅要追求数量还要兼顾质量。

（2）社会群众评估体系。

主要通过第三方调查公司，采用实地走访和查看资料、实地入户调查、拦截调查等多种形式进行对全民艺术普及工作效果进行整体社会评估。评估调查以高质量全民艺术现代化体系为依托，以群众体验感知为出发点，采用客观行为与主观感知相结合，客观、真实、有效测评群众对全县全民艺术普及的满意率和普及率水平。具体调查指标体系分为全民艺术基础评价、全民艺术知识普及、全民艺术欣赏普及、全民艺术创作普及、全民艺术技能普及和全民艺术活动普及等，通过综合分析评价，从而得出平阳县群众中全民艺术普及率水平。

3. 文艺团队建设的考核评估细则

文艺团队作为全民艺术普及的重要载体，其团队建设的相关考核评估细则最为典型和最具代表性，因此本文将乡村艺术团和文化驿站的团队建设评估作为典型案例进行展示和分析。

（1）乡村艺术团的评星评级。

平阳县出台了《平阳县乡村艺术团管理制度（试行）》（平文〔2018〕131号），其中明确规定了乡村艺术团组织、会议、财务、考核等相关具体制度，以及星级乡村艺术团评定制度。乡村艺术团评星评级共设置了团队建设、制度建设、驻地建设、团队荣誉、活动开展以及附加分6个一级指标，16个二级指标，通过对指标进行加权赋值，量化乡村艺术团工作的绩效考核。

（2）文化驿站的考核评估。

文化驿站考核评估共设置了5个一级指标，17个二级指标，通过对指

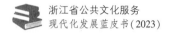
标进行加权赋值，量化文化驿站工作的绩效考核。

五、对策和建议

（一）在提升群众艺术素养方面

（1）加强文化部门和教育部门的交流合作，鼓励学校加强艺术教育，将艺术课程纳入必修课程，培养学生从小的艺术素养。

（2）加强同村、社区的合作，重视文化养老问题，在公共文化设施中做好适老设计，为老年人提供便利的艺术普及渠道。

（3）重视全民艺术普及数字资源的建设，积极依托数字化服务平台，提供多样化的艺术教育内容，方便群众随时随地学习。

（二）在师资建设和基础设施建设方面

（1）继续推进"请进来"和"走出去"相结合的全民艺术普及人才培养方式，壮大文艺志愿者的队伍。

（2）数字赋能全民艺术普及工作，依托数字技术开展远程指导、直播教学、在线释疑等，打破空间的限制，方便更多的老师参与到全民艺术普及工作中来。同时，也让一个老师能够服务更多学生提高服务效率。

（3）在保持对公共文化设施的持续性投入的同时，探索公私合作模式，鼓励社会资本投入文化基础设施的建设和维护。明确文化设施的管理责任和运营机制，确保设施得到充分利用。

（三）优化艺术资源配置方面

（1）建立公平的公共文化资源分配机制，确保资源能够均衡地分配到各个乡镇和社区。对于资源匮乏的地区，提供额外的支持和补贴，缩小地区之间的文化发展差距。

（2）完善资源流动机制，让发达地区和偏远地区连线，促进彼此间的文化艺术交流，让优秀的资源在彼此间流动起来。

（3）大力建设数字资源库，积极推广数字服务，利用互联网技术的优势破除因地理因素和历史原因造成资源配置不平衡的现状。同时要建立并不断完善与数字化服务相适应的工作机制和评价体系。

海宁市公共文化服务现代化先行县
创建工作调研报告

海宁市文化和广电旅游体育局

一、调研背景

　　党的二十大报告提出以中国式现代化全面推进中华民族伟大复兴，把丰富人民精神世界作为中国式现代化的本质要求之一，强调物质富足、精神富有是社会主义现代化的根本要求。在中国式现代化进程中，文化具有重要的地位。浙江省高度重视公共文化高质量发展，认为公共文化服务事关民生福祉、事关百姓生活品质，是"争创社会主义现代化先行省"和"高质量建设共同富裕示范区"的"关键变量"。为积极推进公共文化现代化先行，中共浙江省委办公厅、浙江省人民政府办公厅印发《关于高质量建设公共文化服务现代化先行省的实施意见》，并启动公共文化服务现代化先行县、领航项目建设，作为探索公共文化现代化先行的载体，书写忠实践行"八八战略"新篇章，奋力打造"重要窗口"新成果，助力建设新时代文化高地的重要内容。

　　为落实省委、省政府高质量建设公共文化服务现代化先行省的工作部署，2021 年浙江省文化和旅游厅在全省遴选公共文化服务现代化先行县、领航项目建设单位。根据创建标准，经过自主申报、市级推荐、专家答辩、公示等环节，在全省确定 13 家先行县创建单位和 10 家领航项目建设单位。开展公共文化服务现代化先行县创建调研，有利于全面总结创建工作成效，形成创建工作经验，梳理创建工作典型案例，为全省公共文化服务现代化先行区提供示范；有利于为人民群众提供品质高、内容多、形式新的公共文化服务，充分满足人民群众对美好生活的新期待。

二、海宁市先行县创建的主要做法

（一）加强组织领导

海宁市委、市政府将先行县创建作为贯彻落实国家、省市文化工作重要决策部署的工作抓手，成立了由市长为组长，市四套班子分管领导为副组长，市委办、市府办、市委宣传部、市财政局、市文旅体局等 33 个部门和镇（街道）为成员单位的创建工作领导小组。通过召开市委文化工作会议、创建动员会、领导小组会议、创建工作推进会等，加强对先行县创建工作的专题研究和部署推进，并将创建工作作为重点内容列入市委《关于推进新时代文化海宁工程的意见》。

（二）完善政策体系

完善政策配套与标准引领，制定出台《海宁市高质量推进公共文化服务现代化建设勇当共同富裕示范表率的实施意见（2021—2025 年）》，提出《海宁市公共文化服务现代化标准（2021—2025 年）》，细化 5 大项目、27 项内容、53 项服务标准。制定《海宁市创建浙江省公共文化服务现代化先行县实施规划》，并与之配套，每年由市委、市政府"两办"联合下发《海宁市公共文化服务现代化建设行动方案》，提出重点任务清单和责任单位，统筹推进创建工作。

(三) 强化要素保障

海宁市建立与公共文化服务现代化发展需求相适应的财政投入增长机制，文化事业费占财政支出比重逐年提升，创建期间年均投入公共文化事业费3.9亿元。成立由省级专家为主要成员的海宁市公共文化服务现代化先行县创建专家库，召开市公共文化服务现代化建设专家研讨会，为公共文化服务理论研究、创新探索指明方向。

(四) 形成工作合力

为有效落实创建工作各项目标任务，海宁市每年制定年度公共文化服务现代化建设行动方案，对创建任务加以具体落实，以全市之力推动创建工作高质量按时完成。注重加强创建工作宣传，利用新华社、人民网、中国日报中文网、中国网、浙江日报、文旅浙江、大潮网等国家和省市县各级媒体、网络平台，多频次、多渠道地围绕海宁市公共文化现代化建设、"15分钟品质文化圈"建设、全民艺术普及等工作内容开展宣传报道，不断营造浓厚的创建氛围，提高群众参与度、知晓度。

(五) 创新理论研究

海宁市紧紧围绕公共文化现代化发展的"需求导向""问题导向""实践导向"，通过建立常态化理论研究机制，发挥专家智库参谋作用，打通研究成果转化通道等举措，开创公共文化服务现代化理论研究工作新局面，助力先行县建设。海宁市制定《公共文化服务现代化先行县理论和制度设计实施方案》，开展多方、多轮论证调研，依托文化工作现实基础、优势资源和创新模式，围绕服务创新、文化惠民、效能提升等制度类型，深化对文化馆企业分馆建设等公共文化创新工作的实践探索，加强对创新工作的理论研究，构筑以文化馆企业分馆建设研究为核心，城区文体设施布局及功能分布、文艺人才创新培育研究等为辅的"1+X"理论研究体系。

三、海宁市先行县创建的主要成效

（一）一批新文化地标应运而生

海宁市对照创建设施标准，推动公共图书馆、文化馆（站）、博物馆等公共文化场馆设施升级和功能重塑。伊嘉塘城市馆群项目总投资超 40 亿元，包含大剧院、博物馆新馆、体育场等设施，目前完成项目国际竞赛方案最终成果评审，并成功纳入了"十四五"时期长三角一体化发展重大战略项目表。盐官音乐文旅项目内的个人演唱会馆、万国歌剧院到年底基本建成。王国维美术馆及国学馆项目土建进入收尾阶段，准备装修招投标。静安全民健身中心、鹃湖文体中心（新青年中心）、志摩剧场、射击中心新 4 号馆陆续建成。

（二）基层文化场馆设施焕新升级

许村镇、长安镇、周王庙镇、盐官镇、丁桥镇、斜桥镇、海昌街道等 7 个镇（街道）文化活动中心（全民健身中心）陆续升级，长安镇全民健身中心投入运行，斜桥镇文化活动中心基本建成。海昌街道文化活动中心年底结顶；许村镇、丁桥镇文化活动中心开工建设；周王庙镇、盐官镇文化活动中心均在年底前开工建设。借力社会力量，在许村镇龙渡湖畔建设"宏达书院"，构建书籍阅览、文化交流、休闲娱乐等多元人文空间，项目正在内部装修和外部绿化，预计年底完工。与浙江图书馆签订战略合作协议，建设高新区中央公园馆群项目，包含浙江图书馆长安分馆、高新区文体中心，促进场馆功能融合发展，目前已开工建设。每万人公共文化设施面积达6893.17 平方米，比创建前增长 33%。

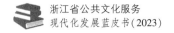
（三）新型文化空间引领潮流

海宁市以"便捷、普惠、实用、效能"为原则，建成一批群众身边的小而美的新型文化空间，并将其打造成为融入群众日常生活的有温度的文化社交中心，公共文化服务可及度进一步增强。创建以来，共新建静安智慧书房5个、健心客厅13个、礼堂书屋47个；新建文化馆企业分馆20个、非遗馆分馆9个、文化驿站5个；新建乡村文化名师工作室6个，乡村博物馆12个；新建"10分钟品质文化生活圈"216个，实现村社全覆盖。

（四）公共文化服务品牌持续擦亮

聚焦全民参与，办好"钱江（海宁）观潮节""潮音乐节""鹃湖音乐节""潮神祭祀"大典、"中国（海宁）徐志摩诗歌节""中国（海宁）王国维戏曲论文奖"、海宁市文化艺术节等重大品牌活动。扩大"静安"阅读品牌影响力，创新开展贯穿全年、全市联动、全员参与的"百场阅读"活动，优化"静安悦读汇"阵地活动，发布"静安风"阅读形象，市区静安智慧书房开展每日特色荐书、每周阅读互动、每月专题导读系列活动。创建以来，累计开展阅读推广活动2100余场，服务读者170余万人次。加强与浙江大学国际联合学院（海宁国际校区）文化交流合作，每年联合打造"传统文化体验日"品牌活动，荣膺第三批浙江省国际人文交流基地。在精品创作道路上持续攀登，创建以来，全市上下共获国家级荣誉13个、省级荣誉107个，其中荣获浙江省"群星奖"1个，嘉兴市"五个一工程"奖1个，省级金奖3个。重磅推出原创大型交响音乐会《大潮之上》，与《只此青绿》主创团队东方演艺集团合作，创作志摩主题大型原创舞蹈音诗剧，与中国美术学院合办创作"海晏河清"情景大秀。

（五）公共文化数智发展更为高效

创建以来，作为浙江省数字非遗馆试点工作，建设数字非遗馆1所，实施静安智慧书房、礼堂书屋智慧化改造 62 个，建设图书馆有声阅读空间，推出"云展厅""云舞台""云课堂"等"云"上展示平台，年线上公共文化服务参与人次达 200 余万人次。以公共文化场所智慧化管理为目标，横向打通宣传等部门的数字化设施设备资源、省智慧文化云 2.0 平台资源，纵向打通市镇村三级，打造公共文化场所"文化智慧眼"平台应用，对文化场馆设施利用率、服务受欢迎程度、人群需求等做出大数据分析，为评估基层公共文化场馆服务效能提供直观参考，并在 2022 年全省城市公共文化建设工作现场会上进行了经验推介。

（六）基层文化队伍建设深化发展

海宁市以委培方式培育引进大学生人才 3 人，充实镇（街道）综合文化站专业力量。在财力紧张情况下，克服困难，出台海宁市公共文化服务现代化建设相关补助政策，持续"加码"文化管理员、文化下派员薪酬增长机制，明确"两员"每年薪酬不低于上一年度公布的浙江省非私营和私营单位就业人员加权平均工资，"两员"年薪从 7.9 万元增长到 8.9 万元，财政每年多支出 200 多万元，且每年保持增长。同时，在原有落实"两员"公积金缴纳、健康体检的基础上，今年又增加了疗休养待遇，全方位保障队伍稳定发展。重视队伍培养管理，面向文化下派员，每月定期召开会议，每周定期开展培训；面向文化管理员、企业文化员定期开展"群文讲堂"等素质培训，提升队伍专业水平。持续强化文化阵地督导员制度，确保公共文化设施专配专用。重视文化志愿人才体系建设，实施文化示范户和乡村文化能人培育计划，修订《文化示范户培育与管理》地方标准，开展海宁市星级文化示范户评定，全市每个村（社区）均拥有文化示范户 1 户、乡村文化能人 2 人，提前完成指标任务。构建市镇村三级文化志愿者队伍，十万余文化志愿者活跃在潮城大地。培育了一批有特色、有影响、惠民生的文化志愿服务项目，如海宁市"光影中的'家'"项目十数年来坚持扎根基层、扎根人民，以镜头记录平凡感人小事，获得专家青睐，成为全省唯一成功入选

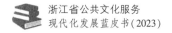
文化和旅游部办公厅、中央文明办秘书局联合发布的 2022 年文化和旅游志愿服务典型案例。"潮博工坊"文化体验志愿服务、共筑"爱阅"潮城——培育"阅读推广人"等 15 个项目、团队入选 2023 全省文化和旅游志愿服务优秀典型。

(七)公共文化创新发展示范彰显

1. 服务多元,在公共文化场馆服务功能拓展上率先突破

海宁市率先开展省公共文化场馆服务功能拓展先行先试综合试点,围绕场馆服务功能向内拓展和向外延伸两个方向,拓展服务内涵和服务半径,向市民游客提供内容更丰富、形式更时尚的文旅公共服务。延伸公共阅读、诗路文化、非遗实践等文化服务内容至景区,实现文化服务赋能旅游景区。通过先行先试,海宁市形成了具有一定推广价值的工作经验,打造了公共文化场馆服务功能拓展先行先试综合试点省级样板,该项工作顺利通过省级验收,且结果为优秀。

2. 人人可享,在公共文化服务群体覆盖提升上率先突破

创建以来,持续完善文化馆企业分馆体系,扩大企业分馆覆盖面,已累计建成文化馆企业分馆 37 家,制定了《文化馆企业分馆建设与管理规范》,并不断完善企业职工文化需求点单机制、文化需求供给的文化联盟机制、公共文化服务三维运营机制以及人才队伍选、育、用、留激励机制等四大机制,建立起以"市总馆—镇(街道)分馆—企业分馆"为主轴的公共文化服务供给渠道,实现文化队伍互通、文艺团队展演、企业与社会互联,进一步推进公共文化服务精准性。开展职工精神生活共同富裕调查研究,形成了《海宁市文化馆企业分馆促进职工精神生活富有发展报告》,发布了海宁市职工精神富有指数,评选公布了首批示范性企业分馆 4 家。

3. 品质供给，在公共文化服务保障水平提高上率先突破

为更好保障全市人民的公共文化权益，海宁市财政投入 80 余万元，积极探索开展文化保障卡建设，以"文化共富卡"为命名，加强与社会力量合作，纳入各类文化机构、市场经营主体 50 余家，推出普惠文化保障、特殊文化保障和激励文化保障，开发了"文化共富卡"数字服务平台，上架"浙里办"，文化保障优势突出。一是覆盖面广，以社会保障卡为载体，覆盖全市持卡人员达 80 万余人。二是实体虚拟结合，既可以用实体卡，也可以用虚拟卡，充分考虑了老人、小孩等没有智能手机的群体，确保他们同等享受文化保障权益，目前平台注册人数已达 5 万余人。三是关注特殊人群，针对低保人群等提供专项保障内容，2023 年为全市低保家庭学生发放了购书券。四是建立正向激励，引导群众通过线下公共文化场所打卡签到、参与文化活动等形式获取共富积分，带动公共文化场所服务效能提升。

4. 全民参与，在公共文化服务文艺赋美上率先突破

为不断提高人民群众的文化素养和幸福指数，海宁市以全民艺术普及为目标，深入开展文化沁润行动。以"文艺赋美潮城"为品牌，创新实施"文艺赋美"工程机制联建、队伍联组、品牌联创、资源联享、服务联动、活动联办的"六联"共建机制，成立海宁市"文艺赋美"联盟，今年累计开展"文艺赋美潮城"常态展演 3000 余场。在全市已实现"一村一品"全覆盖的基础上，开展"艺村艺品"精神共富村培育创建，制定评价标准，印发《"艺村艺品"精神共富村综合考评办法（试行）》，围绕特色文化主题开展重点培育，打造一批有品牌、有队伍、有活动、有阵地、有名师的全民艺术普及阵地，不断丰富群众精神文化生活。成功打造"艺村艺品"精神共富村 60 个，14 个创建成为首批示范村（社区），其品牌文化活动的村民参与人数均覆盖全村村民人数的 20% 至 60%。《海宁市"艺村艺品"精神共富村培育模式》获评 2022 年嘉兴市公共文化服务创新奖。

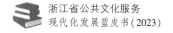
四、提升海宁市先行县创建成效的对策建议

(一)加强对创建工作的组织领导

1. 形成创建合力

创建工作是一项综合性工作,而不是文旅部门一家的工作。同时,创建工作又涉及经费、人员等重点事项,因此要建立创建地区主要领导为组长的创建工作领导小组,协调党委、政府有关部门单位和全体乡镇(街道)共同参与创建工作,建立创建工作协调机制,落实职责任务。要严格按照创建工作规划和创建具体标准,对标对表,不折不扣地加以推进和落实。

2. 加强过程管理

要将创建工作纳入党委、政府议事日程,纳入人大、政协工作内容,纳入政府工作目标责任制考核范围。依托创建地区督导、考核考评等部门力量,每季度对基层进行走访指导督查,强化过程管理,确保创建指标落实到位。

3. 营造创建氛围

要加强与本地新闻媒体的联系,有条件的可开设专版专栏,定期宣传报道先行县创建实绩,利用新媒体、自媒体宣传创建中涌现的典型案例,进一步提高群众的文化参与度,提高广大群众对创建工作的知晓率和满意度。要积极与国内外重点媒体对接,及时报送刊发创建工作的典型经验,扩大创建工作的影响力和知名度。

（二）进一步加强创新理论研究

1. 加深对理论研究重要性的认识

《中共中央关于党的百年奋斗重大成就和历史经验的决议》将"坚持理论创新"作为中国共产党百年奋斗的历史经验之一。在公共文化现代化先行县、领航项目建设中，也要大力加强理论创新。制度设计既是创建要求的"规定动作"，更是高质量创建的"必要动作"，没有理论指导的创建工作必定是蛮干，难以形成高质量的创建成果。

2. 加强对理论研究的组织实施

作为县级单位，部分创建单位研究力量薄弱是客观事实，委托第三方开展力量研究也是可行之路，但不能将制度设计工作一包了之。要学习借鉴国家公共文化服务体系示范区制度设计的经验，按照"三三制"（高校和研究机构学者、文化行政主管部门管理人员、公共文化机构负责人）原则精心组织研究团队。要加强对创建工作的过程制度，不能等最后验收时交一个文本了事。

3. 加大理论成果的实践转化力度

制度设计研究既是理论研究，又有别于一般的理论研究，其主要任务不仅仅是写一篇报告、发几篇论文。制度设计成果的生命力在于实施。要根据理论研究结论，加强成果转化，及时制定出台相关政策文件，形成创新案例，体现创建工作的实践价值。

（三）积极探索新型公共文化空间的新型运营机制

1. 进一步优化新型公共文化空间布局

尽管海宁市公共文化设施建设基础比较好，但仍然存在设施覆盖的空白点和盲点。在公共文化服务高质量发展阶段，城乡一体的公共文化设施建设，应以新型公共文化空间建设为契机，建立起公共文化设施、资源和服务与常住人口、服务半径挂钩的制度，消灭设施和服务覆盖的盲点，强化薄弱环节，进一步健全覆盖城乡、便捷高效的空间设施网络，为全体人民精神生活共同富裕奠定坚实基础。

2. 进一步优化新型公共文化空间场景

目前海宁的公共文化空间主要以阅读空间和艺术空间为主，在新型公共文化空间建设的起步阶段，这种选择无疑是比较适合的。但随着新型公共文化空间建设的进一步发展，要改变"空间即建筑"的观念，构筑包括建筑、广场、公园、街角、场景等多样化的"空间体系"。大力发展"嵌入式"空间场景，让公共文化服务嵌入商圈、嵌入社区、嵌入公共场所、嵌入人流密集地。强化农村、基层等新空间与乡村旅游、产业、政务等公共服务功能上的融合，创造出更多的开放式、包容性、融入生活的新型空间与场景，呈现出全新服务业态。

3. 进一步创新新型公共文化空间运营管理机制

如前文所述，目前海宁市新型公共文化空间主要依托现有文化管理体制进行运行。应在强化各级政府的主体责任基础上，不断完善新型公共文化空间的运营管理机制，营造有利于社会化运营管理承接主体谋划长远、创新服务、打造品牌的发展环境。一方面应明确社会化运营管理承接主体的准入资质条件，建立社会化运营管理承接主体的退出机制；另一方面，构建新型公共文化空间社会化运营管理的政府购买基本公共文化服务的经费测算机制，建立起社会化运营管理的政府托底机制。同时，还应探索建立普惠性非基本公共文化服务优惠收费机制，形成对社会力量运营管理的激励机制。

(四)进一步增强公共文化服务实效性

1. 要进一步提高供给能力

当前,随着经济社会发展和生活水平的提高,人民群众对文化的诉求也不断提升,对公共文化的需求呈现出个体性与多样化的特征。因此,要坚持以动态的、多元的治理手段和方案,发挥中华优秀传统文化、革命文化和社会主义先进文化的资源优势,打造一批常态化、品牌化的文化活动,开展文艺演出、艺术培训、诗文朗诵、文化讲座、视频展播、在线课堂、展览展示及民俗文化活动等高质量的艺术普及活动,满足人民群众对公共文化产品以及公共文化服务多样化、多方面、多层次的需求。

2. 进一步强化供需精准对接

人民群众是公共文化服务享受和参与的主体,在开展公共文化服务工作中,必须牢牢抓住新时代人民群众对文化需求的新期盼。人民群众满意不满意是检验公共文化服务实效性高低的试金石。要进一步完善"订单式""菜单式""预约式"服务机制、统筹做好特殊群体公共文化服务供给、积极适应老龄化发展趋势开展公共文化服务、面向残障群体打造无障碍服务体系。要立足深入开展供给侧结构性改革,推动建立综合性公共文化产品与服务平台,组建以兴趣爱好和特长为纽带的高黏性粉丝文化社群,为构建新型服务提供与反馈模式、真正精准对接人民群众的文化需求。

3. 进一步推动公共文化服务融合发展

优化公共文化资源配置、提高公共文化资源的综合效益,是制约增强公共文化服务实效性的瓶颈。公共文化服务能够在与文化产业融合发展的过程中提升自身水平。海宁市在公共文化融合发展上已经做了一些探索,例如公共文化服务保障卡与新华书店融合等。海宁市可以积极探索政府公

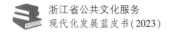
益性文化资金也可以适时、适当地对人民群众购买图书、电子文献、数字电视内容等给予补贴,从而撬动文化消费,促进文化产业发展繁荣,培育公共文化服务新业态新模式。要进一步坚持开放共享理念,加强公共文化服务与农业、卫生、科普、民政等领域惠民项目的跨界融合发展,优化公共文化服务发展生态、增强公共文化服务发展新动能。

(五)进一步推动公共文化服务社会化发展

1. 深入推进政府购买公共文化服务

政府向社会力量购买公共文化服务,是增加服务供给,更好地满足人民群众日益增长的精神文化生活需求的重要渠道,也是进一步转变政府职能、深化文化体制改革的重要途径。从实践看,海宁市政府向社会力量购买公共文化服务体系存在主体过于单一、资金投入不足等问题。要进一步深化改革,扩大政府向社会力量购买公共文化服务主体范围。要进一步加大资金投入,有计划、有重点地培育一批专业性强的社会文化机构,鼓励更多社会力量参与提供公共文化服务,逐步构建多领域、多层次、多方式的公共文化服务供给体系。要进一步加强宣传引导,充分利用各种媒体,充分调动社会参与的积极性,为推进政府向社会力量购买公共文化服务营造良好的工作环境和舆论氛围。要进一步优化服务购买流程,建立以项目选定、信息发布、组织采购、项目监管、绩效评价为主要内容的规范化购买流程,便于购买主体监管。健全由购买主体、公共文化服务对象以及第三方共同参与的综合评审机制。

2. 进一步创新社会力量参与公共文化服务方式

海宁市要引入社会力量和市场机制深化现代公共文化服务供给侧结构性改革,进一步推动公共文化高质量发展。调研中,海宁市有民营企业提出独资建设企业图书馆并免费向公众开放。这是民营企业出资兴建公共文化实体迈出的重要一步。海宁市要借此契机，积极探索通过经济激励、名誉褒奖和资源回馈等方式激励社会力量参与公共文化设施建设运营和服务供给，允许社会力量提供优惠收费的普惠性非基本公共文化服务，鼓励以联合创作、机构赞助、社会众筹等方式扩大社会力量参与渠道，多维度开展文化惠民服务。

3. 进一步培育壮大文化类社会组织

国际经验表明，文化类社会组织在文化治理体系中可以发挥"第三部门"的作用，它与政府、市场所承担的公共文化服务职能相辅相成，在资源动员、服务提供、活动实施、运营管理等方面具有专业化的能力和独特的作用，是政府以社会化机制和方式提供公共文化服务的主要依靠力量之一。公共文化服务社会化发展必然要求形成提供主体多元化的格局。目前海宁市文化类社会组织的发育程度低、单位数量少，绝大部分馆办文艺团队和群众业余文艺团队并不符合真正意义上的社会组织要求。因此，要进一步培育和规范文化类社会组织。要积极推动自发性文艺团队组织升级转型为文化类社会组织。要积极协调民政等部门简化文化类社会组织的登记手续，扫除在成立登记方面繁琐的程序障碍。要加大政府购买服务向文化类社会组织倾斜，开辟文化类社会组织的资金来源渠道，培育其造血机制，夯实文化类社会组织提升服务能力、持续发展的基础。要加强政府监管和社会监督，引导和指导文化类社会组织建立健全内部治理结构，完善财务、资产、人员、绩效的管理和评估制度，形成良好的服务信誉，依法依规承接、提供公共文化服务。

创新引领公共文化服务高质量发展的"桐乡实践"及建议

桐乡市文化和广电旅游体育局

一、调研背景

"古有梧桐，凤凰来栖"。近年来，桐乡市紧紧围绕"建设人文名城、打造风雅桐乡"的战略目标，秉承"共同富裕，文化先行"的宗旨，结合地方特点及优势，依托丰沛的文化资源，在建设人民满意的公共文化服务体系上守正创新，不断探索，奏响"风雅桐乡"十二乐章，在公共服务上取得了卓越的成绩，屡次创下嘉兴和全省第一，成为嘉兴地区和浙江省公共文化服务创新的先进典范。本调研旨在深入总结桐乡市公共文化高质量发展中的创新实践，解码公共文化服务创新深化的"桐乡经验"，剖析桐乡公共文化建设中存在的问题，为桐乡公共文化服务高质量发展提供对策建议。

二、经验做法

(一) 在三级公共文化服务体系中打造桐乡文化生态群落

1. 建设高品质三级公共文化服务体系

(1) 一个总馆，擎领"桐"色文化体系。

以桐乡市文化馆为核心，镇(街道)文化站、村(社区)综合文化服务中心为主体，建成"设施成网、资源共享、人员互通、服务联动"的文化馆总分馆服务体系，创新城乡新型公共文化空间，着力打造桐乡文化生态群落，打破单体文化馆图书馆各自为政、封闭管理、孤岛运行等弊端，确保公共文化服务供给总量和供给形式的丰富性、多元化。桐乡市文化馆的总分馆制由桐乡市文化馆负责统筹组织、盘活各地的文化"存量"，建立资源共建共享的制度，各支馆负责落实服务，在延伸总馆的基础上，发挥主观能动性，积极推进社区、乡村文化"嵌入式"服务，形成一个池塘，一池春水，多处争春花共发的局面，既做强了总馆、做活了分馆，又实现了数字文化资源的共建、共享、共用。

(2)两种模式，助力桐地人才生长。

文化人才服务支持是桐乡市公共文化服务体系运行顺畅的基石。在文化馆总分馆体系内，桐乡市于2014年启动"文化下派员"和"文化专职管理员"两种人才保障模式，至今已实现了全市11个镇(街道)、176个行政村的"两员队伍"全覆盖，成为了市、镇、村之间重要的文化纽带，不仅有效缓解基层文化人才队伍建设薄弱的问题，而且充分保障了文化馆总分馆体系的有效运转。"文化下派员"主要由文化总馆向各分馆下派，担任分馆的业务指导，定期在分馆间流动，作为"文化纽带"紧密联系总分馆；"文化专职管理员"则在基层乡村内部选拔，负责基层文化阵地管理、文化队伍组建、文化活动开展等开展具体工作，成为百姓的"文化管家"、大舞台的总导演、"文艺共富"的走心人。各村镇的舞蹈队、舞狮队、书法队和美术队等多种特色民间艺术团队相继组建成立，形成了"一村一艺"、"一村一品"、村村有精品、村村有特色的全民热爱文化艺术的氛围。

桐乡市文化总馆负责"文化下派员""文化专职管理员"的知识、文化和业务素养培训。总馆全年开设"文化下派员"培训班，形成"总馆招、乡镇用"的人才管理模式。在"文化专职管理员"队伍培训方面，桐乡市文化馆秉持"充分发挥特长，积极提供平台"的发展策略，目前有近200名的村级文化专职管理员且专管员流动性较小，形成了稳定的基层文化建设队伍，

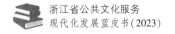

成为桐乡市基层文化建设的"生力军"。

（3）三级建设，共筑桐式文艺高地。

桐乡市文化馆采取三级圈层，打造"风雅桐乡"的文化艺术高地。一是市文化馆服务设施全面升级。对文化馆的硬件和服务设施进行升级改造，提高总馆的数字化、便民化的服务水平。二是乡镇文化站建设全面推进。桐乡市共建成镇（街道）文体站（文体中心）11个，实现省一级站全覆盖，其中省特级站占比超70%，6个镇（街道）获评浙江省文化强镇，13个村获评浙江省文化示范村。2018年建筑面积达4800平方米的河山镇体艺中心投入使用、2020年16000多平方米的濮院镇文化艺术中心建成开放，2023年5400多平方米的大麻镇文体中心建成开放，从硬件上充分地满足了当地文化艺术发展的需要。在建的丰子恺艺术中心，总投资约13.9亿元，总建筑面积约11万平方米，建成后将成为桐乡文化新地标。三是村综合文化服务中心（文化礼堂）全面覆盖。截至2023年4月，桐乡建有具备文化、体育、教育、科普服务功能的村综合文化服务中心（文化礼堂）176家，其中省五星级农村文化礼堂27家、嘉兴市四星级农村文化礼堂28家。在176个行政村综合文化服务中心全覆盖的基础上，深入实施"百千万"重点村提升计划，加强了设施提升和管理运行的水平，进一步发挥了村级文化阵地实效，保障了公共文化服务"最后一公里"畅通。

2. 实施四新计划，促进高效化公共文化服务

（1）赋新文化惠民形式。

桐乡市文化馆整合基层文化资源，每年组织"文化送福""摄影下乡""非遗进乡村""戏剧进礼堂"等进校园、进企业、进社区、进文化礼堂等各类惠民服务活动。推进"三送一走"（送戏、送书、送展览和文化走亲）、"三团三社"（乡村艺术团、乡村合唱团、乡村民乐团、乡村书画社、乡村摄影社、乡村文学社）、"158"活动（每村每月组织1次看电影活动，每年5次"送戏下乡"演出和8场文体活动）建设，以精准专业的服务打通服务农村

群众精神文化生活的"最后一公里"。

（2）拓新数字文化服务。

充分应用浙里文化圈、智慧文化云、数字非遗馆等平台，点击一站式服务链接，提供"线上+线下"双向互动的公共文化服务，实现全链条式闭环管理。团队点导师、群众点培训，年度对接匹配举办各类活动超 2000 场次，触达群众 20 多万人次，精准提供公共文化服务。

（3）筑新文化生活圈服务。

贯彻落实《嘉兴市公共文化服务均衡发展促进条例》，桐乡市文化馆以城市(乡村)书房、"健心客厅"、乡村博物馆、文化驿站、名人故居等一处处公共文化设施为核心点，打造"15 分钟品质文化生活圈"，培育五星级"10 分钟品质文化生活圈"，把形式多样的文化生活服务送到群众家门口。

（4）创新场馆运营体制。

第一，推动文化场馆运营体制改革。推动桐乡市会展中心大剧院与加入优质演艺服务矩阵，如 2023 年度开展演艺活动 14 场次，票房收入 77.12 万元。第二，探索农村文化礼堂社会化运作。通过"文化管家"、文化结对、专业团队入驻等实现迭代，乌青剧社、浙江传媒学院等在试点文化礼堂年度开展原创礼堂沉浸话剧、课程培训、舞蹈比赛等活动不少于 400 余场。

3. 开展三美工程，探索精准化公共文化供给

（1）城乡文化共美。

桐乡市文化馆紧紧围绕共同富裕大主题，以艺术振兴乡村为小切口，充分挖掘乡村特色文化资源，不断提升乡风文明和乡村文化品位；以"扎根群众、服务群众"为目标开展"文艺赋美"工程，聚焦常态化机制建设和全员参与氛围培育；以省文艺赋美工程为统领，整合社会资源组建"桐乡市文化艺术联盟"；以群众多样化文化艺术需求为导向，开展"风雅·蕴——艺共享"文化快闪，打造"风雅·蕴——艺共享"全民艺术普及品牌，开设艺术类课程、讲座和展览等普惠全民。

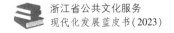

(2)全民艺术尽美。

桐乡市文化馆积极实践"文艺赋美"工程，如 2023 年组织举办了桐乡市全民文化艺术季活动，重点举办了纪念"八八战略"实施 20 周年暨首届桐乡市文化艺术节开幕式展演、"风雅桐乡三十年"系列主题展、第九届群众文艺菊花奖以及其他丰富多彩的全民文化活动。桐乡市镇村三级馆积极参与，是桐乡公共文化发展历史上首次全民发动、全民参与、全民创意、全民生产的文化艺术活动。

(3)桐味民俗敦美。

桐乡市文化馆结合"风雅桐乡"十二乐章，围绕春节、清明、端午、中秋等传统节日，推动乡镇举办"我们的节日"系列民俗展示展演、"我们的村晚"等群众性文化活动，持续培育屠甸镇元宵灯会、河山镇清明轧蚕花、崇福镇端午龙舟竞渡、开发区(高桥街道)中秋乡村民俗节等，打造了"一镇一品""一村一韵"等系列品牌活动，形成"村村有队伍、月月有巡演、年年有展演"的文化氛围。

(二)在聚力文脉赓续文化中打造桐乡公共阅读新空间

1. 建设高品质公共文化阅读的三级空间

(1)市馆统领全域。

桐乡市图书馆是国家一级图书馆，是全国首批 70 家达到"满意图书馆"服务标准的公共图书馆之一。桐乡图书馆新馆建筑面积 20673 平方米，馆内藏书量高达 90 万余册，报刊 750 余种，可供阅览席位达 1200 多座，日均接待读者超 5000 人次。自 2018 年起，以桐乡市图书馆为龙头，以各镇(街道)图书分馆为枢纽，伯鸿城市书房、伯鸿乡村书屋(礼堂书屋)为支点，伯鸿书屋、伯鸿校园书屋、汽车流动图书馆为补充，打造市、镇、村三级公共文化阅读服务体系，完善桐乡市书籍借阅系统，推进馆际联网，实现全市范围的图书通借通还。总馆全年无休，实行 365 大开放，每周开放 79 个小时，每周错时开放长达 39 个小时。

（2）镇村多线响应。

伯鸿系列阅读平台在市区和崇福、濮院、乌镇等 11 个县镇建立图书分馆，各图书分馆根据各县市的历史文化渊源和图书资源现状进行特色化构建。村级层面，在市镇两级的支持下，整合乡村农家书屋资源，将原有的农家书屋优化升级成为伯鸿乡村书屋，使农家书屋、礼堂书屋、智慧书屋融合为一，形成"大门常开、活动常有"的格局，以乡村书屋"小阵地"涵养精神文明"大粮仓"，拓展出政治教化、文化娱乐、课外教育、文化传承等功能，充分发挥文化聚集效应，成为"三治融合"示范亮点工程。

（3）点位流动串联。

桐乡市在全市设置 17 个汽车流动图书馆服务点。流动车上配备智慧型借阅设备，流动车定时定点开往距离公共图书馆距离较远的人员聚集区的公共区域以及外来务工人员聚集区、新居民子弟学校、福利院、看守所、老年公寓等特殊区域服务点，解决市民因距离问题不能享受到公共图书馆服务的问题。同时，政府还鼓励企事业单位在单位内部自主建立伯鸿书屋，打造具有体系化的"精神粮仓"，点亮市民的精神文化生活。

2. 创立公共阅读服务管理的三三机制

（1）书屋服务覆盖三级。

2018 年，桐乡市制定出台了《关于建设伯鸿城市书房（书香驿站）的实施方案》，并率先在市区以及崇福、濮院、乌镇、洲泉等中心镇区进行伯鸿城市书屋试点建设，截至 2023 年已建立起 19 家伯鸿城市书屋，年人均接待读者近 300 万人次，实现桐乡市乡镇街道三级全覆盖。

（2）运营模式坚持三共。

桐乡市图书馆根据总分馆模式的特点，以"资源的共享、服务的共做、活动的共推"的"三共"原则为业务指导，由市图书馆负责伯鸿城市书房的业务、服务、活动的指导和监督。日常管理采用"双重并行"策略，即固定工作人员和志愿者并行的管理模式。固定工作人员负责城市书房的日常管

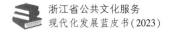
理、资源服务、阅读推广、活动开展。志愿者由桐乡市图书馆负责统一招募，纳入市志愿会，由总馆统筹安排志愿服务人员、服务时段，协助工作人员管理城市书房的运维。

(3)形象管理三个统一。

伯鸿城市书屋采用"三统一"品牌建设路径，即采用统一名称和形象标识，统一配套的门禁和监控系统、图书自助借还系统，以及由市级财政统一下拨的图书采购经费。伯鸿城市书屋以"智慧型书屋"为标准，配备智慧化图书借阅系统，提供自助图书借还、自主信息查询等多项服务。书屋的建设助力桐乡形成书香城市，点亮书香之城。

3. 聚力打造书香城市的三个坚持

(1)坚持"以人为本"打造"伯鸿讲堂·桐乡"。

桐乡市充分挖掘丰富的名人品牌资源和历史文化资源，坚持以桐乡特色人文为起点，让桐乡市公共文化服务回归到"人"本身，提升桐乡市公共文化阅读品牌的内涵，打造了雅俗共赏、志在文脉传承的"伯鸿讲堂·桐乡"。"伯鸿讲堂·桐乡"2018年开设，是桐乡市图书馆与中华书局携手创办"高层次、高规格、高标准"的全民公益讲座品牌。"伯鸿讲堂·桐乡"由中华书局负责内容选题策划，桐乡市图书馆负责观众组织、前期宣传、二次传播等工作，师资来自国家社科院、北京大学、上海交大、国防大学、武汉大学、中华书局等国内著名大学和学术单位，讲堂内容涵盖历史、哲学、文学、艺术、科学、经济等方面，极大提升了桐乡市公共文化阅读的层次和品位。

(2)坚持"以地为本"打造"桐乡记忆"系列讲座。

"桐乡记忆"系列讲座于2020年5月开设，是桐乡图书馆与梧桐阅社联合举办推出的线上云直播系列讲座。讲座以"桐乡人讲桐乡事"为主题，邀请桐乡本地或周边地方文史研究学者，依托桐乡市传媒中心，以线上云直播的形式，每月一期(一般在周五晚上)，以桐乡本地乡土人情、文史典故、名人轶事、桥梁寺庙等内容为主题的分享，致力于讲好桐乡人自己的故事，传承好地方优秀传统文化，激发广大市民"我爱桐乡"的情怀。

（3）坚持"以文为本"打造两大全国阅读奖项。

为了促进桐乡文化的对外传播，营造全民阅读良好氛围，桐乡市坚持"以文为本"聚力桐乡文脉，设置了两大全国性的阅读文化类奖项。

一是"伯鸿"书香奖。"伯鸿"书香奖是 2013 年由中华书局、桐乡市人民政府共同发起设立的国字号阅读推广活动品牌，首次将"伯鸿"品牌突破地域限制，推向全国。"伯鸿"书香奖倡导经典阅读尤其是中华传统文化经典阅读，下设组织奖、个人奖和阅读奖三类奖项。该奖每两年举办一届，截至目前已成功举办六届，每届阅读主题分别为丰子恺、《论语》《诗经》《史记》和苏东坡。桐乡本土的梧桐阅社、桐乡女作家协会分别获得第一届和第四届"伯鸿书香奖·组织奖提名奖"。目前已有 40 部经典图书面向大众推荐，"伯鸿"书香奖在全国范围内挖掘了一大批推广阅读的民间力量，在推动全民阅读上产生了深远影响。

二是"金仲华国研杯"奖。2014 年 6 月，桐乡市人民政府携手上海市国际关系学会、上海国际问题研究院将"上海国研杯"国际问题学术征文及论坛改名为"金仲华国研杯"，颁奖地点设立在桐乡，迄今已成功举办 15 届。"金仲华国研杯"奖聚焦国际议题，邀请资深研究员组成评审委员会进行文稿评审，并在桐乡召开学术研讨会及"金仲华国研杯"颁奖典礼。"金仲华国研杯"奖弘扬金仲华先生的治学精神，以奖项激励学界后辈，为国际关系青年学者的成长增添新的动力。在"金仲华国研杯"举办过程中，桐乡公共文化阅读不断提升自身品牌活力，高维传播，向全国展示了桐乡文化品牌的实力。

（三）在微改精提丰富内涵中打造桐乡文旅深体验

1. 多点布设小而美的多功能旅游驿站

（1）微改驿站"桐乡有礼"。

桐乡市的旅游资源丰富、文化旅游特色明显。自 2021 年起，桐乡以公共旅游服务质量提升作为旅游的关键发展要素，以"标准化建设、多功能集成、多维度展示、高质量服务、个性化特色"为目标，着力建设桐乡市旅游驿站，统筹城乡旅游休闲空间布局，完善文旅设施网络，满足人民群众不同层次的旅游服务需求。

集多元化功能于一体的旅游驿站建设是一项惠民工程，不仅是桐乡市旅游公共文化服务的"重要窗口"，更成为桐乡公共文化服务的唯美新地标，是"桐乡礼仪"与"桐乡礼物"文化旅游、文创产品传播和销售的平台。目前，桐乡市的高铁桐乡站广场旅游驿站、石门镇旅游驿站和崇福镇旅游驿站被评为"浙江省二级旅游驿站"。桐乡市旅游驿站成为微美旅游"第三空间"和新型城市文旅品牌传播接触点，向各地游客传递着桐乡的文化，展示"桐乡有礼"的文化风貌。

（2）精提驿站"桐乡厚礼"。

桐乡市建设有多个旅游驿站，每一个旅游驿站都提供给游客贴心的服务、旅游大礼包，展现出"桐乡厚礼"的文化印象。

高铁桐乡站广场旅游驿站是桐乡市最早设立的旅游驿站。驿站全年365天向游客开放，为游客提供旅游信息咨询、特殊人群关怀、应急医疗救援、免费书籍赠送等服务。驿站内设有桐乡特色文旅商品和非遗产品展示，包括蚕丝、菊花、乌镇手工艺品等，成为新型城市传播媒介，向全国游客传播桐乡市优质非遗文化。

石门镇旅游驿站位于桐乡市现代农业创新服务中心，建筑面积2000多平方米，为游客自驾、骑行、徒步等提供休憩、信息、补给、体验以及文化服务，是集特色非遗文创展示区、农产品展销区、创客聚焦区、智慧旅游展示区、创意书吧等为一体的综合性服务驿站空间。

崇福镇旅游驿站位于崇福镇农创园农创大院旁，面积约240平方米，设有阅读、旅游、文创、体育健身等服务，结合崇福镇农创园建设，提供乡村旅游服务。

2. 重点打造多而精的博物馆群落

(1)横向拓展特色名人馆。

在横向层面，依托桐乡市博物馆拓展特色名人馆。新建的桐乡市博物馆新馆建筑面积9518平方米，展陈面积近5000平方米，由三个馆组成。桐乡市博物馆除了设有《风栖梧桐——桐乡历史文化陈列》《琢玉良渚——良渚文化玉器精品展》《翰墨撷英——馆藏古代书画精品展》三大基本陈列外，着力打造桐乡名人IP，建设茅盾纪念馆、丰子恺纪念馆、徐肖冰侯波纪念馆、君匋艺术院、金仲华纪念馆、钟旭洲钱币艺术博物馆等名人博物馆。其中茅盾纪念馆、丰子恺纪念馆影响力较大，2023年8月第十一届茅盾文学奖在桐乡乌镇举办，"丰子恺"也已成为桐乡重要的文化标签，"子恺文化"也已成为桐乡人民的文化灯塔之一。

(2)纵向改造乡村博物馆。

在纵向层面，桐乡市垂直建设40多家乡村博物馆，其中有9家省级乡村博物馆。乡村博物馆整合了桐乡本地独特历史文化资源，主要通过乡土文化展陈、文创产品展售、手工体验、拓展教育等方式，对乡村景观进行改造、功能区进行提升，传播乡村特色文化，反哺乡村建设，将乡村博物馆融入村民生活和乡村发展。乡村博物馆经常与学校和社区联动，开展博物馆研学活动，是桐乡乡村文化旅游的打卡地，也是桐乡民间文化的展示窗和教育的窗口。

(四)在守匠心开创意中打造桐乡非遗文旅流量

1. 率先探索非遗传承保护体系建设

(1)构造"1+X"非遗传承保护体系。

桐乡在全省率先建设非遗馆总分馆体系，践行"见人、见物、见生活"的非遗保护工作理念，制定出台《关于推进非遗馆总分馆体系建设的实施意见》，重点发挥生产性保护基地、传承人工作室、文化创意企业、行政村等社会力量的能动性，构建起以市级非遗馆为总馆，镇街专题馆为分馆的"1+X"非遗总分馆体系，建成综合性非遗馆总馆1家，专题性非遗分馆6家（蓝印花布分馆、蚕俗分馆、竹编分馆、麦秆画分馆、藤编分馆、濮绸分馆），鼓励企业、个人工作室等社会力量建馆，以1年设立1~2个分馆的目标逐年推进分馆建设，确保每个分馆都具备非遗活态属性，让群众更广泛、更直接、更身临其境地感受、体验桐乡非遗。

截至目前，桐乡有1个人类非物质文化遗产项目（桐乡蚕桑习俗）、3个国家级非物质文化遗产项目（含山轧蚕花、高杆船技、蓝印花布印染技艺）、22个省级非物质文化遗产项目、82个嘉兴市级非物质文化遗产项目、146个桐乡市级非物质文化遗产项目，以及2名国家级非遗代表性传承人、21名省级非遗代表性传承人、62名嘉兴市级非遗代表性传承人，非遗保护和传承已成体系。

（2）率先探索"数字非遗馆"建设。

桐乡在全省率先探索"数字非遗馆"建设，成功入选省文化和旅游数字化改革试点，探索非遗项目和传承人保护、非遗与国民教育、非遗与旅游融合发展系统化管理机制。完善"桐乡数字非遗馆"数改项目，动态更新"非遗项目""非遗旅游""非遗教育""非遗知识图谱"等内容，推进非遗三色预警算法建模库建设，开展算法模型内容框架搭建，努力使桐乡数字非遗应用成为全省数改样板。

（3）开启非遗文旅融合发展。

桐乡市非遗馆总分馆体系创建，力求打破传统展示馆"建一座房子，放几块展板"的固有概念，实现从形式到内容再到功能上的优势互补、融合发展。举办"传承人对话设计师"中国传统染缬技艺论坛，结合春节、元宵等传统节日举行清明轧蚕花、端午民俗风情、重阳民俗活动等地方民俗活动，水乡寻梦研学游活动等，开启文旅融合发展创新之路。

2. 助力非遗文旅携手跨圈创新

（1）非遗传承创作携手流行艺术。

桐乡市非遗传承与时俱进，"守艺"不"守旧"，探索"产品标准化"保护模式和非遗知识产权保护路径，让非遗 IP 在创意中"跨界"。例如，在2023 年 3 月，竹编非遗传承人钱利淮受邀为"宝格丽 Serpenti 系列 75 周年传世蜕变"珍藏艺术展制作艺术装置《洞天灵蛇》，充分展现了他对非遗技艺的创新性和国际视野。8 月，他还以"中国竹编的现在进行时"为主题，在日本东京举办个人展览，现场作品全部成交。其作品还在杭州亚运村、第六届中国国际博览会中国馆展出，为陈庄村的竹编传承增添了发展活力。

（2）非遗表达方式携手表演艺术。

非遗文艺精品舞蹈《蚕花水会》由桐乡市文化馆、桐乡市舞蹈家协会、桐乡市洲泉镇文体站参演，荣获浙江省民间音舞大型广场展演最高奖项——"魅力之星"。《蚕花水会》舞蹈以洲泉镇祭祀"蚕神娘娘"庙会和特色非遗资源为主要素材精心编排，创新非遗表达方式，实现桐乡非遗的传承从"群众观看"到"群众参与"的转变。

3. 强基固本推动非遗传承教育

（1）建设非遗展示教学阵地。

桐乡市全面铺开非遗主题特色街区建设，2021 年，投入 300 万元用于创建浙江省蚕桑丝织文化传承生态保护区，打造杭嘉湖地区蚕桑丝织文化传承保护的桐乡样板。2022 年，又安排文化遗产保护专项经费 1000 万元，用于场馆建设、文物保护等；还通过开展非遗"进校园、进乡村"文化传承活动，以"非遗公开课"的形式，举办"淘艺吧"公益培训、技艺非遗传承人群研培计划、传统工艺大赛等，开展全民普及和传承人群培育，累计开班近 200 次。截至目前，桐乡市累计建成省级非遗传承教学基地 1 个、嘉兴市级非遗传承教学基地 1 个和桐乡市级非遗传承教学基地 19 个。

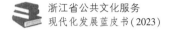
（2）梯队培育非遗传人。

非遗传承人是岁月长河中的"提灯人"，桐乡市在非遗传承上重视非遗传习人群的梯队建设。2022年桐乡市开启了首届传统工艺大赛"专注转化、创新非遗产品"，发现并扶持了一批有代表性的传统工艺人才。同时，以"非遗公开课"的形式，开展优秀非遗"进校园""进乡村"等文化传承活动，探索"传承基地—文化馆分馆—乡村社区"共建共融的文化传承和文化服务新路径，扩大非遗传习人群的覆盖面与传播力，培育老、中、青、幼多级传承梯队，可持续化非遗传播。例如哀警卫（2018年入选第五批浙江省非物质文化遗产代表性项目代表性传承人名单，成为全国仅有的三位"染"字号"中国工艺美术大师"之一）作为蓝印花布印染技艺非遗特色人才，积极发挥桐乡地域优势，组织知名画家、工艺美术创作师为蓝印花布设计新图案，创作了"水乡风景"、十二生肖等画面清新、形式新颖的蓝印花布新产品，大胆将清明上河图、丰子恺漫画等独具文化特色的名人字画引入设计图案，赋予了传统技艺新的内涵。在非遗传承中，他不仅培养了一大批"80后""90后"设计师传承传统手工艺，更是关注乡村振兴，发起筹建中国染缬技艺联盟，为高校、企业、从业者、设计师等搭建平台，共同振兴传统工艺；开设"丰同裕染坊"博物馆，开发本土特色文创产品，实现与旅游业的跨界融合，让蓝印花布的历史和独特风情走近大众、走出国门、走向世界，实现可持续化非遗传承，彰显文化特色人才"出圈"。

三、实施成效

（一）品质服务屡获嘉兴和省内第一

桐乡市高质量完成"15分钟品质文化生活圈"209个，数量位列嘉兴第二，自2018年连续五年位列"全国县域旅游综合实力百强县"第五，成功入选浙江省乡村旅游"五创"工程（文化创新类别）建设嘉兴唯一试点县，入选浙江文旅融合十佳县(市、区);2022 年桐乡市图书馆"伯鸿讲堂·桐乡"讲堂，入选第一批浙江省公共文化国际交流项目，是嘉兴地区唯一获得第三届优秀图书馆服务品牌评选活动"最佳影响奖"的讲堂品牌;2022 年桐乡市洲泉镇道村入选第一批浙江省文化和旅游厅文艺赋美·浙江省美育村(社区)名单;2022 年"蚕乡丝府"文化标识建设入围首批 100 个"浙江文化标识"培育项目名单。2014 年，桐乡率先在浙江省建成开放式非物质文化遗产馆，非遗馆总分馆保护体系是嘉兴首批试点工作体系，自 2015 年以来，在非遗保护发展指数评估中连续 9 年位列嘉兴第一，全省前列。2021 年，作为浙江省文化和旅游数字化改革试点中唯一的非遗项目，桐乡市数字非遗馆在全省先行先试。2023 年"蚕桑丝织文化传承生态保护区"成功入选首批浙江省文化传承生态保护区，申报入选省级非遗助力共富试点县;2023 年乌镇·有戏 FUN 音乐剧基地入选省首批文化基因解码成果转化利用示范项目;2023 年桐乡市非遗馆竹编分馆成功获评首批省级非物质文化遗产体验基地。

(二)城乡资源同质同标、优质共享

"15 分钟品质文化生活圈"的打造，让桐乡的公共文化场馆和公共文化空间的地域分布更加均衡合理，实现了城乡公共文化服务资源同质同标、优质共享。开发区(高桥街道)骑力村获 2022 浙江"15 分钟品质文化生活圈"十佳案例。实现团队点导师、群众点培训功能，年度已对接匹配举办各类活动 2000 多场次，触达城乡群众 20 多万人次。桐乡市文化馆每年组织开展送戏、送书、送展览下乡等文化惠民活动 1500 余场次，各层次文艺演出、文化活动、艺术培训、展览等 6000 多场次。每年组织文化惠民活动 500 多场、农村电影放映 3000 多场，自办文化活动 2000 多场。截至 2023 年，桐乡市共建有镇村两级"三团三社"乡村文艺团队 1000 余支，累计 2 万余人参与，实现了全市全覆盖，面向城乡居民精准提供公共文化服务。

(三)"文艺赋美"社会力量全民参与

桐乡市文化馆积极实践"文艺赋美"工程,2023年,桐乡市文化馆组织举办了桐乡市全民文化艺术季活动,以"隆重、务实"为原则,重点举办了纪念"八八战略"实施20周年暨首届桐乡市文化艺术节开幕式展演、撤县设市30周年纪念大会、"走过三十年"纪念桐乡撤县设市30周年成就展、"风雅桐乡三十年"系列主题展、第九届群众文艺菊花奖以及其他丰富多彩的全民文化活动。桐乡市镇村三级馆积极参与,这是桐乡公共文化发展历史上首次全民发动、全民参与、全民创意、全民生产的文化艺术活动。

(四)书香文化品牌 IP 流量双线双升

桐乡市近年来打造文化IP,提升市民文化素养与生活品质,打造了丰子恺IP、茅盾文学IP和伯鸿书香奖等全国知名文化品牌,其中伯鸿阅读平台知名度不断提升,书香城市公共服务影响力日益扩大。伯鸿系列全民阅读平台全年平均服务280余万人次,年图书借阅70余万册次,年阅读推广活动1200余场次,每周举办贝贝总动员系列活动、桑榆红公益电影放映活动,开展"文化点单"阅读六进流动服务300余场,走在嘉兴地区前列。"伯鸿讲堂·桐乡"讲堂一月一期,已成功举办43期,现场听众达1万多人次。图书总馆联合桐乡市传媒中心在"爱桐乡"App进行网络直播,直播点击量120万余人次。"桐乡记忆"已举办40期,直播点击量近200万人次。"伯鸿讲堂·桐乡"受众从嘉兴向长三角地区乃至全国辐射,受到中国青年报、浙江日报、嘉兴日报、腾讯网等媒体的多次报道。讲堂文稿按年度汇编成册,年度汇编文稿发行超1万册,丰富了桐乡市民的精神生活,利用数字平台保存、传播、挖掘和传承了桐乡本土文化,提高了书香城市的知名度。

(五)非遗传承"桐乡模式"影响力日增

桐乡市在非遗保护上的"桐乡模式"早已上升为"嘉兴标准"在五县两区

推广，桐乡蚕桑丝织文化传承生态保护区成功创建省级文化传承生态保护区，获评浙江省戏曲之乡，国遗项目高杆船技多次登上央视等国家级媒体。"元宵喜乐汇"、端午民俗风情活动、"文化和自然遗产日"非遗宣传展示主场活动暨乡村民俗嘉年华活动等，受众超 20 万人次。乌镇竹编与宝格丽国际高奢品牌合作，时尚流行作品《洞天灵蛇》作品亮相上海宝格丽新品发布秀场。濮绸故事写入国家话剧院青年导演竞演剧本，《唧唧复唧唧》话剧在多地上演。省级非遗体验基地创建工作培训在桐乡举行，全省 70 多名非遗工作者齐聚桐乡，深化传统文化理论研究，桐乡非遗的影响力日渐扩大。

四、对策建议

（一）多措并举，优化基层公共文化服务人才供给

1. 加强人才培养与培训

针对基层公共文化服务人才的专业技能和业务素质偏弱的问题，进一步落实"两员队伍"的培训制度，定期组织专题培训、业务交流等活动，优化培训内容，提高培训质量。还可以利用区内优质高校资源，提升既有文化服务人才的人文艺术修养和服务管理能力素养。

2. 完善人才招聘与选拔机制

制定明确的人才招聘和选拔标准，确保基层公共文化服务岗位能够吸引到具备相关专业背景和技能的人才。同时，拓宽人才选拔渠道，创新选拔机制，不仅从系统内部选拔有文化特长的人才，也可以从其他领域选调有文化特长的相关人才。

3. 推动人才流动与交流

通过建立人才交流机制、推动区域合作等方式，引导和鼓励基层公共

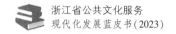
文化服务人才在不同区域、不同单位之间进行流动和交流，以促进经验的共享和知识的更新。

(二)形式多样，满足不同层次民众文化需求

1. 建立公共文化需求与供给对接机制

摸准老百姓的心脏，了解桐乡市文化群体的需要，把服务做细做透做深，让大众更多地参与公共文化服务决策，使基层文化机构更准确把握人民精神文化需求新变化，开展"订单式""菜单式"服务，增强供给的有效性，更好地满足人民群众多样化、高品质的精神文化需求。

2. 优化基层公共文化服务水平

充分依托"浙里文化圈"上线"文艺赋美"板块，实现审批报备无感化、活动参与自主化，以数字赋能畅通"供需对接"，构建线上线下互动的文艺新场景，利用人工智能等先进技术，大力发展线上与线下一体、大屏与小屏联动、VR虚拟与现实交互的数字文化体验场景，不断满足群众数字化参与、个性化服务、互动化体验的需求，以优质的服务竭力提高公共文化受众的参与度、满意度。

3. 深化"风雅桐乡"的文化内涵构建

紧跟浙江省文化基因激活工程和《浙江省文化改革发展"十四五"规划》，全面深挖桐乡本土文化基因，为公共文化生产持续提供养料。要防范"一招鲜吃遍天""老方一贴"的文化品牌建设心理，构建开放共享的格局，建立由政府和全社会共同参与的公共文化品牌建设机制，吸收社会新鲜力量，要深挖一个记忆点，玩转更多花头，多渠道搭建桐乡文化品牌和文旅IP建设和传播的平台，支持社会企业、学校资源等优质资源进行桐乡品牌建设，确保形式与内容的持续更新。

（三）分类融合，提升非遗资源向文旅产业转化效率

1. 深入挖掘非遗文化内涵

对桐乡的非遗进行梳理和遴选，筛选出那些能够体现中华优秀传统文化核心思想理念、传统美德、人文精神，且被当地民众广泛认可、特色鲜明的项目。这些项目作为非遗与文旅融合的重要资源，能够显著提升桐乡文旅的人文历史价值，实现产品增值。

2. 保持非遗活态属性

探索文旅最佳融合方式。活态属性是非遗市场化的前提，桐乡非遗文化要开拓创新，就要对非遗的活态属性进行分类，以有效激活内在潜能，找到最佳的非遗文旅融合项目。比如：祭祀、轧蚕花等民俗活动和表演艺术类非遗适合与庙会、节庆等旅游项目相结合，具备与桐乡文创、影视、研学等行业跨界合作的潜力，可以尝试打造一批"非遗+"新业态；竹编、蓝印花布等传统手工艺类非遗要适应现代消费者的新需求，通过创意设计、工艺革新开发符合现代审美的非遗商品，让非遗融入现代生活、体现当代价值，推动非遗工坊"吃住游购娱"价值的有效转化，让遗产变成资产。

探索新型公共文化空间在公共文化服务中的创新发展路径

湖州市德清县文化和广电旅游体育局

一、调研背景

随着"文化强国"战略实施和"十四五"文化发展规划推进，新型公共文化空间作为实现文化惠民的关键载体，其战略地位日益凸显。在全面建设社会主义现代化国家的新征程中，加强和创新公共文化服务体系，对于提升国家文化软实力和公民文化素养具有深远影响。

作为区域公共文化服务发展的先行地，德清县结合地方实际积极探索新型公共文化空间在公共文化服务中的创新发展路径，并形成了以新型文化空间为公共文化服务迭代升级为抓手，以文旅深度融合发展为导向，突出公共文化空间与旅游公共服务融合服务延伸为重点，以文化资源整合利用为核心，以数字赋能为支撑的新型公共文化空间建设新模式。该模式在促进文化与旅游的深度融合、实施数字化转型战略方面展现了前瞻性和创新性。

二、主要做法

聚焦公共文化服务空间高质量打造，高品质共享，德清提出了"优化新型文化空间的公共服务网络""丰富新型公共空间文化服务内容""提升新型文化空间数字化服务能力"等三大路径。

(一)优化新型文化空间的公共服务网络

1. 培育新型公共文化空间的公共服务功能

新型公共文化空间服务功能的培育核心在于将传统文化服务转变为更多元、综合性的文化体验，以满足日益多样化的社会需求。主要包括以下四个关键领域：

(1)培育旅游咨询功能。

德清县在新型基层公共文化空间内整合了丰富的文化和旅游资源，创造性地融合了当地的人文特色。这一策略不仅包括了传统的展览和资讯发布，还涵盖了对当地特色文化、历史遗迹、自然景观等的深入介绍。通过设立专门的旅游咨询区域和互动展示设施，如电子信息屏和互动导览系统，公众能够方便地获取关于德清旅游的全面信息，包括景点介绍、路线规划、活动日程等。此外，旅游咨询服务还整合了地方艺术家作品的展示，以及文化活动的预告和报名信息，旨在为游客和当地居民提供一站式的文化旅游体验，促进文化与旅游业的互动发展，同时加深公众对德清文化遗产的认识和欣赏。如：全县 13 个镇(街道)、137 个农村文化礼堂文化和旅游咨询等服务功能基本实现全覆盖，在基层综合性文化服务中心不断融入红色文化、非遗资源、文物展示，兼容非遗旅游商品、非遗项目的展示推介和旅游服务功能，以及启动农村文化礼堂文物上墙试点等。

(2)培育展览展示功能。

在德清县新型公共文化空间功能培育的框架中，展览展示部分占据了关键地位。其核心目的是通过多元化的展览活动，丰富公众的知识体系和文化体验，展现当地的独特文化特色和历史脉络。具体做法包括：①本土文化的深度挖掘：重点展示德清地区的历史文物、艺术作品和民间传统，强化地方文化认同感。如：雷甸镇在水产村文化礼堂创新打造雷甸珍珠(渔)文化展示馆，展厅以"渔文化""珍珠文化"为核心元素，分四个部分进行展览。该馆大量运用古运河、珍珠养殖、欧诗漫企业文化等本地元素，展示原水产村独一无二的文化标签，保留、凝练原水产村的特有魅力。②跨区域文化交流：组织和参与区域内外的展览交流活动，促进文化多样性和广泛传播。如：2022年10月，"喜迎二十大文化助乡村"柯桥·德清文化走亲书法作品展在舞阳街道双燕村文化礼堂陆费艺术馆举行，此次柯桥·德清文化走亲书法作品展活动为德清县书画爱好者带来了柯桥特色文化大餐，有效加强两地在文化与党建方面的学习与交流，大力促进两地实现文化资源共享、互利互补，为柯桥和德清的文化发展增添新意。

(3)培育阅读功能。

在德清县新型公共文化空间功能培育的策略中，阅读空间的创新和提升起到了至关重要的作用。增设的阅读区域不仅仅是提供静谧的阅读环境，更是一种文化共享和知识交流的平台。这些区域配备了丰富多样的阅读材料。此举不仅促进了公共知识的普及和文化素养的提升，也为各年龄段的读者提供了个性化和差异化的学习体验。在设计上，这些阅读空间强调舒适性和实用性，考虑到不同用户的需求，使基层公共文化场馆不仅成为获取知识的场所，更成为社区成员交流思想、分享经验的聚集地。如：禹悦书房位于禹越镇徐家庄未来社区商业综合体内，坚持"政府主办、社会协办、共建共享"理念，采取"新华书店+农家书屋"运营模式，实现了公共文化服务和实体经营相融合。书房自去年全民阅读日正式开业以来，已举办《太阳和蜉蝣》绘本分享会、《一生不过一念》读书交流会等二十余场阅读推广活动。

2. 延伸公共文化服务功能至新型公共文化空间

"延伸公共文化服务功能"这一抓手的核心在于将传统的公共文化服务功能与A级旅游景区、城市书房、文旅驿站的自然和文化资源相结合。这一策略不仅关注于传统文化场馆的空间利用，更重视在自然景观和旅游热点中融入文化元素，如演艺、阅读。在实践形成了以下几种主要做法：

（1）将公共文化演艺功能延伸至景区新型空间。

这种模式不仅仅是将艺术演出带入景区，更是一种文化与旅游融合的实践，其不仅为游客提供了独特的娱乐体验，让他们更加深入地了解和欣赏当地的文化传统和艺术特色，同时也创造了一个互动的文化交流平台让演艺活动成为推广当地文化、增强文化旅游吸引力的重要手段。如：在新市古镇、莫干山镇等"4A"级景区开辟公共文化空间，设立市级非遗项目（"三跳"）曲艺书场，引进浙歌等省属剧团举办文化演艺。

（2）将阅读功能延伸至景区新型空间。

通过在景区内创设阅读空间，这一策略旨在为游客提供一个兼具知识性和休闲性的空间，从而增强文化旅游体验的深度和广度。在某种程度上，这些阅读空间不仅提升了旅游景区的文化价值，也成了文化传播和公共教育的重要节点，促进了文化知识的普及和地方文化遗产的保护。通过这种方式，德清县成功地将文化阅读与旅游体验相结合，为游客和当地居民提供了一个独特的文化学习和享受的空间。如：德清探索在"4A"级景区、民宿等建设城市书房、建立主题图书流通点为当地读者和游客提供公共阅读、交流研讨、文化休闲、走读游学等特色服务，如开展"民宿有约·名家开讲"活动、民宿主茶艺培训、风筝主题活动、游艺绿水青山间书画系列活动；开展"一路风光一路诗·从莫干山到大运河"走读德清活动，让游客在游览山水之余感受莫干山文化现象，防风文化，水乡民俗，农耕文化，水产养殖、珍珠和渔文化，国学传承等，助推当地经济社会发展特色产业，成为景区公共服务亮点。

（3）将特色文化延伸至城市书房。

该模式旨在通过将具有地方标识的特色文化植入以"城市书房"为代表的新型阅读空间中，一方面丰富原有城市书房的资源储备，同时依托特色资源打造差异化的特色新型公共文化空间。如：城市书房馆藏书籍涵盖红

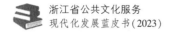
色经典、社会科学、经典文学、地理信息、生活用书以及少儿类书籍等各类图书 7000 余册。城东城市书房一楼布置红色悦听专区，为党建工作提供更加专业化、便捷化的红色文化"加油站"。

（4）将综合文化资源延伸至文旅驿站。

该模式旨在通过将非遗、展览、摄影等公共文化服务集成式延伸至以"文旅驿站"为核心的文旅融合新空间中，在丰富和拓展已有服务功能基础上，为游客提供多样化的体验。如：新市古镇文旅驿站位于湖州市德清县新市古镇景区核心地区。驿站内设互动视听区、非遗文创区、历史文化展示区、休闲阅读区等文化特色区块，并通过蚕花庙会摄影展、运河非遗展、文旅夜市、古镇书画展等活动的开展，有效提升百姓文化体验，促进文旅深度融合。

（二）丰富新型公共空间文化服务内容

"丰富新型公共文化空间服务内容"这一抓手致力于通过一系列具有前瞻性的举措，重塑和提升公共文化服务的质量和效能。核心策略包括升级基层公共文化场馆的设施设备，并与景区合作开展文化旅游活动，进而实现文化服务的创新和多样化。

1. 新型公共文化场馆设施设备升级

此举措旨在通过升级现有的基础设施和引入先进的技术设备，提高基层公共文化场馆的服务能力。通过增强互动性展示技术、提升数字化资源的接入和使用，以及改善环境设施以增强公众使用体验。这种升级能够让文化场馆更好地服务于公众的文化需求，同时提升场馆的综合吸引力和功能性。如：钟管镇干山村文化礼堂在植入阅读空间的同时，对设施设备进行全面升级，完善农家书屋图书流通机制，通过服务器存储系统、网络安全系统、局域网和农家书屋的 VPN 网络系统，实现与县图书馆、农家书屋通借通还，依托县新华书店零售管理系统、县图书馆图书管理系统、自助借还系统、统一办证/计费系统、统一认证/检索系统、自助复印打印系统、活动报名/积分系统等，村民可以在干山村农家书屋借阅新华书店零售新书，随后由县图书馆"你悦读我买单"活动中支付。

2. 与景区合作开展文化旅游活动。

这一策略着眼于将文化资源与旅游景点相结合，创造独特的文化旅游体验。合作内容可能包括在景区举办特色文化活动、展览、节庆庆典等，以此来吸引游客，并增加公共文化场馆的曝光度和参与度。此外，这种合作还能推动当地文化与旅游资源的共同发展，为区域经济注入新的活力。如：舞阳街道上柏村借助省级"2A"级景区村庄资源优势，2021 年，上柏村积极探索将公共旅游资源与公共文化服务融合。2023 年 5 月，抓住节日契机，在上柏村文卫路停车场举办第一届"唅来上柏"游园会，2023 年 11 月，举办了第六届"舞阳侯会"。

3. 将"文艺赋美"文化形式纳入新型公共文化空间的服务范围

选择城市社区、商业街坊、文博场馆、公园景区及乡村等适宜空间开展常态化艺术展演活动，打造多点、高频、流动的文艺景观，提升全域文化品位和艺术气质。如：在地信广场、东城时代广场打造"文艺赋美"演艺空间，推出我们"德"艺术街角小乐队专场演出及我们"德"艺术街角展演活动。

4. 公共文化场馆服务内容融合

服务内容融合这一抓手的实施，特别强调了文化综合体的建设，以实现各类文化场馆的集群式发展。此举旨在打造一个综合性的文化服务平台，将图书馆、博物馆、艺术画廊、演艺中心等多种功能融合于单一的文化综合体内。这种集群式布局不仅提升了各场馆的互联互通和资源共享，而且通过多元化的文化服务和活动，增强了公共文化服务的覆盖面和影响力。

这种融合不仅仅在物理空间上实现，还涉及服务内容和管理模式的创新，旨在打破传统文化服务的边界，实现文化资源的最大化利用和社会效益的最大化。通过这种方式，德清县不仅为公众提供了一个文化活动的聚集地，也为促进文化创新和文化产业发展提供了强有力的支撑。如：德清县谋划实施城市文化中心改建项目，通过改建县文化馆、非遗馆，新建县美术馆，打造大型文化艺术展示展览空间，丰富文化活动内容，拓展文化传播功能，成为市民宁静的学习提升场所、舒适的文化休闲场所、开放的社会参与场所，成为德清城市文化建设的新地标。

（三）提升新型文化空间数字化服务能力

在德清县公共文化服务数智化发展的策略中，核心目标是通过技术手段提升公共文化服务的质量和效率。这一策略的实施包括三个主要方面。

1. 完善文旅资源专题数据库

通过集成和数字化地方文化和旅游资源，提供一个统一、高效的信息访问平台。这不仅有助于公众更好地了解本地文化和旅游资源，也为文化和旅游行业的管理和决策提供支持。如：钟管镇干山村农家书屋依托县图书馆数字图书阅览系统、移动图书馆、微信图书馆等平台，把知网、电子书、龙源期刊等25多种、总量达到150TB的数字资源，变成干山村农家书屋的数字大书房。村民可自主线上阅读，线上图书馆年均阅读点击量700余万次，年均访问下载数字资源总量达到近150万次。

2. 对传统场馆进行数字化改造

这意味着引入最新的信息技术，如虚拟现实（VR）、增强现实（AR）等，为访客提供更加丰富和互动的体验。如：德清县图书馆运用人工智能、VR/AR等新技术，推进图书馆智慧展厅建设，基本可以实现互动百科、互动答题、互动阅读、走读德清、AR小程序等功能，推动有声图书馆建设，驻馆作家板块在"喜马拉雅"平台上线，丰富了在线公共文化产品，促进了公共文化服务的精准供给。

3. 沉浸式数字化场景打造

创建虚拟环境，以提高参与者的沉浸感和体验感。这些数字化场景通过模拟真实或虚构的环境，使文化内容更加生动，提升了公众的参与度和文化体验。如：德清县图书馆通过对图书馆整体三维建模，结合最新的 AR 技术，推出德清虚拟图书馆展示平台，读者通过平台可以在线游览全馆，并与预设的各个点位进行虚实互动，检索信息，全面实现了公共文化的智能化。

(四）其他措施

1. 打造"高效融合"的图书馆文化馆总分馆体系

这一策略旨在通过建立图书馆和文化馆的总分馆体系，实现文化服务资源的均衡分配和有效覆盖。总分馆制不仅增强了文化服务的可达性，还针对不同区域的特定需求提供个性化服务。在实施过程中，既注重总馆的资源整合和指导作用，同时确保分馆能够根据本地文化特色和居民需求提供定制化服务。这种模式有效地拓宽了文化服务的受众范围，加强了文化服务的社区根植性。

2. 编制"规范标准"的新型公共文化空间服务管理制度

编制"规范科学"的工作推进制度是一项关键举措。这一策略涉及制定详细且系统的操作规程和管理标准，旨在确保新型公共文化服务功能助力公共文化服务高质量发展的质量和效率。在推进新型公共文化场馆建设工作的过程中，德清县先后编制了《德清县乡村旅游民宿参与公共文化服务规范》《公共文化场馆功能拓展服务指南》，这些规范不仅包括公共文化服务

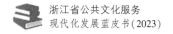
的基本准则和服务流程，还涵盖了服务质量控制、人员培训、资金管理、技术应用等多个方面。通过制定这些规范，保障了新型公共文化空间建设与打造的统一性和连贯性，同时也为未来的服务创新和发展提供了坚实的基础。此外，这些规范还包括对新兴技术和服务模式的适应性指导，确保公共文化场馆能够与时俱进，满足不断变化的公众需求。通过这种"规范科学"的方法，德清县不仅提升了公共文化服务整体质量，也为其他地区提供了可借鉴的经验和模式。

三、实施成效

(一)新型公共文化空间建设发展政策体系基本完善

德清县以《浙江省文化和旅游厅关于高质量建设公共文化服务现代化先行省的实施意见》为主要纲领，构建了包含工作方案、行业标准在内的政策体系，为进一步规范化推进试点工作开展提供了重要的制度支撑。

(二)城乡一体的新型公共文化空间体系初步建成

依托新型公共文化空间建设工作，德清积极推进新型公共文化空间建设，形成了以"城市书房、美术馆、文化驿站、文旅驿站、乡村博物馆"为主体的空间体系，其中：城市书房 13 处、美术馆(民间美术馆)15 处、文化驿站 5 处、文旅驿站 8 处、乡村博物馆 18 处。

(三)"文化+"公共文化服务产品体系日臻完善

以尊重地方差异性为前提，依托地方特色文化资源，初步打造了具有德清标识，体现德清文化的特色农村文化礼堂体系。通过提升文博资源的活化利用率，实现了德清传统文化元素的凝练，为打造融合共生的公共文化服务产品体系提供了重要的基础。积极探索社会力量参与公共文化服务的机制和路径，推动"文化+艺术"融合发展，使其成为艺术振兴乡村，助力"精神富有型"社会建设的重要抓手。

(四)数字赋能公共文化服务发展的成效初显

通过数字化改革，多跨应用场景建设，德清县在公共文化场馆数字化转型升级方面取得了重大突破。以图书馆为例，通过数字化改革基本形成了"智慧展厅""有声图书馆""虚拟图书馆""地信阅读空间""一键借阅"为主体的智慧图书馆建设体系，实现了图书馆传统服务功能和内容线下向线上的转移，构建了"线上""线下"融合发展的新生态，同时也为其他领域公共文化服务资源的引入提供了重要平台。

四、对策建议

(一)以新空间建设促进公共文化设施网络战略优化

在城乡公共文化设施进入高质量发展的新阶段，首要考虑的应是解决设施和服务覆盖的盲区问题。此时，应借助新型公共文化空间的构建，推进公共文化设施网络的"缺口填补计划"，建立一个将公共文化设施、资源及服务与常住人口和服务半径紧密相连的系统。通过对现有公共文化空间布局的全面分析，探索布局多样化且灵活多用途的微型文化站点，如：可移动图书馆、文化快闪店、社区艺术箱；推广移动文化服务，利用移动车辆或便携式设施，如移动文化车、移动文化工作坊，定期为偏远农村提供图书借阅、电影放映、文艺演出等文化服务等。通过一系列举措有效消除服务盲点，增强服务薄弱环节，进而形成一个全面覆盖、便捷高效的城乡文化设施网络，为全体公民精神生活的全面繁荣奠定坚实的基础。

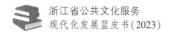
(二)以"多元创新"的新理念，扎实推进新空间体系建设

在构建公共文化空间体系的过程中，需要跳出传统文化空间打造模式。这要求设计和规划更加紧密地贴合公众在使用公共文化服务和参与相关活动时的实际需求。在新型公共文化空间建设中，可以探索设计可变形和可拓展的公共文化空间，如魔方文化空间等，以适应不同活动和功能需求的变化，增强空间的灵活性和多功能性。推进空间再生和历史再造，将废弃的工业建筑或历史遗址改造为公共文化空间，保留原有的历史元素，同时加入现代设计和艺术装置，如时光融合文化空间等。充分利用德清自然资源优势，将公共文化空间设计与周围自然环境相融合，如利用地形、植被等自然元素，创造室内外连续的文化体验空间，如森林剧场、岩洞书店等。

(三)完善社会力量参与新空间运营管理机制

社会力量是新型公共文化空间建设、运营、管理不可或缺的主体，积极引导社会力量参与公共文化空间建管用，具有重要意义。一是要优化现存机制体制，加强政府在新型公共文化空间的运营管理中的领导和监管角色，不断优化相关管理机制。这包括为社会化运营管理实体提供一个有利于长期规划、服务创新和品牌构建的发展环境，同时明确其准入资质并建立相应的退出机制。二是要建立公共文化服务的经费测算体系，其中政府购买基本文化服务的同时，建立社会化运营管理的政府托底机制至关重要。三是要探索建立普惠性非基本公共文化服务的优惠收费机制，以激励社会力量在文化空间运营管理中的积极参与，从而保障这些新型公共文化空间的有效运营和高效管理。四是要创新参与模式，探索建立文化空间众筹平台，动员公众参与文化空间建设和运营资金支持，增强社区参与感；探索社区合作运营模式，鼓励社区居民、非营利组织和文化团体共同参与文化空间的运营管理，提升空间的活力和服务质量。同时，设立文化创业孵化器，支持文化创业项目的发展，促进文化创新。

(四)不断充实公共文化服务业态,推动多领域融合发展

在公共文化服务领域,人民群众对文化的需求呈现多样性,特别是在基层社区,公共文化空间和服务的强化和综合性是必要的。为此,新型公共文化空间的建设需着重于公共文化服务与其他相关领域间的共生、互补和目标一致性。这要求进行高层次的设计和统筹协调,促进功能和服务的融合,以及业态的融合,从而创造出能够共建共享、一站式满足多元文化需求的空间环境。目前,需要转变仅在城市书房和文化驿站等新空间单独推进的做法,特别是在农村和基层社区。这些新型空间应加强在公共阅读、艺术普及、优秀传统文化传承,以及乡村旅游、产业和政务等公共服务功能的融合,以呈现出全新的服务业态。

(五)深化数字化改革,推动文化场景建设打造

在新型公共文化空间建设与打造中,深化数字化改革和推动数字场景打造具有重要意义。它不仅能够拓展文化服务的形式和渠道,还能提高文化服务的普及率和互动性。探索通过元宇宙技术构建虚拟文化世界,让公众在沉浸式环境中体验丰富多彩的文化内容;运用数字孪生技术,创建文化空间和文化遗产的数字化复制品,便于保护和研究;利用虚拟现实技术,开发虚拟展览和互动教育项目,提升公众的参与度和体验感。同时,丰富数字化内容,如数字艺术、在线课程、互动式故事等,满足不同人群的文化需求。通过这些策略的实施,最终能够实现文化服务的数字化转型,打造智慧、互动、包容的新型公共文化空间,促进文化的创新发展和文化惠民工程的深入推进。

"浙里文化圈"应用迭代升级评估调研报告

诸暨市文化广电旅游局

为贯彻落实中央号召，浙江创新开发"浙里文化圈"线上应用，打造 24 小时不打烊的线上文化空间，逐步实现了公共文化服务覆盖面的扩大和服务效率的提升，促进了浙江城乡公共文化服务一体化发展。"浙里文化圈"线上应用获评 2023 年全国文化和旅游数字化创新示范案例十佳案例。

为推动"浙里文化圈"线上应用迭代升级，更好满足人民日益增长的美好生活需要，以公共文化服务高质量发展助力共同富裕示范区建设，特成立课题组进行专题调研，形成本报告。

一、调研背景

文化是民族的精神命脉，文化自信是更基础、更广泛、更深厚的自信，是一个国家一个民族发展最基本、最深沉、最持久的力量。习近平总书记多次强调，要加快构建现代公共文化服务体系，促进基本公共文化服务标准化均等化。党的二十大报告提出了实施国家文化数字化战略。

2023 年以来，文旅深度融合工程入选浙江省十大工程，"15 分钟品质文化生活圈"等文化惠民任务也被列入 2023 年浙江省十方面民生实事具体内容。在公共文化设施布局日益完善的时代背景下，如何善用要素、巧用机制、跨界融合，创新性地促进文化阵地"有圈有品"成为当下文化惠民工作开展的重要议题。

诸暨市作为浙江省打造精神文明高地领域共同富裕示范区建设首批试点、浙江省非遗助力共同富裕首批试点、新时代文明实践"先行试验区"（全国十个、浙江唯一），是发挥文化先行抓手作用、推动文旅促进共同富裕的关键优势县域。其深厚的人文积淀、文明"枫"尚，充分依靠"云阅读""云讲座""云培训"等数字资源，打造数智服务新场景，构建文旅"大脑"2.0版，在数字赋能文化领域具有典型性研究意义。

二、主要做法

近年来，诸暨市以高质量打造"15分钟品质文化生活圈"为契机，着眼于打造新时代文化高地，围绕阵地延伸、IP开发、服务优化等领域，推进文化先行步伐，以文促旅，以旅彰文，不断增添"好美诸暨西施故里"文旅形象成色，加速高质量文化和旅游触手可及，打造具有高辨识度、强影响力的精神富有县域样本。2022年，诸暨市每万人公共文化设施达3555平方米，综合文化站、文化分馆与图书分馆镇街覆盖率达100%，文化礼堂与农家书屋行政村覆盖率达100%，233个"15分钟品质文化生活圈"实现全域覆盖。

（一）加快阵地延伸，打造文旅惠民新场景

构建文化基站、群文网络、书香阵地点面结合的城乡文化全矩阵；建设西施大剧院、香榧博物馆等一批接地气的高辨识地标场馆；打造"城市书房+""西施露影"、旅游驿站等一批小而精的嵌入式文化旅游微空间。

（二）深化西施IP，提升城市形象辨识度

推进"西施传说"文化基因解码、非遗传承等专项研究工作；结合西施传说、西路乱弹、十里红妆等地域文化基因，打造一批文艺精品；常态化

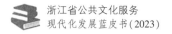
开展文化节、文物展等西施主题文创活动。

(三)优化服务,增强群众文旅幸福感

打造暨阳阅读联盟、浣江书房志愿者等一批文旅志愿服务团队,建立健全文旅惠民志愿者服务体系;针对不同层次群体开展公共文化精准供给与定向推进;建设"云阅读""云讲座""云培训"等数字资源,打造数智服务新场景,构建文旅"大脑"2.0版。

三、主要成效

浙江省文化和旅游厅牵头建设的"浙里文化圈"线上应用于2022年10月26日在诸暨正式上线,目前诸暨注册用户为41792人次,点击量达569517次。诸暨充分利用"浙里文化圈"线上应用丰富老百姓的文化生活,并实现对城乡一体化等公共文化重点工作的支撑和赋能。

(一)打通公共文化服务"最后一公里"

"浙里文化圈"线上应用作为"15分钟品质文化生活圈"的服务端,着眼于构建24小时不打烊的在线文化空间,打造看书馆,展出易培、文脉、雅集之理七大场景,提供省市县乡村五级联动的一体化公共文化服务,并通过用户精准画像、实时推送、文化展览、图书借阅、文艺演出、艺术培训、志愿服务等清单内容,全方位展示全省公共文化机构及相关社会文化组织的活动信息和数字资源,进一步激活基层公共文化设施潜力,促进公共文化网络向基层延伸,打通了公共文化服务的"最后一公里"。市民点击"浙里文化圈"线上应用平台的"文化圈",基于地理位置信息的公共文化设施、文化活动、艺术普及课程与社团以及文化点单志愿服务活动等,可以精准呈现,一目了然。群众反映,周末空闲时间想到家旁边的文化站点走走看看,参与一些自己喜欢的文化活动,以前不知道去哪里找信息,现在上"浙

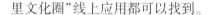

里文化圈"线上应用都可以找到。

(二)增加文化获得感

市民只要打开"浙里文化圈"线上应用的观展频道，就可一站式查询浏览全省博物馆、纪念馆、展览馆、美术馆的 2000 多个线下展览、600 多个线上展览及上万件数字藏品，不管市民们想到省内的哪家文博场馆参观，"浙里文化圈"线上应用都可以一键搞定，减少了每到一家不同的文化场馆，都要重新查找关注新平台的麻烦。比如，使用"浙里文化圈"线上应用的看书频道，不仅可以快递借书，也可以在线阅读，还可借助芝麻信用分实现免借书证、免押金，让阅读变得更加便捷轻松。又如，汇集数千堂全省各文化馆名师培训课程的艺培板块，市民可随时根据自己的喜好和需求免费搜索观看，成为点击率最高的应用功能。诸暨市还依托"浙里文化圈"线上应用分享西施大剧院演出的空余戏票资源，广受市民百姓欢迎。这些集成惠民的文化供给，使市民百姓享受公共文化服务更加便捷，大幅提升了获得感。

(三)增添新型文化风景线

"浙里文化圈"线上应用在对全省行政区域数据，人口基础数据、国土资源数据等大数据分析的基础上，科学研判各地线下公共文化空间布局的合理性，提出新型文化空间精准供给的相关要求。截至目前，诸暨市已建成"15 分钟品质文化生活圈"233 个、城市书房 23 家、文化驿站 2 家、乡村图书馆 13 家、乡村博物馆 13 家，可谓是新型公共文化空间遍地开花，成效斐然。诸暨市 15 分钟品质文化生活圈覆盖村社区 233 个，集合文艺社团1423 支和文化志愿者 2 万余人，并全部进入小程序。通过应用组织开展圈内文化活动 1.6 万余场，一键入馆约 6.5 万人次，活动报名 5.8 万人次，得到了良好的社会反响。城乡居民普遍反映，出门逛街休闲，时不时地就会遇见不一样的文化风景线。

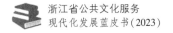
四、对策建议

打造"15分钟品质文化生活圈"的初衷就是为了人民群众就近就便享受文化公共服务，体现以人民为中心的文化站位。"浙里文化圈"线上应用的迭代升级，更是需要与满足人民群众日益增长的文化需求同频共振。

(一)以公众为导向，提升应用实效

1. 进一步明确服务导向

应用的开发目的是满足公众对公共文化服务的需要，而非对基层文化战线或工作人员的考核需要。一方面，需要明确服务为民的理念，在"浙里文化圈"线上应用建设运营中，注重挖掘人民群众对应用的需求，畅通人民群众对应用诉求的表达，积极吸收有益的意见建议来不断完善应用建设。另一方面，需要明确服务为重的原则，"浙里文化圈"线上应用相关资讯评优推选，不仅仅是靠浏览量、线上签到率、标题吸睛、活动创新等显性数据，还得实际看老百姓对活动的反映。数字化是让数据多跑腿，而不是阻碍干部来实地现场探查活动真正的满意度，只有人民群众真心实意的点赞才是评选精品的首要标准，而不仅仅是冷冰冰的参与数量。

2. 进一步清晰对象定位

在市场调研的基础上，确定服务对象，根据服务对象的特点开发相应栏目，并多渠道、多载体、多媒介做好相应推广宣传。按照年龄结构来看，"浙里文化圈"线上应用使用者可分为青少年、中年、老年三类。对于青少年群体而言，国内外名著导读、绘本、科普读物等读物是青少年朋友成长所需要的，可以在流动栏作优先推荐，也可以增设青少年栏目。同时针对青少年自控力不强的特点，建议增加监护人监护使用功能或者限制使用时

间功能。对于老年人而言，医药养生、文化旅游等读物或者课程可以重点推荐，而针对老年人视力弱或听力弱，建议增加老年版，放大字体和行间距便于老年人使用。此外，建议在首次登录时显示个人使用偏好，以便"浙里文化圈"线上应用首页着重推荐，以及添加收藏、点赞功能，方便特殊标记以便下次查找。

3. 进一步完善功能设计

增加预约、点单、互动等功能，提高公众参与积极性，提升实际应用成效。在预约功能上，可以新增"场地自定义时段"预约，若是面积较大的场地又没有分设为两个场地预约的，可以允许多个团队提前预约。如果团队是有定期开展活动需要预约的，建议可以设置每日、每周或每月重复一次，同一团队信息可以自动选择填充，避免重复输入。同时完善预约制度，建议设置预约可以延迟一次，预约起始时间五分钟后未签到的自动释放场地，便于下一个团队预约等。预约功能信息应当同步给场地相关管理员。在点单功能上，一方面畅通镇(街)村居民或者团队点单需求表达机制，文化活动相关组织单位定期梳理分析群众点单需求，适时按需求创新文化活动，便于文化活动精准化送达。另一方面，需要完善点单需求反馈机制，实时更新群众点单需求办理进度，若是同意就及时告知组织文化活动具体时间地点等信息，若是拒绝就具体说明理由。在互动功能上，建议增加文章最后的点赞评论区，允许发图片或者小视频评论。建议增加"我的文化圈"，可以发布文字、图片和视频，记录分享自己的文化生活，遇见志同道合的朋友等多样化、个性化的文化需求。

(二)健全制度机制，增强应用效能

1. 健全协同机制，避免多头考核

在省级层面，文化战线工作考核是文化和旅游厅牵头，还涉及博物馆、

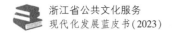
图书馆等,所以"浙里文化圈"线上应用部分数据涉及其他数据库未被纳入。比如博物馆入馆人数,不同部门考核指标或系统不一致,导致数据统计多头。因此需要构建省级多部门单位协同机制,明确跨部门跨单位数据统一或者集中处理,避免加重基层负担。

2. 完善考核体系,减少"内卷"消耗

考核体系的建立是一个复杂的过程,需要查漏补缺,不断优化。比如部分指标赋分未设上限,导致各地为了排名争优,会利用不断赋分来提升名次,建议增设合理上限,每个指标都是可控范围,坚持以基本工作为导向的基本分,以创新特色工作为辅的有限加分标准。

3. 优化评价制度,务求公平公正

坚持人民群众的满意度是首要评价标准,不断优化评价制度。一方面,评价要务实。各地实际情况大不相同,无论是数字化建设情况,还是文化圈情况,"一刀切"的标准往往存在很大的不公。部分考核指标建议从固化标准转换为动态调整或"一事一议",从绝对数改为占比或者占率。另一方面,评价要求真。评价好不好不能只看应用签到人数的规模或者地市排名前后,还得多方面考察,如通过照片佐证实际参加人数或实际现场氛围等。

(三)加强队伍建设,助力应用可持续

1. 强化顶层设计,建立专业队伍

从省级层面,建立"浙里文化圈"线上应用专业队伍归口管理新机制,借鉴农业、水利等专业技术人员管理模式,全省统筹管理,系统布局。同时,建立数字化人才队伍的集聚平台,鼓励干部向复合型人才发展,在业务精通的基础上,主动提升数字化能力,形成"金字塔形"的人才储备队伍,避免出现人才"断层"现象,打造本地的数字化人才候补梯队。

2. 加强专业培训，提升业务能力

建立完善的干部培养机制，将数字化治理的思路和方案融合到干部的日常培训中，相关培训内容及经费保障列入年度培训计划。创新管理模式，建立常态化走访、交流、服务机制，系统化完善日常队伍管理，通过常态化的交流、分享工作经验，提高数字化能力水平。

3. 加大保障力度，稳定人才队伍

"浙里文化圈"线上应用相关人员激励需要进一步保障，建议对于优秀文化专员纳入文旅线优秀人才库，在职称评聘、岗位晋升、选拔任用、荣誉激励方面给予适当倾斜。

东阳市文化基因转化利用路径研究

东阳市文化和广电旅游体育局

一、调研背景

习近平总书记在 2013 年 12 月 30 日在中共中央第十二次集体学习上的讲话中首次集中阐释了"文化基因"概念。此后，习近平总书记对"文化基因"有多次重要讲话。2020 年 3 月，习近平总书记在浙江考察时发表了重要讲话，对浙江提出了新的更高要求。2023 年 6 月 2 日，习近平总书记在文化传承发展座谈会上的重要论述，与他在浙江省工作时对文化建设所做的重要部署，一脉相承，遥相呼应。20 年前，时任浙江省委书记习近平在"八八战略"中提出，进一步发挥浙江的人文优势，积极推进科教兴省、人才强省，加快建设文化大省。习近平总书记的系统思考为浙江在新时代推进文化筑基工程，为高质量启动、实施"文化基因解码工程"提供了根本遵循、指明了前进方向。文化基因转化利用，从艰巨性上，这是一项必须为之付出艰苦而长期努力的工作；从立足点上，这是一项着眼新征程，对照新目标新定位，推进治理体系和治理能力全面现代化的创新工作；从整体性上，这是一项补短板、堵漏洞、打基础的筑基工程；从制度优越性上，这是一项为全国提供浙江素材、浙江经验的首创工作；从影响力上，这是一项能向全球展示文化魅力、讲好中国故事的窗口性工作。

二、做法

（一）体验融合模式

1. 融合现代生活美学创新品

东阳木雕是东阳极具优势的特色文化，为适应信息时代的发展，满足现代人们的审美和需求，由东阳木雕衍生的新品上汐家具把中国文人的审美、创作、生活用现代设计语言表现出来，引领国人去追溯、去回忆，重新找回古人本有的生活美学方式，这是上汐家具赢得市场认可真正的一个切入点。

2. 打造融合体验空间创新品

用心打造的上汐客厅承载着上汐红木家具实现美学体验，愉悦心灵的极大可能，中式的情怀，现代的轻奢感，浓郁的艺术氛围，烟雾缭绕的五松庭之景，身处中厅池的动静总相宜，在云水台脚踩用银杏叶铺满的地面，凝视天书阁，一整面墙的甲骨文画作，从来都不是表面的浮华，返璞归真中，透露着深厚的文化气息。在无念室打坐修禅，在五松庭品茗，在书吧里阅览藏书，享受上汐限定下午茶，营造让灵魂休憩的治愈瞬间，有效传承了东阳木雕的传统文化新体验。

3. 贯通虚拟现实一体化创新品

东阳欢娱影视文化有限公司依托博物馆专家、非遗匠人、协会及高校专家资源，成立"人才智库"，在传统文化和非遗方面提供学术支撑，形成事前咨询、事中把关、事后审核的全流程监制，保障作品的严谨性，为拍摄电视剧《延禧攻略》，主创团队加强对传统文化的再学习，梳理传统美术、书法、音乐、舞蹈、戏剧、曲艺、技法等非遗项目，在遵循创作规律的前

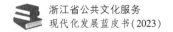
提下，创新构思，艺术化呈现。演员诠释好角色，与角色之间建立起情感和情境纽带，学历史、懂礼仪、学戏曲唱段、练习形体身段等成为演员必修课。为作品各类角色人物专门量身设计并制作服装、服饰、道具，为了能够让观众获得剧中的真实体验，东阳欢娱影视文化有限公司顺势推出《延禧攻略》主题园区、《延禧攻略》主题酒店、《延禧攻略》主题服饰、《延禧攻略》主题饰品等，让《延禧攻略》的魅力从虚拟世界走到现实世界。

4. 弥合土味时尚鸿沟创新品

东阳蓝印花布是一种传统的手工印染土布。"林栖三十六院"与中国纺织科学研究院江南分院，以及北京国染馆馆长黄荣华老师合作，研究从植物中提取天然染料的机器制作方法，在服装的面料、手感、颜色、图案等设计中运用了相关技术，发布了"中国传统色"系列服饰。蓝印花布，一项有着千年历史的手工技艺，一段象征爱与牵挂的温暖记忆。来自家乡的蓝白，通过色彩、形式、结构的重组，走进现代，引领时尚。不变的是每一个蓝白印记背后，那份长久的陪伴带来的内心安定。

（二）跨界拼搭模式

1. 品牌拼接联展成新品

2020年9月、10月，上汐迎来宝马、奔驰等品牌开展跨界合作；2021年7月，上汐客厅正式入驻义乌机场；2021年9月，吴腾飞设计作品"时+空"与法国奢侈品牌的跨界联展在北京盛大举行……近年来，上汐通过一场场让人耳目一新的跨界展览，不断探索和刷新传统红木家具行业与现代生活美学融合发展的可能性与创造力。

2. 非遗拼接时装成新品

嫁接林栖"生活在左"服装品牌，让非遗传承人牵手设计师、品牌机构赋予土布、行灯等传统非遗项目时尚、现代元素，并将其融入服装、配饰，真正实现"传统工艺+现代设计＝非遗走进当代生活"的目标。2022年，东阳木雕、东阳竹编、蓝印花布等多个具有非遗元素的服装产品亮相中国国际时装周、中国纺织非物质遗产大会等高等级舞台，将"指尖技艺"生动转化为"指尖经济"。

3. 非遗拼接民宿成新品

计划总投资10亿元的林栖三十六院项目，将覆盖三单乡全域。利用山区乡镇原有闲置空房、荒芜山坡，投资5000万元，打造蓝染、蓝印花布、传统纺织、银器非遗手工作坊7个，非遗展示场馆及博物馆2个，四大非遗主题民宿共40间。品竹筒饭，住小木屋、体验非遗植物扎染，持续上演"魅力乡村"精彩场景，"非遗+产业"让村强民富路更宽，三单村集体经济收入已过百万元、其中经营性收入53万元。

4. 非遗拼接影视成新品

通过"影视中国风"让中华优秀传统文化鲜活起来，在作品中融入缂丝、绒花、京绣、点翠、花丝镶嵌、打铁花、敲铜、纭裪、螺钿、扎染、蜡染、披帛、玉石工艺等数十项传统工艺，使得非遗得到更广泛的关注。将京剧、昆曲、百戏、唐朝乐舞、亲蚕、祭祀、中医、书法、绘画、围棋、二十四节气等蕴藏中华优秀传统文化的元素密集地融入情节当中，让非遗以更活泼的面貌俘获年轻观众。

(三)围点衍射模式

1. 蓝印花布衍射文创

清新、实用，这是林栖设计的蓝印花布服装予人的第一印象。2022年时装周上的新品则融入了更唯美更日常的成分：小雏菊图案的连衣裙，带着茶歇裙的影子；类似花纹的对襟长袍，则让人想起明代的窄袖褙子；一段印着白色蜻蜓图案的蓝印花布，做成了改良版的襦裙，与白衬衫连于一体；富丽无比的缠枝花纹蓝印花布，摇身变为最时尚的购物包；而最惊艳的莫过于一袭无领长袖长裙，前后襟是整方的"荷花被"被单，星星点点白色组成的底子上，印着花篮、双鱼的"开光"，领口两侧是对称的蝴蝶图案，簇拥着"幸福"两字；袖子与内衬以半透明藏青色真丝制成，厚重与飘逸、古典与时尚，完美地融于一体。

2. 影视作品衍射文创

《尚食》开发男女主 Q 版形象，上架 conflux 链条，采取盲盒形式进行售卖，1 分钟内售罄。《传家》数字化 3D 原版戏服 NFT 上架售卖，当日售卖量破千。《鬓边不是海棠红》文创产品的海内外预售达 1000 万元。与百度地图合作，上线欢娱影视艺术中心"尚食馆"场景，沉浸式体验剧集精美服化道，了解传统文化和古代服饰；与电影频道合作"非遗焕新夜"，在歌声中展现非遗的魅力。挖掘剧本 IP 内容，出版发行图书及小说。与美狮美高梅合作推出"典藏导赏团"，一批珍贵御制藏品与《延禧攻略》中的超凡工艺完美结合，展示非物质文化遗产。参加文化和旅游部"锦绣中华——中国非物质文化遗产服饰秀"，挑选极具代表性的 40 套服装，展现"清宫美学"和"唐风美学"。

3. 东阳木雕衍射文创

东阳木雕以木为材料，以刀为工具，以人物、花鸟、山水等为题材，创作出了形态各异、栩栩如生的木雕作品，展现了东阳人民的智慧和才华。1997 年香港回归时浙江省政府赠送香港特别行政区的礼品《航归》、中国共产党历史展览馆《同心共筑中国梦》、人民大会堂《锦绣西湖》，以及 G20 杭州峰会《锦绣中华》《忆江南》等作品、首届中国国际进口博览会主会场木雕装饰等，均出自东阳木雕艺人之手。东阳本土品牌梵沐记已研发推出多款将东阳木梳制作技艺融入现代工艺的木梳，现已获得近 20 项国家专利设计，20 项国家版权。该品牌以纯天然的木材为材料，以传统的木雕工艺为手段，以现代的设计理念为导向，不仅具有美容养生的功效，也具有收藏传承的价值，在保留东阳木梳传统手工艺的基础上，通过创新的设计、新颖的款式造型让木梳更符合年轻一代的审美。获评了第四批金华市非物质文化遗产生产性保护基地，还在东阳木雕小镇设立了梵沐记木梳体验馆，让大众能够了解各种木梳知识，并亲身体验木梳制作过程。东阳木雕博览馆为保护木雕文化遗产和弘扬东阳木雕文化而建。以"鬼工神技"赢得"天下第一雕"美称。馆藏民间各种艺术木雕精品，大至梁柱斗拱，小至檩条窗棂，乃至生活器具、摆设，件件都是极具观赏价值的艺术精品。

4. 东阳竹编衍射文创

东阳竹编以竹为材料，以编织为技法，以日用品、玩具、装饰品等为产品，展现了东阳人民的生活和乐趣。这些产品不仅具有实用性和美观性，还具有寓意性和象征性，它们蕴含了深厚的历史文化底蕴和民族特色。东阳竹编实用产品有篮、盘、包、箱、瓶、罐、家具等 20 多种；动物竹编产品有鸡、鸭、鹅、兔、狗等，形象夸张生动。东阳竹编较精细的作品，可在一寸见方面积内，用 120 根细篾丝编制，因而造型生动，富于变化。经过历代东阳竹编艺人的努力，竹编工艺还突破传统理念的束缚，巧妙地与园林建筑、室内装饰有机结合起来。

（四）文化出海模式

1. 布局海外发行平台

东阳欢娱影视文化有限公司以传播优秀的中华文化为己任，创"影视+非遗"的方式讲好中国故事，与国内各大台网建立亲密合作关系的基础上，积极布局港澳台地区与海外市场，与 TVB、FOX、Netflix、HBO、VIKI、

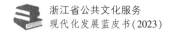

NHK、CJ ENM、Disney+等多家知名媒体及平台保持长期友好合作，成功打造了《宫》系列、《美人》系列以及《陆贞传奇》《延禧攻略》《烈火军校》《鬓边不是海棠红》《玉楼春》《双镜》《当家主母》《尚食》《珍馐记》《传家》等享誉海内外的影视作品。这些影视作品不仅展现了东阳影视文化的特色和水准，还融入了东阳非遗文化的元素和精神，如木雕、蓝印花布、竹编等，通过剧作实现对传统文化的推广，让许多沉寂已久的非遗行业重焕生机。

2. 参加国际影视文化博览会

公司多次携作品参加戛纳电视节、香港国际影视展等展会，将影视中出现的非遗元素的配饰、道具、服饰等设定区域展示，并配有多种语言介绍，向各国参展宾客展现非遗文化。

3. 东阳非遗亮相北京国际时装周

2022年中国国际时装周在北京开幕，东阳本土文创团队"林栖三十六院"携东阳非遗精彩亮相，东阳非遗首次组团登上国际时尚舞台。T台上，穿着蓝印花布和丝绸时装的模特，列队款款而行，胸前佩着的琵琶造型木梳，与丝线编织的璎珞项链抑扬有致，让人想起敦煌莫高窟内飞天的身影；纤纤素手执着的宫扇竹柄上，竹编香囊轻轻摆动。模特手拎的竹编包，行云流水的纹样，随着衣襟飘拂，跌宕成江南婉约的河流。

4. 东阳木雕登台杭州亚运会

中国工艺美术大师、东阳木雕国家级非遗传承人黄小明为亚运会、亚残运会制作了7000多个颁奖花器，并为"最具价值运动员"（MVP）颁奖仪式制作了两尊红木雕奖杯。花器取材榉木，质地较硬；高为18厘米，直径为8厘米，共计7000多个，花觚瓶口为起伏的水纹，取自浙江山水诗意的韵律之美；上方雕有琮琮、宸宸、莲莲三个吉祥物，头部为圆雕，身体为浮雕；花觚经线阴刻"Hangzhou"的文字标识。整体设计充分考虑人体工程学的尺寸感，从比例、尺寸、手感上呈现"精致的感受力"，兼具美感与实用。中国木雕艺术大师胡先民为亚残运村送出了一件以荷花为题的木雕作品《最忆是江南》。

三、成效

东阳的文化基因转化利用工作带动旅游产业明显，2023年1—11月，全市接待游客1019.6万人次，同比增长28.1%；实现旅游收入191.6亿元，同比增长27.8%。旅游人次和收入排名金华第一，同比增速均排名金华第6。2023年，东阳市全社会住宿业营业额增速22.1%，其中线上住宿业营业额6.18亿元，增速27.4%；线下住宿业营业额增速19.4%；全社会餐饮业营业额增速20.0%，其中线上餐饮业营业额3.74亿元，增速31.7%；线下餐饮业营业额增速36.2%。

东阳的文化基因转化利用工作取得的成效受到了各级政府和组织的肯定，收获了一系列荣誉，诸如横店影视文化产业集聚区成功创建国家级文化产业示范园区、横店"航空+影视+旅游"交旅融合案例入选全国十佳案例、横店镇获评浙江省文化强镇、东阳欢娱中华美学传播中心成功获评浙江省国际人文交流基地、《走进电影》获评2022浙江十佳旅游演艺、《汴梁一梦》入选第二批省级旅游演艺精品。木雕小镇入选"浙江省最美公共文化空间"，木雕小镇造物奇市、卢宅非遗市集、梦外滩非遗市集入选全省重点文旅市集，陆光正创作室被公布为国家级非遗生产性示范基地。东白茶文化之旅入选2023年全省创建级文旅融合IP名单。栖三十六院获第一批省级示范"共富工坊"，林栖三十六院·蓝印花布项目入选第二批浙江省文化基因转化活化创新项目。自2022年以来，东阳市先后荣获省级传统民居文化传承生态保护区、入选省级"非遗助力共同富裕"试点、省文旅消费品牌创建优秀单位等。

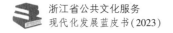
四、对策建议

(一)创新对卢宅文化基因转化利用的成果

1. 对卢宅的转化利用尚有空间

一是实施"一台剧点亮一座城"策略。满足旅游市场对古装剧、汉文化、高级感、吉庆愿的追求,以卢氏家族八位进士串联跌宕起伏的命运为主线,创作卢氏旺族历程沉浸式、转场式的实景演艺,九进院子分段演出,以演艺阐释"三乡"文化基因,技术手段可部分借鉴《又见敦煌》《大唐不夜城》做法。

2. 实施"一个人引流一群客"策略

借力横店影视城古装明星力量,邀请当红明星到卢宅,并打造"明宫住""明宫宴""明宫拍""明宫游"等活动,引流游客。

3. 实施"造氛围引流街拍客"策略

以明清演艺、宫灯、摆件、光影、标识系统等为载体阐释"三乡文化"的同时,营造高级的古典氛围感,吸引游客。四是实施"网红食引流游客群"策略。在做好东阳本土小吃的同时,还要跳出东阳小吃做外地小吃,引入全国当红网红小吃,并对外地游客实施部分饮品、食品、交通实施限量免费(横店到卢宅区间免费直通车),吸引游客到卢宅,因此引流游客。

(二)创新对"三乡文化"基因转化利用的思路

1. 创新服务游客的维度

与高德地图、百度地图、腾讯地图等合作,通过虚拟导览、跟踪讲解、用户评价、软文呈现等形式，拓宽"三乡文化"遗址遗存服务游客的维度。

2. 创新转化利用载体

制作剧本杀、开发专项游戏、制作微电影、创作网红歌曲、设计礼物盲盒等，通过沉浸式体验的形式获取年轻游客群体青睐。

3. 创新核心内涵诠释

文化的诠释具有明显的时代性特征，对于价值观、态度、信念、体制、习俗、人际关系，对于最具文化消费力的年轻人拥有自己独特的认知和理解，只有以年轻人的视角和心理、认知特征去诠释，才会使"三乡文化"具有旺盛生命力。

(三)创新基因转化利用对东阳文化空间的塑造

1. 塑造城市氛围

融入东阳"三乡文化"，新建东阳城市入口形象标识、改造东阳城市导览系统、添置东阳城市景观小品、改造城市建筑墙体外立面、改装东阳城市照明系统、添置东阳城市家具、改造东阳市高铁站及公交站。

2. 塑造旅游景区

根据景区自身特点，以东阳"三乡文化"为核心元素，对横店影视城、横店明清民居博览城、横店华夏文化园、东阳中国木雕城文化旅游区、东阳花园村等国家级高等级景区进行氛围营造，对旅游节庆活动、演艺演出、旅游产品、旅游业态、标识系统、设施改造等进行适当重塑。

3. 塑造百姓生活

围绕东阳"三乡文化"核心元素，深入挖掘一批东阳传统小吃及土特产，

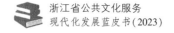
并扶植一批东阳传统小吃及土特产特色店铺；在酒店餐具使用、民居院落营造、公园休憩设施建造等方面融入东阳"三乡文化"核心元素。

(四)创新基因转化利用对东阳文化标识的塑造

1. 提炼具有精神价值的东阳文化标识

东阳文化底蕴深厚，从物质层面宏观的"三乡"文化，从微观的东阳木雕、卢宅、竹编、蓝映花布、横店影视城、东白山革命游击根据地、石洞书院、吴宁台、葛府窑址、严济慈故居、东阳火腿、三样贯、东阳道情等代表文化元素当中，挖掘提炼具有精神价值的文化标识。

2. 打造能够支撑东阳文化标识的转化利用成果

以城容城貌塑造、文化空间打造、文化记忆传承、公共服务设施改造、公共文化服务创新、学术文化研究等为驱动任务，系统融入东阳文化标识内涵，形成能够支持东阳文化标识的积聚性成果。

3. 对文化标识的宣传力度尚有空间

提炼东阳文化标识形象宣传口号，设计能够诠释东阳文化标识内涵的标志，出台相应措施鼓励相关企业的产品外包装予以使用。加大对短视频、小红书、微博等自媒体的利用力度，以群众喜闻乐见的形式让东阳文化标识深入社会基层。

三馆联动打造公共文化服务共同体的实践探索

武义县文广旅体局

一、调研背景

2015年，中共中央办公厅、国务院办公厅印发《关于加快构建现代公共文化服务体系的意见》，明确了"开展馆际合作，推进公共文化机构互联互通，开展文化服务'一卡通'、公共文化服务巡展巡讲巡演等服务，实现区域文化共建共享"。国家层面开始探索公共文化服务创新，强化对区域内公共文化服务与资源的统筹整合，以期能提升整体的服务效能。

文化馆、图书馆、博物馆(以下简称"三馆")，承担着公共文化服务的主要职责，在赓续中华文脉、传播优秀传统文化、服务社会广大群众方面有共同的使命和任务。通过开展三馆联动实践探索，打造公共文化服务共同体，有助于促进三馆之间服务整合、资源共享，更好地发挥整体优势。

二、做法

(一)融合机制

打破三馆各自为政，规划理念融合是关键按照机制创新、服务便捷、高效共享的建设原则，建立一套行之有效的服务融合协调机制。一是成立武义县文化共同体创新试点工作小组。由武义县文广旅体局主要领导担任工作小组组长，旅游、体育、文博分管领导为副组长，分管文化领导任常务副组长兼办公室主任。负责对三馆的公共文化服务进行决策和监督，制定形成以"会议联席、活动联办、培训联做、平台联建、场地联用"为主的、有效且稳定的融合协调制度，对三馆公共文化服务的各个方面进行规划、设计、协调。二是建立三馆融合协作机制。在公服科增挂"共同体建设协调科"，负责创新试点工作中的协调和沟通事宜。作为融合活动的策源地和发动机，每月试点工作小组召开工作例会，通报上月工作开展的情况，讨论研究本月工作计划和下阶段工作思路。负责策划、组织、开展、发布三馆的活动，形成优势互补、融合并举的态势。三是职称评定、绩效考核一体化。打破三馆职称职数的壁垒，所有初中高级的职称职数由全局予以统筹，解决没有职数只有干等的困境，激发人员积极性，促使三馆深度融合。实现局党委对三个单位年终考核指标设置时，除三馆的特色服务外，还要充分考量三馆服务融合后整体的公共文化服务投入和绩效，以此对三馆公共文化服务融合作出综合评价。

(二)融合平台

公共文化服务的一个最大效益指标来自服务信息的最广泛共享、最快捷的流通和线上线下的互动。一是推动公共文化产品服务一平台。将三馆的公共文化产品和服务融合到"共富百花云"平台上，促进三馆合作开发、共同管理，平台服务共建，数据资源共享，推动三馆所有公共文化设施、人才、作品、活动等全资源上平台。二是打造前台展示公众服务一张网。全面梳理近年来热门公共文化服务项目，围绕全家福拍摄、舞蹈教学、歌唱指导等15项高频需求，推出"文化菜谱"。三是群众需求一站寻。群众通过自主点单拼单方式，定制个性化需求"菜单"，可以下单节目、设备、人员、场地等，政府当"骑手外卖员"，送文化服务至村级文化阵地。在此基础上，分析热点活动，更好地提升服务绩效。如，2023 年 2 月根据系统感知的群众文化需求热度，组织开展了"婺风国潮"婺剧演出，4 天引流 15 万人次催化了文旅产业复苏，温泉小镇游客较去年同期增长 103%。彻底改变三馆受众线上文化体验单一化的现状，把三个馆的各自"朋友圈"融成大圈，实现人民群众更多元、更便捷的文化服务，更好地拓展公共文化服务的传播空间。

（三）融合活动

公共文化服务是通过各种文化活动为载体让老百姓从中受益，共同体通过盘活既有项目和存量资源甚至是社会资源，将三馆的公共文化服务活动融进同一张项目菜单，向百姓开放，让百姓点单。一是构建文化服务"资源库"。挖掘整理三馆文艺人才、文化作品、服务阵地、道具器械等资源，按照计划活动安排，统一调配。二是制定文化人才奖励和管理制度，吸引社会资源，壮大"流动人才库"，吸引更多社会力量参与公共文化事业。三是充实文化服务"作品库"。出台文化文艺精品奖励制度，广泛收集传统文艺文化精品、文化志愿者和业余团队原创作品、群众自编自演作品等，现已优选出 2278 个精品。融合后，三个馆将充分利用现有文化服务空间，梳理出演出、展览、辅导、讲座、培训、图书借阅、诵读、艺术鉴赏、数字体验等活动资源，除不易搬动展品的展览活动外，其他文化活动相互渗透，相互融合。三馆合作目标一致，取长补短，互通有无，可以把一个简单的活动做成一个内涵丰富的立体化活动，让三馆之间的资源得到融合利用，提升了服务的边际效应。

（四）融合空间

公共文化服务需要空间支持。通过空间互融，让三馆互补优势，发挥最大的服务效率，充分体现浙江"最多跑一次"的公共服务理念，使老百姓的互动体验得到最优化。一是实现"一个空间多元服务"和"一种服务多样空间"的融合模式。对三馆的现有空间和存量空间资源再次规划、统一调配,将文化驿站、城市书房等打包作为"共同体活动空间"。打破原有的馆属界限,以针对的群体和组织人数等为基础选择相应的承办场所。如依托图书馆的城市书房,文化馆和博物馆在城市书房空间里打造书画类、电影鉴赏类、乡土文化类的主题式文化空间,开展相关的艺术沙龙、乡土教育、文史科普小讲座活动。二是拓展场馆阵地功能,融合三馆展览服务。针对展览服务,除了文化馆、博物馆的专业展厅以外,各馆的接待大厅、各楼层的空白墙体都可因地制宜实现展示服务,按场地大小满足老百姓的文化展示需求。三是扩大空间融合概念,做好馆外融合文章。三馆的服务空间融合不只是在馆内,在馆外的广大空间同样大有可为。比如将文化馆的送戏下乡和图书馆阅读普及活动、博物馆公共教育活动融合,打造三馆合一的送文化下乡服务,通过促进三馆立足自身服务对象之间的共性和联系,利用各自空间特点,在各自的宣传推广活动中相互渗透,在宣传自身资源和服务的同时,也宣传和推广其他两馆的资源和服务,使得各个场馆的公共文化服务彼此相互穿插,相互嵌入融合,达到空间利用、文化服务效果均有提升。

三、成效

(一)群众获得感持续提升

通过融合,三馆统筹协调,交融互动,让三馆的公共文化服务提供更及时、活动更丰富、项目更立体。县域内公共文化服务手段得到互补发展,三馆资源和空间利用效益实现最大化,三馆免费开放的广度和深度得到提升,拓展了公共文化服务的外延和空间,自试点以来,共举办"少儿声乐大赛""新居民才艺大赛""武川文化艺术节"等品牌活动4个,组织民俗节庆、文体娱乐、技艺交流等小微型多样化文化活动1000余场,同比增长291%,

百姓获得感和满意度大大提高。

(二)要素资源得到进一步整合

原有三馆开展的活动等更多依托自身职能,在相关领域具有专业性和影响力,但是由于局限自身场馆,覆盖人群有限,缺乏一定的拓展性。而实行共同体后,每次活动宣传发动的面更加广泛,"战线"拉得更长,活动同时也更加注重"人财物地"的统筹,有效提高了财政资金的使用绩效,提高了资源的利用率。试点以来制定公共文化服务考核制度2项、奖励管理等配套文件2个,兑现奖补政策158万元,涌现出《到底生不生》等一批荣获省级金奖的特色文艺精品。

(三)文旅融合得到聚力推进

共同体创新试点工作以后,相关活动能够站在全县全局的角度谋划,工作视野更加开阔,相关科室、馆的工作交流增加,既突出了主职主业,又注重展示本地文化旅游特色。武义组建了"百花直播"团队,以公益服务形式为全县公共文化、文旅节庆、艺术展览等活动开展直播服务。5个月以来,累计播放107场,观看人数超15万人次,点赞量突破100万人次,推动了线上线下文旅融合。又比如有些体育活动也注重文化旅游宣传,推进了文旅体的合作融合。《武义县打造"共富百花会2.0"模式探索公共文化服务"精准速达"新路径》获省高质量发展建设共同富裕示范区最佳实践(第三批)。

四、对策建议

(一)深化文化"共同体"建设

继续创新开展三馆联动实践探索,促进三馆之间服务整合、资源共享,推动文化活动、文博展览、阅读共享、艺术普及多功能融合。目前，武义已于 2023 年 6 月开始建设集文化馆、非遗馆、名人艺术馆、体育场馆等多馆合一的文体中心，并将于 2027 年建成并全面投入使用，地理位置与 2019 年建成的博物馆毗邻。不断推动三馆在空间、功能、服务的一体融合，协调发展，实现基层群众多元文化服务的一站式享受。

（二）推动县乡一体化整合

根据文化和旅游部《关于持之以恒推动乡镇综合文化站创新发展的实施方案》的政策意见，在做好三馆共同体联动的同时，注重激发乡镇积极性。发动乡镇文化站参与"武义县文化共同体"的建设工作。建立大联动合作机制，调动更多基层文化干部的力量，共同开展公共文化工作。同时深化网络教学、专业院团指导等全民艺术普及工作，提高全县文化工作者的专业水平。

（三）创新公共文化服务融合机制

通过党建联建共建等方式，整合政府部门、社会组织、企业、统战团体等资源，组建"共富百花会"联盟。探索社会化运营项目众筹模式，形成活动组织、管理、发动的"拼多多"集成模式，通过文化活动为乡镇引流、吆喝，切实形成文化服务、社会宣传、文旅融合一体化的运营体系，通过文化品牌形成自我"造血"能力，形成公共文化服务社会化发展良性机制。

社会力量参与公共文化运营管理机制创新

温岭市文化和广电旅游体育局

一、项目背景

（一）社会力量参与的政策制度设计

早在 2015 年，《国务院办公厅转发文化部等部门关于做好政府向社会力量购买公共文化服务工作意见的通知》（国办发〔2015〕37 号）就强调通过引导和鼓励企业、社会组织参与公共文化服务，扩大生产与供给，实现文化服务资源整合。2017 年 3 月，《中华人民共和国公共文化服务保障法》出台，其中，第四十八条、第五十三条均明确国家鼓励社会资本依法投入公共文化服务，支持公民、法人和其他组织依法成立公共文化服务领域的社会组织，推动公共文化服务社会化、专业化发展等。

为进一步引导社会力量参与现代公共文化服务体系建设，2021 年 3 月，文化和旅游部、国家发展改革委、财政部发布《关于推动公共文化服务高质量发展的意见》（文旅公共发〔2021〕21 号），提出"进一步强化社会参与"要求，加大政府购买公共文化服务力度，引导社会资本积极参与建设文化项目。针对高水平、高品质公共文化供给较为缺乏的问题进行系统规划，进一步推进政府购买服务，推动乡镇文化站等基层公共文化设施社会化运营试点等形式，加强政府与社会力量合作；持续促进文化志愿服务特色化发展。同年 3 月《中华人民共和国国民经济和社会发展第十四个五年规划和 2035 年远景目标纲要》再次提出"鼓励社会力量通过公建民营、政府购买服务、政府和社会资本合作等方式参与公共服务供给"。2021 年 6 月 10 日，文化和旅游部发布《"十四五"公共文化服务体系建设规划》（文旅公共发〔2021〕64 号），对公共文化服务社会化发展工作进行了部署，指出要创新社会力量参与公共文化服务方式，提升文化志愿服务水平，并将公共文化产品和服务采购大会项目、文化志愿服务建设项目作为重要抓手，促进社会力量全链条参与公共文化服务。

为贯彻落实党的二十大和省第十五次党代会精神，浙江省广泛吸引社会力量参与公共文化服务现代化建设，提高公共文化服务质量，全面实施《关于高质量建设公共文化服务现代化先行省的实施意见》，引导省内各县（市、区）积极开展社会力量参与公共文化运营管理机制创新实践。

（二）温岭市社会力量参与的现实基础和优势

温岭市作为浙江省首批公共文化现代化先行县创建单位，在创建期内不断深化公共文化服务先行理论研究，积极探索和创新社会力量参与公共文化服务的运营和管理机制，取得丰富的实践经验和显著成效，尤其是聚焦解决和突破个体、家庭等"第五级"主体参与公共文化服务方面积累了一定的经验。

当前，温岭市依托省级公共文化服务体系示范区"家庭图书馆"的建设基础，纵深推进现代化先行县创建工作，紧紧围绕"十四五"时期高质量建设公共文化服务体系的具体目标，"充分盘活利用乡村传统文化资源"，提升乡村内生发展动力，并积极引入社会力量参与，打造和推进温岭市乡村文化客厅建设，切实整合个体或家庭主体的力量，同时广泛吸纳企业、民宿业主等其他类型的社会力量，融合图书阅读服务、文化艺术创作和普及、手工艺（非遗）展览展示、文旅融合发展等各项功能，推进和加强对乡村本土文化人才(乡村文化能人)的培育,推动乡村社会更高质量、更可持续发展。

目前,温岭市乡村文化客厅已建成 30 余家,基本达到温岭全市范围内乡镇(街道)街全覆盖,并预期将在后期持续乡村文化客厅建设规模和水平,为打通乡村公共文化服务"最后最美一公里"夯实基础。

与此同时,温岭市持续探索社会力量参与公共文化运营管理的多类型领域,深入拓展公共文化服务内涵和外延。2023 年 8 月,中宣部公布了2022 年全国文化科技卫生"三下乡"活动示范项目 100 个入围名单,台州温岭的乡村艺(体)校文体惠民工程榜上有名。至此,温岭市已基本搭建形成以"家庭图书馆、乡村文化客厅、乡村艺校"等三大"载体"为基础,以"个体、家庭、公益性文化组织(社团)、文化企业"的四类"细分力量"为依托的社会力量参与公共文化服务的"3+4"创新服务模式和运营机制。

二、浙江省社会力量参与公共文化服务情况调研

(一)现有典型模式和做法

浙江省积极探索社会力量参与公共文化服务的典型经验和做法,目前全省各地已形成几种具有代表性的参与类型,如表 12 所示。

表 12　浙江省典型社会力量参与公共文化服务类型

序号	参与类型	主 要 方 式	典型代表
1	社会力量参与提供政府购买服务内容、项目	(1)承接政府主办的公益性演出、文化活动策划执行、宣传推广、培训讲座、展览展示、研学体验、绩效评估、政策咨询、知识产权保护、公共文化数字化建设等服务内容; (2)承接其他各类被列入政府购买清单的公共文化服务项目等	萧山区文化管家、舟山淘文化、台州"文化超市"

续表

序号	参与类型	主　要　方　式	典型代表
2	社会力量参与各类文化设施建设与提升	(1)社会力量投资建设或捐资助建博物馆、陈列馆、图书馆、文化馆、美术馆、剧场、非遗馆、艺术馆、文化活动中心、乡镇(街道)文化站、社区文化活动室等公共文化设施； (2)参与新建或改建城市书房、文化驿站、乡村博物馆及其他特色文化空间； (3)利用废弃用地、老旧厂房、仓储用房、历史街区、老旧民宅村落等兴办公共文化项目	温州市城市书房建设、杭州大运河紫檀博物馆建设、台州温岭市乡村文化客厅建设
3	社会力量承接公共文化设施的管理运营	承接县(市、区)级文化场馆、乡镇(街道)、村(社区)文化场馆等公共文化设施的管理运营	杭州滨江区图书馆社会化运营项目、台州温岭市横峰文化站设施社会化建设项目、嘉兴"两员"制度、湖州长兴文化礼堂管理员、海宁企业分馆建设
4	社会力量繁荣公共文化产品和服务供给	通过主办、承办、协办、合作、志愿行动等方式参与政府组织的公益性文化活动，参与公共文化内容产品生产、文化赛事及活动、公益性演出服务、优秀原创展览、重大文化惠民工程、重大公益性文化活动和其他公共文化活动及服务	绍兴小百花剧院、保利大剧院、网易蜗牛图书馆
5	提供文化志愿服务	弘扬志愿服务精神，坚持志愿服务与政府服务、市场服务相衔接，奉献社会与自我发展相统一，社会倡导和自愿参与相结合	台州温岭市家庭图书馆、绍兴市"文艺专家门诊"

（二）待突破的共性问题

而本次调研发现，在上述社会力量参与公共文化服务类型中，存在如下几个较为突出的共性点待突破。

1. 政府主导的"度"

社会力量参与公共文化服务历来坚持"政府主导、社会参与"的原则。在浙江高质量建设共同富裕示范区的过程中，社会力量成为提供高品质文化产品和服务的重要载体。然而政府主体却时常面临角色定位"度"的难点，"一放就散、一管就死"是常态。与此同时，政府主体由"管理者"转变为"规划者"的"度"也是难点之一。何种服务可以购买？服务清单该怎样列？公共文化空间和场所内能提供收费和付费服务吗？如何引导社会力量完成"输血"到"造血"？诸如此类，都是政府主导的"度"。

2. 社会参与的"量"

在政府主导的背景下，社会力量参与的"量"成为第二个待突破点。目前公共文化服务主要的供给者仍是政府主体，参与的"量"多少成为社会力量是否愿意参与的重要因素。如何被准入和参与公共文化服务？参与方式是否被认可？成本支出、政策变化等不确定性因素能否保障持续的参与？没有足够"量"的支撑，大多数的社会力量参与项目最后只能是"昙花一现"，其也成为当前全省社会力量参与过程中亟待破题之处。

3. 公众感知的"质"

公共文化服务最终的目标是满足群众对美好生活的期待，提升群众的获得感、幸福感。新时期群众对公共文化服务品质化、个性化等"质"的感知越发强烈，其也是政府主体引入社会力量参与的原因所在。与此同时，人民群众作为独立的"个体"，同样能成为参与和提供文化服务的主体，激

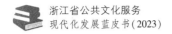
发另一维度的"质"的需求满足。我能否获得更高品质、更有特色的文化服务？我能否发挥特长志愿参与公共文化服务？我是否也能以"个体"或者"组织"的形态在公共文化服务体系中成为一个有"价值"的供给者？

4. 多方协同的"效"

多元参与、协同治理的"效"，同样是社会力量参与过程中的难点。政府主体追求的是管理和服务的社会"效率"，社会力量更多期待的是服务过程产生的经济"成效"，而公众则是希望满足自身需求不同的"功效"。如此不同维度的"效"，成为社会力量参与过程中的重难点。

纵观全省社会力量参与公共文化的创新机制建设、典型案例示范、优秀做法和经验等，都是试图从"度""量""质""效"这四大维度进行突破，或解决其一，或统筹考量，这也成为浙江在探索社会力量参与公共文化服务成为全国先行先试样本的重要基础和原因所在。

三、温岭市社会力量参与公共文化服务的机制创新

温岭市立足本地实际，紧紧围绕社会力量参与过程中"度""量""质""效"的探索和实践，积极开展相关机制创新的理论和实证研究，充分依托政府的主体作用，引导和调动多类型、多层级社会力量主体，实现从"享受服务—参与服务—提供服务"的阶梯式效能提升。

（一）"三大载体、四类力量"融合参与的"3+4"模式

温岭民营经济发达、文化底蕴深厚，被誉为"曙光首照地、东海好望角"。在政策引领下，温岭很多民营企业家将业务范围从实体经济拓展到公共文化领域，民间力量参与公共文化服务的活力在温岭各地竞相迸发，文化软实力持续攀升，从而形成独具温岭特色的"三大载体、四类力量"融合参与的"3+4"模式。

政府仍然是社会力量参与公共文化服务的重要因素，是公共文化服务体系建设中的"责任主体"，同时也是公共文化领域的"管理主体"。温岭市牢牢把握社会力量参与公共文化服务过程中的政府主体作用，从制度建设、政策引导、标准规范、效能监督等多维视角，规范和引导社会力量参与的全流程。

温岭市围绕社会力量参与这条主线，从最早的社会力量参与的文化馆图书馆总分馆体系建设(家庭图书分馆)—社会力量参与的文化馆总分馆体系建设(乡村艺校)—社会力量参与的新型文旅融合空间建设(乡村文化客厅)三类载体，多方凸显"个体、家庭、公益性文化组织(社团)、文化企业"的四类"细分力量"的角色定位，打造具有极富温岭特色的"3+4"新模式。

(二)"制度—标准—技术"多管齐下的复合支持机制体系

1. 政策引导、 制度先行

温岭市《社会力量参与的文化馆图书馆总分馆体系建设》曾获评浙江省公共文化服务领域体制机制改革创新项目，成为温岭社会力量参与公共文化政策制定、制度建设能一以贯之的重要基础。2018 年，温岭市文化广电新闻出版局出台《关于构建温岭市城乡一体化市文化馆、图书馆总分馆服务体系的实施意见》(温文广新〔2018〕11 号)；2021 年，温岭市文化和广电旅游体育局关于印发《温岭市扶持新文艺组织和群体工作方案》《温岭市新文艺组织和群体工作扶持暂行办法》的通知(温文〔2021〕20 号)，从政策扶持引导、制度规范建设等角度营造社会力量参与的良好氛围。

2. 设定标准、 规范先行

政策保障最低底线，标准提供精准操作。随着多类型、多数量的社会力量进入公共文化服务领域，统一标准、保障服务质量成为亟待解决的核

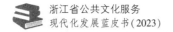
心问题。温岭先行先试，标准引领，大力推行实施台州市地方规范《家庭图书馆建设与服务规范》（DB3310/T 63—2019），进一步推进公共文化服务标准化、社会化发展。2023 年，编制实施台州市地方标准《乡村文化客厅建设与服务规范》（DB3310/T 106—2023），让有意向参与公共文化服务的文化志愿者、文化能人、文化示范户等，主动对标乡村文化客厅建设标准与服务内容，提供更加规范化的服务。

3. 数字赋能、技术先行

2017 年，温岭市省内首创了镇（街道）基层公共文化动态评估系统，以"项目化、标准化、数字化、品牌化"的理念推动数字赋能公共文化服务，并以此推动社会力量参与公共文化服务的效能评估体系，通过群众反馈、主体评估等方式助推社会力量主体服务品质提升。与此同时，基于大数据、云平台等技术手段，推进公共文化资源的便捷化、品质化提升，契合温岭实际地理环境的数字化技术手段成功导入更多社会文化资源，搭建"互联网+公共文化"的服务平台，推动各级各类文化资源和服务共建共享、互联互通、城乡一体，形成政府主导、业务主管部门牵头、多部门协作配合、社会力量参与的工作格局。

（三）"城市—乡村—嵌入式"文化空间的全域融合参与格局

城市聚集着区域内最优质的文化资源，而乡村成为公共文化重要的"攻坚地"。为加快推进全省公共文化高质量发展，助力共同富裕示范区的建设，省文旅厅将"15 分钟品质文化生活圈"建设、城市书房、文化驿站等新型公共文化空间建设作为城乡融合发展的重要抓手，以点带面，充分发挥嵌入式文化空间建设的融合效应，构建文化空间建设的全域融合参与格局。

温岭市乡村文化客厅建设以此契机，依托各类社会力量，打造全域融合的文化空间，并将现有"家庭图书馆""乡村艺校"等资源系统导入，形成

"空间建设—服务内容"双向互促的社会力量参与良性发展格局，如表 13 所示。

表 13　温岭市社会力量参与文化空间全域融合体系建设

来源分类	所在乡镇(街道)	空间名称	空间特色
个人力量参与型文化空间	温峤镇	张宝祥家庭图书分馆	阅读推广
	城东街道	林辉家庭图书分馆	少儿阅读推广
	老淋川镇	何荣福家庭图书馆	阅读推广
	太平街道	同人书院	书法
	城西街道	温岭市榕凯钟表科普基地	钟表科普基地
	石塘镇	半山书屋	手工、图书
	箬横镇	王征书画院	书法文化驿站
	温峤镇	和合书院	书法
	石桥头镇	草木染文化客厅	非遗传承
民宿业主参与型文化空间	石塘镇	海山生活民宿型乡村文化客厅	文旅融合
	石塘镇	栖衡石舍民宿型乡村文化客厅	文旅融合
	石塘镇	慕然海谷	文化驿站
文化企业参与型	箬横镇	高龙帽苑	草编手工体验
	泽国镇	海派盆景艺术体验馆	盆景艺术体验
	大溪镇	活字印刷	活字印刷
	坞根镇	寄雨茶室	茶文化
	太平街道	文锦轩非遗文化客厅	非遗传承
	城西街道	九龙书局文化驿站	图书、文化驿站
	城南镇	天堂雅苑	/
	新河镇	授智书院	/
文化类组织(社团)参与型	滨海镇	红领巾研学基地	红领巾研学
	泽国镇	月湖书院	文化驿站

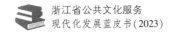
而在上述的全域文化空间融合体系建设中，各类型的社会参与主体从"场地设施空间建设——多要素服务内容融合嵌入——多功能服务类型融合"等三大维度进行整合，通过内外部系统联动，有效提升了参与效能。

不同类型的社会力量在政府的主导推动下，不再仅仅依托情怀，而是成为积极参与公共文化供给的重要主体类型，深度融入文化空间的建设和内容服务中，为推进温岭打造省内典型新型公共文化空间样板工作夯实基础。

(四)"政府—社会力量—群众"多元主体的效能提升体系

社会化参与，使得政府、市场、社会互补互动，呈现良好发展态势。在构建现代公共文化服务体系过程中，政府的作用是保基本、促公平，而社会力量的参与则能带来更高品质、更具特色的个性化服务，进而统筹人民群众的基本文化需求和多样化文化需求，推动公共文化服务多元主体的效能提升体系建设。

1. 政府侧

政府主导，社会参与，政府主导是大原则，公共财政支持是主渠道。社会力量参与、社会化发展是服务提供主体和服务方式与手段的变革，并不是公共文化服务责任主体的转移，政府不能缺位，且应始终起到方向引领和指导作用。覆盖台州市全域的"百分之一公共文化计划"最终写入地方性法规《台州市城乡规划条例》，以立法形式刚性推广，也是当前温岭市能始终一以贯之社会力量广泛参与的重要基础。

2. 社会侧

温岭市社会力量参与基本形成"全方位、全链条、全要素"发展格局，现已深度参与图书馆、文化馆、博物馆、文旅融合服务，深度参与市民讲堂、市民书友会、文化超市等服务项目，俨然成为温岭市公共文化服务常态。同时，在传统文化传承、地方文艺精品创作方面，温岭的民间剧团成为重要的支撑力量，其主要源于温岭的民营经济已经植根于社会生活的方方面面，并为公共文化服务的全面社会化发展提供了强劲的内生动力，造就了温岭社会力量深度融入公共文化服务的局面。

3. 公众侧

社会化参与，给老百姓带来获得感。是否以人民为中心，是检验公共文化服务社会化发展成效的标准。社会力量的广泛参与，丰富了温岭的公共文化服务，提高了服务效能，老百姓获得了实实在在的文化实惠和便利。与此同时，公众作为最微小的个体单元参与公共文化服务已成为典型的"温岭特色"，乡村艺校的"迭代式"培训体系使得"人人都是文艺大使"成为可能，家庭图书馆又将普通老百姓带入了阅读推广的场景，"提档升级"的乡村文化客厅建设是深度整合调动文化能人、民宿业主、民营企业家等温岭文化精英的全面参与。公众在温岭不仅仅是公共文化服务的"受用者"，更是参与公共文化服务供给的"主理人"。

四、温岭市社会力量参与公共文化服务的创新成效

（一）个体"情怀"彰显社会力量参与"志愿"精神

温岭市社会力量参与最典型的特征之一是激发个体参与的"志愿"精神，无论是最早的"家庭图书馆"建设，还是"乡村艺校"的发展，以及"乡村文化客厅"建设的提档升级，都是从"人"的角度出发，构建了"以人为核心"的社会力量参与模式。

1. 个人由学员身份转变为文艺骨干活跃基层舞台

在温岭市乡村艺校项目推进过程中，已有近万名学员转化为文化志愿者，组建镇级及以上文艺团队 122 个，人数超 1800 人，还培育幸福艺术

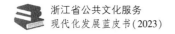
团、谷岙艺术团等优秀乡村艺术团 106 个，群众由学员最终转为基层文化活动的主力军。

2. "本地居住"形态的文艺特长人员搭建社会力量师资团队

文化师资力量一直是公共文化服务体系建设的重点和难点，温岭市通过镇（街道）文联、文化指导员团队、社会培训机构力量等，以行业推荐或个人自荐方式，逐步建立起一个以"本地居住"形态为主的师资专家库，并将工艺美术大师、非遗传承人、各镇街的文化能人、三团三社文艺骨干等各类具有文艺特长的"本地居住"个体社会力量调动起来参与公共文化服务，以解决文化师资力量短缺的现实困境。

3. 个体经营者提供主题空间参与文化空间的建设

参与温岭市文化空间建设的另一部分社会力量为个体经营者，类型涵盖花店经营者、茶室经营者、民宿经营者以及各类手工工作室的经营者，如滨海镇靖海村的红领巾研学基地、坞根镇将花溪村的寄雨茶室、太平街道的同人书院、石塘镇的海山生活民宿等，这些社会力量在文化资源、人力配备以及场馆设施提供方面，均更有优势，他们以共建、运营单位参与到温岭市的公共文化服务中来，既提升了基层公共文化服务的质量，又扩大了公共文化服务的周边辐射半径。

（二）家庭"阵地"链接公共文化服务"最后一公里"

自 2016 年起，温岭市图书馆分批推进家庭图书馆的创建工作。通过家庭图书分馆模式延展社会力量参与公共文化服务的内涵。这些家庭"文化阵地"能充分链接和有效借助公共图书馆的资源，带动家庭成员、亲朋好友以及周边居民开展阅读活动，是将公共图书馆的社会功能延伸到了家庭，开创了新的阅读服务模式，切实推进了图书资源的有效下沉，资源高效运用，尤其是针对温岭地域特色，使有阅读需求的边远地区读者能充分享受到借阅程序简化和服务距离缩短的便利，打通公共文化阅读服务的"最后一公里"。

温岭市乡村文化客厅，是以满足人民日益增长的美好生活需要为根本目标，集展示、交流、休闲、娱乐等多种功能为一体的乡村公共文化新空间，大多是基于现有家庭图书分馆的摸排、改造及提升而来。其以图书借阅为基础，通过要素融合、功能融合、场馆提升等方式培育"多元化"的文旅融合场景。自 2022 年第一家乡村文化客厅创建至今，温岭已建成主题特色各异的乡村文化客厅 32 家，其建设主要按照"1+N"的形式，以阅读为基础，结合不同类型乡村文化客厅的主题特色，开展艺术普及、文化活动等，并定期组织"读书沙龙""编织沙龙""厨艺沙龙""合唱沙龙"等，打造"一厅一品"特色品牌。如太平街道乡村文化客厅以书法为特色，泽国镇的乡村文化客厅以盆景艺术体验为特色，石桥头镇的乡村文化客厅以草木染为特色，大溪镇的乡村文化客厅以活字印刷为特色，城西街道的乡村文化客厅以钟表科普为特色等。

与此同时，温岭乡村文化客厅在空间布局上"嵌入式"塑造乡村文化节点地标，完美契合"15 分钟品质文化生活圈"建设，通过"嵌入式"空间整合打造具有地方特色，小而美的"群众身边的公共文化服务品牌"，塑造乡村文化节点地标，加强场景深刻记忆，方便群众就近文化体验和文化获得。温岭在建设乡村文化客厅过程中充分关注阅读均等化，并加强对本地历史文化和现代化时尚元素的挖掘，积极探索建设功能复合型空间，在"空间+""融合+"做新文章，秉持"书香是基础，乡愁是核心，融合是归宿"的建设理念，将公共文化服务植入居民日常生活，打通公共文化服务的"最后"和"最美"一公里。

（三）文化组织（社团）激发基层群众参与"动力"

1. 新文艺组织的繁荣发展激发群众参与内生"动力"

据不完全统计，温岭市有各级各类新文艺组织 3983 个，其中在市场监管部门登记的有 839 个，在民政部门登记的有 50 个。2020 年至 2023 年上半年，温岭市依托乡村艺校建设，共设培训点 225 个、授课老师 325 位，举办课程 21516 班次，培训学员 36362 人。其中，部分有基础的学员逐步形成"以门类授课教师为核心"的交流频繁、配合默契，结构稳定的文艺团队，在配合中心任务宣传、文化走亲、上级协会骨干输送，以及诸如"三团三社"成果展演展示活动、全市农村文化礼堂艺术节系列活动等各级相关文艺赛事选拔等方面产生连锁效益，真正激发了群众文化组织（社团）参与公共文化服务的内生动力。

2. 政策保障和载体建设打造文化组织（社团）参与公共文化服务良好外部生态

面对民营剧团、文艺组织的不断繁荣发展的形势，温岭市出台关于印发《温岭市扶持新文艺组织和群体工作方案》《温岭市新文艺组织和群体工作扶持暂行办法》的通知，明确界定了新文艺组织和新文艺群体定义范围，鼓励民办非营利文化社团、民营文化企业、民营文化工作室、民营文化经纪机构等形式从事文化艺术创作生产和服务，鼓励网络作家、独立制片人、独立演员歌手、自由美术工作者、文创艺术设计者、非遗传承人等身份成为繁荣社会主义文艺的有生力量。通过扶持政策的出台，极大地激发了新文艺组织和群体参与热情，从政府官方将文化组织（社团）纳入公共文化服务供给体系。

与此同时，充分发挥协会的作用，构建文化联盟组织，搭建赛事平台和载体，如温岭市戏曲协会、乡村文化大使选拔大赛等，都为温岭文化组织（社团）参与公共文化服务良好生态的构建奠定了坚实的基础。尤其是扶持新文艺组织和群体参与重大文艺作品创作生产，对于推动温岭市文艺精品的建设形成极为积极的促进作用，最近备受关注的温岭原创越剧《第一缕阳光》就是这一类型的典型代表。

（四）企业主体全情投入展现社会力量参与"精髓"

温岭独特的民营经济发展特点奠定了文化企业组织参与公共文化服务的现实基础，也成为温岭最具辨识度的社会化力量参与代表，充分展现社会力量参与公共文化服务"精髓"。

1. 企业众筹，引导主体参与公共文化场馆（设施）建设

温岭市积极引导企业主体等社会力量投入物资、场地和资金等参与公共文化场馆（设施）建设。通过公益众筹，创办社会文化分馆，如浙江竞帆鞍座有限公司拿出企业场地2000余平方米，一次性赞助资金100余万元成立温岭市竞帆文化分馆和温岭市竞帆民乐团，并推进常态化举办乐团排练、文艺培训、名家讲座等活动；推进文化分馆（点）与文创园区、文创街区、文艺培训机构、乡村文化大师工作室、非遗传承工作坊等有机结合，成功打造温峤镇老街历史文化街区和石桥头镇下宅吴文化创意产业园。

2. 内部造血，发展和培育自有文化企业参与公共文化服务

温岭市横峰文化站设施社会化建设项目是这一类型的典型代表。始于1995年的温岭市横峰街道文化站，通过"边建设边运营，边还贷边完善"的方式，现已发展成为浙江省的"亿元文化站"。横峰文化站先后经营过录像放映、摄影、广告装潢、影视娱乐、广告传播、文化培训和非文化产业等多个项目，成立"温岭市金三角文化服务公司"，创造了横峰第一家宾馆、第一家广告企划制作机构、第一家鞋业专业网络媒体、第一份鞋业小报……并跳出文化产业，涉足非文化类服务业，如来大福餐厅、新观念皮革、港台美容美发、金三角宾馆等诸多业务。作为温岭本土自主培育的文化企业，其始终保持繁荣群众文化的"初心"，通过全镇范围选拔出187位文艺骨干成立了横峰文体协会，下设书画、音舞、戏曲、武术、气功、摄影、文学、棋类8个分会，深度参与公共文化服务。

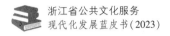
3. 项目引领，导入多类型文化企业参与服务

随着群众文化需求的多样化、个性化特征日益明显，越来越多的特色化、品质化的服务内容要依赖于社会化的文化企业提供，公共文化服务从"全部免费"向"梯级服务"改变，如真正实行群众文化需求的分层分类供给，在"零收费零门槛"的艺术普及类培训课程和"纯公益低收费"艺术提升课程中增设中高级低收费课程，提供市民进阶化学艺选择。在设施供给方面，由"单一阵地"向"社会阵地"拓展，与社会各界和培训机构签约建立"公益文化合作单位"，利用其闲置时段和场地分流培训课程，借助机构场地和师资资源，实现多类型文化企业全面参与公共文化服务的良好格局。

五、温岭市社会力量参与公共文化服务的启示

(一)机制创新是基础

打破体系的束缚，重构社会力量参与格局，是温岭能持续拓展社会力量参与公共文化服务内涵的坚实基础。发达的民营经济氛围，使得温岭能将探索改革创新做到实处。从最早街道文化站的社会化运营项目初探，到近年来家庭图书分馆、乡村艺校、乡村文化客厅的创建，都是源自温岭市很早就确立了公共文化"政府主导、社会参与"的重要方针。在此过程中，充分发挥图书馆总分馆、文化馆总分馆体系建设作用，将家庭、个体营业者、文化组织(社团)、文化企业等多方力量纳入公共文化建设体系，广泛吸纳基层文艺骨干、文化大使、文化能人、志愿者及艺术爱好者共同参与打造家门口的图书阵地和艺术阵地，让阅读和艺术赋美生活。

(二)顺应民心是根本

温岭市在打通基层公共文化服务"最后一公里"方面取得较大成就，究

其原因是顺应了民心需求。家庭图书分馆、乡村艺校、乡村文化客厅在建设初衷、网络布点、课程设置、服务项目等方面，统筹考虑群众需求，因地制宜配送服务资源，变送文化为种文化，在这个过程中，越来越多的社会力量自愿加入公共文化服务队伍中来，从单纯的公共文化接受者转变为公共文化的提供者，真正做到多方共建共享，温岭市在公共文化服务现代化建设中，也实现"满足人民精神文化需求"向"顺应群众美好生活新期待"的跃升。

(三)数字管理是关键

"数字化"是当代公共文化发展的技术保障，要将分散的社会力量统一到公共文化服务的大体系中来，必须借助便捷高效的数字化管理平台，温岭市的家庭图书分馆、乡村艺校、乡村文化客厅在高效运行的背后，都有总馆搭建的数字平台做支撑，负责图书配送/流转、活动发布、学员报名等事宜，这种自上而下的"数字化"管理，既减少了市级宏观决策层面的后续调研成本，又减轻了基层微观层面的重复管理麻烦，使得双方都能更专注于自身职能所长，极大提升工作效率。

(四)政策支持是保障

自上而下的政策支持是引导和鼓励社会力量参与公共文化建设的有力保障。温岭市十分注重政策的支持和保障，相继出台了《温岭市基层文化空间建设和资金补助办法》《温岭市扶持新文艺组织和群体工作方案》《温岭市新文艺组织和群体工作扶持暂行办法》《关于进一步完善"乡村艺校"运行机制加强市镇两级文化艺术培训的通知》等各类政策文件，给予社会力量参与的充分支持。优化社会力量参与公共文化服务的顶层设计，规范政府采购，制定运营指导，建设标准化体系，优化运营管理；加快社会力量参与公共文化设施的体制机制创新，加强"供给侧+需求侧"治理改革，推动"社会化+专业化"机制协同，提升"公益性+智能化"的平台优化；放宽社会力量准入门槛，同时提高违规成本，强化过程监督，健全评价考核。

第五部分
浙江省 2023 年重要文件一览表

1. 浙江省文化和旅游厅关于印发《浙江省 2023 年民生实事工程"15 分钟品质文化生活圈"城市书房、文化驿站建设认定办法》的通知(浙文旅公共〔2023〕5 号)

2. 浙江省文化和旅游厅关于修订省政府民生实事项目建设标准的通知(浙文旅公共〔2023〕6 号)

3. 浙江省文化和旅游厅等 5 部门关于开展 2023 年乡镇文化员定向培养工作的通知(浙文旅公共〔2023〕9 号)

4. 浙江省文化和旅游厅关于公布浙江省第十二届群众曲艺大赛获奖名单的通知(浙文旅公共〔2023〕14 号)

5. 浙江省文化和旅游厅关于公布"浙艺少年"首届浙江省青少年艺术普及系列活动获奖名单的通知(浙文旅公共〔2023〕15 号)

6. 浙江省文化和旅游厅关于公布 2023 年度"浙江省最美公共文化空间"名单的通知(浙文旅公共〔2023〕16 号)

7. 浙江省文化和旅游厅关于公布 2023 年度浙江省公共文化和旅游公共服务现代化发展调研项目承接单位的通知(浙文旅公共〔2023〕17 号)

8. 浙江省文化和旅游厅关于公布全省文化和旅游志愿服务优秀典型名单的通知(浙文旅公共〔2023〕18 号)

9. 浙江省文化和旅游厅关于公布浙江省第二十二届群众音乐大赛和浙江省第三十三届群众舞蹈大赛获奖名单的通知(浙文旅公共〔2023〕19 号)

10. 浙江省文化和旅游厅关于开展 2023 年度浙江省文化强镇和文化示范村(社区)评选工作的通知(浙文旅公共〔2023〕21 号)

11. 浙江省文化和旅游厅关于公布第二批浙江省文化基因转化活化创新项目名单的通知(浙文旅公共〔2023〕25 号)

12. 浙江省文化和旅游厅关于公布第二批浙江省文化标识建设创新项目的通知(浙文旅公共〔2023〕26 号)

13. 浙江省文化和旅游厅关于公布 2023 全省公共图书馆全民阅读月系列活动获奖名单的通知(浙文旅公共〔2023〕27 号)

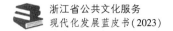
14. 浙江省文化和旅游厅关于公布文化雅集试点培育项目的通知（浙文旅公共〔2023〕28 号）

15. 浙江省文化和旅游厅关于印发《浙江省公共文化服务现代化先行县、领航项目创建认定和复核评估管理办法（试行）》的通知（浙文旅公共〔2023〕29 号）

16. 浙江省文化和旅游厅关于公布第五届浙江省合唱节等省级示范性公共文化活动获奖名单的通知（浙文旅公共〔2023〕31 号）

附录　浙江省 2023 年公共文化大事记

1. 2023 年 2 月，陈广胜书记代表浙江在文化和旅游部召开推进公共文化服务高质量发展工作会议上作《"五大转变"提升文化幸福指数　促进人民群众精神生活共同富裕》的典型经验交流。

2. 2023 年 5 月，李新芳副厅长代表浙江在文化和旅游部"春雨工程"工作部署会上作交流发言，并在 6 月新疆伊犁举办的全国"春雨工程"——文化和旅游志愿服务边疆行现场交流活动上作为省市代表与新疆签约。

3. 由中央宣传部、文化和旅游部、国家发展改革委组织遴选的基层公共文化服务高质量发展典型案例，浙江省杭州市临平区、桐庐县、龙游县三个案例入选，成为入选项目最多的省份之一。

4. 2023 年 4 月，全国第二届全民阅读大会在浙江召开，配合省委宣传部组织开展全省全民阅读推广系列活动，该项工作受到省委宣传部来信表扬。

5. 2023 年 6 月，承接文化和旅游部"大地情深"全国优秀群众文艺作品（群星奖）示范性巡演，线上直播观看人次近 130 万，新闻曝光人次超 2500 万。

6. 2023 年 8 月 29 日，之江文化中心正式启用。之江文化中心的启用实现了跨圈层传播，爆发强大声量。8 月 24 日 0 时至 8 月 30 日 11 时，全网涉及之江文化中心启用的宣传信息，总传播条数超过 1 万条，影响力值达到 11.3 亿，其中中央媒体报道及转载 897 篇，开馆当天相关宣传内容冲上 5 个微博同城热搜，厅官方抖音号相关视频播放量达 530 万次。

7. 2023 年 9 月，由文化和旅游部公共服务司指导，中国群众文化学会、文化和旅游部全国公共文化发展中心等主办的首届中国群众文化品牌发展大会发布了"群众文化活动""中国民间文化艺术传承发展""公共文化新空间"三类 69 个优秀品牌，我省有 5 个优秀群众文化品牌榜上有名，数量位居全国前 3。

8. 2023 年 10 月，"浙里文化圈"数字化应用获文化和旅游部数字化创新示范"十佳案例"。

9. 配合杭州亚运会，省文化馆联合全省 101 家文化馆举办"百馆联动迎亚运"活动，推出 5300 余场亚运主题群文活动。8 月 12 日举行全省文化馆"百馆联动迎亚运"活动启动仪式，各类平台、信息曝光量超 200 万人次。

10. 与《浙江日报》社联合开展 2023 年度全省"最美公共文化空间"评选，共设最佳体验、最佳设计、最佳运营、最佳融合、最佳示范五类奖项，通过"浙里文化圈"小程序开展投票，活动总点赞数超 28 万，总访问量超过 75 万次。